试验设计方法与Design-Expert软件应用

主　编　葛宜元
副主编　梁秋艳　王桂莲　丁海娟　王晓霞
主　审　王俊发

哈爾濱工業大學出版社

内 容 简 介

本书系统全面地介绍了试验设计的原理、方法及应用，内容包括方差分析、回归分析、优选法、正交试验设计、回归正交试验设计、均匀设计。本书的特色是介绍了 Design-Expert 的基本模块及试验方法；在介绍常用试验设计方法的同时，用 Design-Expert 软件设计相应的试验方案并进行数据处理；书中的例题涉及机械设计加工、农业机械、电气化等多个方面，每章后还附有习题。

本书可作为机械类、数学类、信息与计算科学、统计学等专业及工科其他相关专业本科生的教材或参考书，亦可供科研工作者及工程技术人员参考。

图书在版编目(CIP)数据

试验设计方法与 Design-Expert 软件应用/葛宜元主编.
—哈尔滨：哈尔滨工业大学出版社，2014.11(2025.8 重印)
ISBN 978－7－5603－4992－3

Ⅰ.①试… Ⅱ.①葛… Ⅲ.①试验设计－应用软件－高等学校－教材 Ⅳ.①O212.6－39

中国版本图书馆 CIP 数据核字(2014)第 257462 号

责任编辑　杨秀华
封面设计　刘长友
出版发行　哈尔滨工业大学出版社
社　　址　哈尔滨市南岗区复华四道街 10 号　邮编 150006
传　　真　0451－86414749
网　　址　http://hitpress.hit.edu.cn
印　　刷　哈尔滨圣铂印刷有限公司
开　　本　787mm×1092mm　1/16　印张 13.5　字数 332 千字
版　　次　2014 年 11 月第 1 版　2025 年 8 月第 4 次印刷
书　　号　ISBN 978－7－5603－4992－3
定　　价　41.00 元

前　　言

试验设计方法涉及试验方案的设计和数据处理两个方面，随着计算机科学的普及和发展，试验设计方法及相关软件应用已成为工科专业学生及科研人员的必备技能。本书根据编者讲义及学生反馈情况，并结合应用型人才培养目标编写而成。其中 Design-Expert 软件应用部分为本书特色。本书可作为机械类、数学类、信息与计算科学、统计学等工科专业的教材及参考书。

本书共分 8 章，由葛宜元任主编，梁秋艳、王桂莲、丁海娟、王晓霞任副主编。本书第一章叙述了试验设计的基础知识，包括试验设计的概念、基本原理、基本原则等；第二章详细介绍了 Design-Expert 软件的基本模块及常用试验设计方法；第三章、第四章介绍了常用的方差分析和回归分析方法；第五章介绍了优选法的基本方法；第六章、第七章介绍了正交试验设计和回归正交试验设计；第八章介绍了均匀设计的基本方法。参加编写的还有张金波博士、李晓霞硕士生、周远航硕士生。全书由葛宜元统稿，由王俊发教授主审。感谢本科生温晓鑫、李斌、黄达、付静、梁文豪在本书图绘制和附表校对中的辛勤工作。

本书在编写过程中，吸收和借鉴了一些专家学者的论著，在此表示感谢。限于编者水平，错误和疏漏之处在所难免，敬请读者和专家指正，以便不断完善。

编　者

2014 年 7 月

目　　录

第一章　试验设计基础知识

第一节　试验设计的概念

在科学研究和工农业生产中，经常需要通过试验来寻求所研究对象的变化规律，并通过研究达到各种目标，如提高产量、降低消耗等，特别是新产品试验，未知的规律很多，更需要大量的试验来摸索。

自然科学和工程技术中所进行的试验，是一种有计划的试验，只有科学的试验设计方案，才能用较少的试验次数，在较短时间内达到预期的试验效果。而不合理的试验设计，则会浪费大量的人力、物力、财力，甚至徒劳。试验还会得到大量的试验数据，对试验数据进行合理的分析和处理，才能获得研究对象的变化规律，达到指导科研生产的目的。所以，最优方案的获取，必须兼顾试验设计方法和数据处理两个方面，两者缺一不可，只有按照科学的试验设计方法得到的试验数据才能进行科学的统计分析，才能得到正确、客观的分析结论。

试验设计与数据处理学科发展至今，已成为广大科技工作者必备的基础理论知识。试验设计(Design of Experiments，DOE)是以概率论与数理统计为理论基础，经济地、科学地制订试验方案，以便对试验数据进行有效统计分析的一种科学的数学理论和方法。它是科学试验和统计分析方法相互交叉形成的一门学科。

第二节　试验设计的发展概况

试验设计自 20 世纪 20 年代问世至今，其发展大致经历了三个阶段：即早期的单因素和多因素方差分析，传统的正交试验法和近代的调优设计法。

试验设计是 20 世纪 20 年代，由英国生物统计学家费舍尔(R. A. Fisher，1890—1962)所创立的。他在《研究工作中的统计方法》一书中提出了“试验设计”的概念和方差分析方法，并将其应用于农业和生物学试验，取得了巨大的成功，大大推动了生物统计学的发展。他在 1935 年出版了《试验设计》一书，标志着“试验设计”的诞生。因此，费舍尔被称为试验设计的奠基人。自此之后，试验设计方法得到广泛的发展，统计学家们发现了很多非常有效的试验设计技术。

20 世纪 30 年代，英国的纺织业中开始使用试验设计方法。

第二次世界大战中，美国的军工企业开始使用试验设计方法。二战以后，美国和欧洲的机械、化工和电子等众多行业纷纷使用试验设计方法，试验设计已经成为理、工、农、医等各个领域、各类试验通用的技术和方法。

20 世纪 50 年代，日本统计学家田口玄一(G. Taguchi)将试验设计中应用最广的正交设计表格化，在方法解说方面深入浅出，为试验设计的更广泛使用做出了众所周知的贡献。到 1970 年，日本已经成功使用正交设计方法 100 万次以上。

我国于 20 世纪 50 年代前后开始研究“试验设计”这门学科。范福仁毕生从事生物统计与作物田间试验技术的教学工作，是中国这一学科的主要倡导者与传播者之一。1937 年，他与中央农业实验所马保之教授合译出版了魏夏特和桑德尔(Wishart & Sanders)的《田间试验原理与实施》。1941 年，他又翻译出版了高尔登(Goulden)的《生物统计与试验设计》。这两本译著的出版，对倡导和传播田间试验原理与方法以及生物统计学在农业研究中的应用起了很好的作用。1948 年，范福仁先生又在国内出版了《田间试验之设计与分析》一书。

许宝禄先生在中国开创了概率论、数理统计的教学与研究工作。他在内曼－皮尔逊理论、参数估计理论、多元分析、极限理论等方面取得了卓越成就，是多元统计分析学科的开拓者之一。从 1961 年起，他就主持了一个试验设计讨论班，开展把矩阵的方法系统地引入组合数学的研究工作。

在正交试验设计领域，国内学者创立了简单易学、行之有效的正交试验设计方法，编制了一套适用的正交表。中国数学家张里千教授长期从事数理统计和概率论研究工作。在非参数统计和试验设计方面取得了成果，特别是关于柯尔莫哥洛夫统计量的渐近展式和三角参数结合方案的全体解获得国际上的好评。经过实践探索出一套正交表优化使用方法，提炼出正交法优化效率高的理论解释。在推广应用正交优化法和三次设计方面取得很大效果。

数学家华罗庚教授也在国内积极倡导和普及“双法”——优选法、统筹法。他到各地组建“推广优选法、统筹法小分队”，亲自带领小分队到全国各地去推广“双法”，所到之处，都掀起了科学实验与实践的群众性活动，取得了很大的经济效益和社会效益。1975 年，出版《优选学》专著，人们应用优选法，取得了大量的优选法成果，在不增加投资、设备和人力的条件下，实现优质、高产、低消耗，取得了明显的经济效益和社会效益。有些成果已编入《全国优选法成果汇编》(1977)等文集中。优选法几次被定为国内重点推广项目，并被国家经济委员会评为在国内应用范围广泛、效果明显的方法之一。

1978 年，七机部由于导弹设计的要求，提出了一个五因素的试验，希望每个因素的水平数要多于 10，而试验总数又不超过 50，显然优选法和正交设计都不能用，在此情况下，王元教授和方开泰教授创立了均匀设计方法，在导弹设计中取得了成效。此方法已经应用在国内外的多个行业，并取得了很多成果，得到国际统计界的极大关注。

近些年来，随着计算机技术的发展，出现了各种针对试验设计和数据分析的统计分析软件，如：SAS，SPSS，Stata，Minitab，Design-Experts 等，使试验设计和统计分析工作简单易行。同时，计算机技术也反过来极大地促进了试验设计和统计分析学科的发展。

现今，试验设计已经得到了广泛的发展与完善，统计学家和各领域的科研工作者一起开发了很多非常有效的试验设计方法，试验设计也在众多的科研领域发挥着巨大的作用。不同的试验设计方法通常对应着不同的统计分析方法，不做试验设计就安排试验，试验误差很难控制，试验方法也不科学，得到的试验数据通常很难进行有效的统计分析，科学研究的效率很低。

良好的试验设计可以最大限度地排除各种非试验因素的干扰，提高科学试验的效率和精确度。试验设计方法是一项通用的技术，是当代科研和工程技术人员必须掌握的技术和方法。一个良好的试验设计就等于试验成功了一半。

一个良好的试验设计包含以下几方面的内容：

(1)明确衡量产品质量的指标，6σ 管理强调用数据说话，所以这个质量指标必须是可以量化的指标，在试验设计中称为试验指标，也称为响应变量（Response Variable）或输出变量。

（2）寻找影响试验指标的可能因素（Factor），也称为影响因子和输入变量。因素变化的各种状态称为水平，要求根据专业知识初步确定因素水平的范围。

（3）根据实际问题选择适用的试验设计方法。试验设计的方法有很多，每种方法都有不同的适用条件，选择了适用的方法就可以事半功倍，选择的方法不正确或者根本没有进行有效的试验设计就会事倍功半。

（4）科学地分析试验结果，包括对数据的直观分析、方差分析、回归分析等多种统计分析方法，这些工作可以借助相关统计分析软件完成。

第三节　试验设计基本术语

一个试验通常是由输入（处理）、供试体、输出（指标）和无法避免的随机干扰（也是一种输入）等要素参与实现的。试验的一般模型如图 1.1 所示。

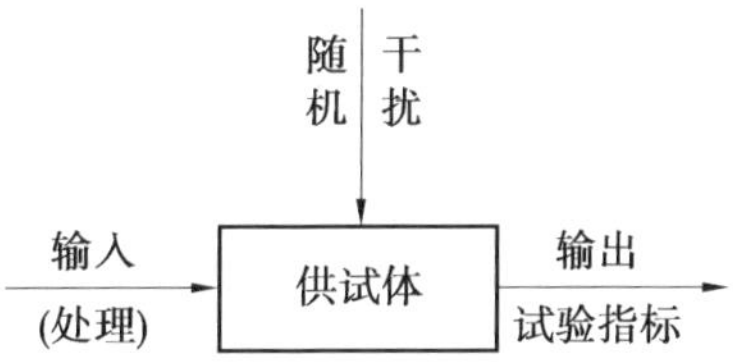

图 1.1　试验的一般模型

一、试验

目的在于回答一个或几个精心设计的问题的实践活动，称为试验，又称实验。试验和实验都对应着同一个英语单词 experiment。严格地讲，试验和实验还是有区别的：试验意为对未知的方法和结论去探索和研究；实验意为对已知的方法和结论去进行验证。有时，在科学研究领域通常不加以区分，都指对未知事物的探索和研究。

试验实例：研究机器前进速度、旋耕机刀辊转速和旋耕刀入土深度对某旋耕机功率消耗的影响。机器前进速度的范围为 1～1.4 m/s，旋耕机刀辊转速范围为 230～270 r/min，旋耕刀入土深度的范围为 9～15 cm。

二、试验指标

用于衡量或考核试验效果的特性值称为试验指标，又称响应变量或输出。它是判断试验好坏的标准。

试验指标分为两类：定量指标和定性指标。试验结果能够以数值表示的指标为定量指标，如，作物的株高、联合收割机拨禾轮转速、蛋白质含量等。试验结果呈现属性变化，不能用测量或称量的方法表示，而只能按类别和等级来表示的指标为定性指标，如，种子的发芽与否、风害程度等。由于定量指标含有丰富的信息，所以试验设计中要尽量选用定量指标。

只有一个试验指标的统计分析方法称为一元统计分析，含有两个或两个以上试验指标的统计分析方法称为多元统计分析。

上述旋耕机功耗试验中，测得的功率消耗数值的大小即是试验指标。

三、试验对象

试验所用的材料称为试验对象，也叫受试对象，即供试体。

试验对象选择的合适与否直接关系到试验的难度，以及他人对试验新颖性和创新性的评价。试验材料的选取应该具有最大的代表性，避免以偏概全。例如，旋耕机功耗试验中，旋耕机就是试验对象。

四、因素

对试验指标产生影响，在试验中需加以考虑的试验条件称为试验因素，简称因子或因素(Factor)。只有一个试验因素的试验称为单因素试验，包含两个或两个以上试验因素的试验称为多因素试验，或称为复因素试验。

在旋耕机功耗试验中，机器前进速度、旋耕机刀辊转速和旋耕刀入土深度就是影响旋耕机功耗的试验因素。

试验因素的数量不要太多，以免试验设计过于复杂，以至于试验难以完成。需要注意的是，影响试验结果的因素数往往很多，但在试验时仅能挑选出一部分重要的可控因素进行试验。试验因素挑选时，首先可以借鉴已有试验的结果或根据经验进行选择；也可以依据专业背景知识进行选择；最后可以将试验分为不同的阶段进行，在试验的初级阶段进行探索性试验，从中挑选出主要的试验因素，然后再做进一步的高级阶段的试验。

五、水平

在安排试验时，每个试验因素的不同状态取值或具体措施称为该因素的水平(Level)。

因子的水平有定量水平和定性水平，如果因素的水平以量化的形式来表示，则为定量水平；如果因素的水平以类别的形式来表示，则为定性水平。

在上面的旋耕机功耗试验中，机器前进速度的范围为 1～1.4 m/s，分别取 1 m/s，1.2 m/s，1.4 m/s，即为机器前进速度的三个水平，为定量水平。再如，不同的旋耕机类型进行功耗比较试验，不同的旋耕机类型就是定性水平。

确定因素的各个水平时，既要根据试验目的和实践经验来确定，又要考虑到因素的水平数对试验次数的影响。试验次数过少则试验的精确度低，试验次数过多则又难以实现。因素水平数一般取为 2～5 个。比如，某三因素五水平的试验，不考虑重复(一次重复)的一个完全试验，试验次数就达到 125 个，显然不易完成。定量水平间距的选择要合理，间距过小，容易掩盖不同水平间的差异；间距过大，则可能遗漏一些试验效应。

六、处理

按照试验因素给定的水平对试验对象所做的操作称为处理(Treatment)。

在单因素试验中，该因素的每一个水平的实施就是一个处理；在复因素试验中，各个因素的任一水平所组成的组合称为一个处理，或称处理组合。

如上面的旋耕机功耗试验中，每一种刀辊转速的水平所测量的功耗操作就称为一个处理。

七、随机误差

在科学试验中，除试验因素之外，总存在一些不可控制因素的影响，如气温、湿度、材料、操作人员差异等，使得试验所得到的观测值与真实值之间总存在一定的误差，简称试验误差。在试验中由于误差的存在，在“相同”条件下所做的试验，响应不尽相同，其波动的大小反映了随机误差的大小。通过各种数据分析方法，对随机数据去伪存真，找到规律。有关误差的相关基础知识将在第八节中详细讲解。

第四节　试验设计的目的

试验设计的最终目的是避免系统误差，控制、降低试验误差，无偏估计处理效应，从而对样本所在总体作出可靠、正确的推断。

一个科学而完善的试验设计，能够合理地安排各种试验因素，严格地控制试验误差，而且能够有效地分析试验数据，从而用较少的人力、物力、财力和时间，最大限度地获取丰富而可靠的试验资料和科研成果。反之，如果试验设计存在缺陷，就必然会造成不必要的浪费，乃至不可挽回的损失，大大降低研究结果的价值。

一个良好的试验方案，不仅需要具备概率论与数理统计的知识，还需要有宽广的专业知识和丰富的实践经验，三者紧密结合，才能取得理想的效果。因此，如何合理地设计试验方案和如何有效地分析试验数据，尤为重要。编者试图通过以下几个例子，循序渐进地讲解试验设计的目的。

为降低某旋耕机的功率消耗，选择三个有关的因素进行条件试验，机器前进速度(A)，旋耕机刀辊转速(B)，旋耕刀入土深度(C)，并确定了它们的试验范围 A：1～1.4 m/s；B：230～270 r/min；C：9～15 cm。

这里，对因素 A,B,C 在试验范围内分别选取三个水平。A：$A_1=1$ m/s，$A_2=1.2$ m/s，$A_3=1.4$ m/s；B：$B_1=230$ r/min，$B_2=250$ r/min，$B_3=270$ r/min；C：$C_1=9$ cm，$C_2=12$ cm，$C_3=15$ cm。

此试验为三因素三水平试验，通常有两种试验方法：简单对比法和全面试验法。

一、简单对比法

变化一个因素而其他因素固定，如首先固定 A、B 于 A_1、B_1，变化 C 的水平，则：

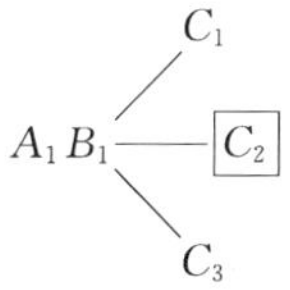

如果得出结果 C_2 最好，则固定 C 于 C_2，A 还是 A_1，变化 B，则：

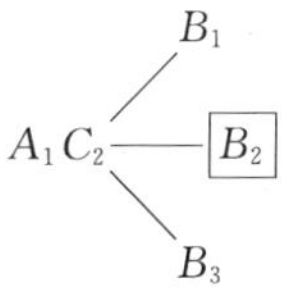

如果得出结果 B_2 最好，则固定 B 于 B_2，C 于 C_2，变化 A，则：

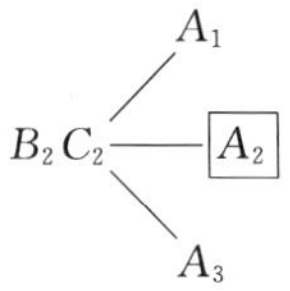

如果试验结果以 A_2 最好。于是得出最佳工艺条件为 $A_2B_2C_2$。

简单对比法的试验点如图 1.2 所示。

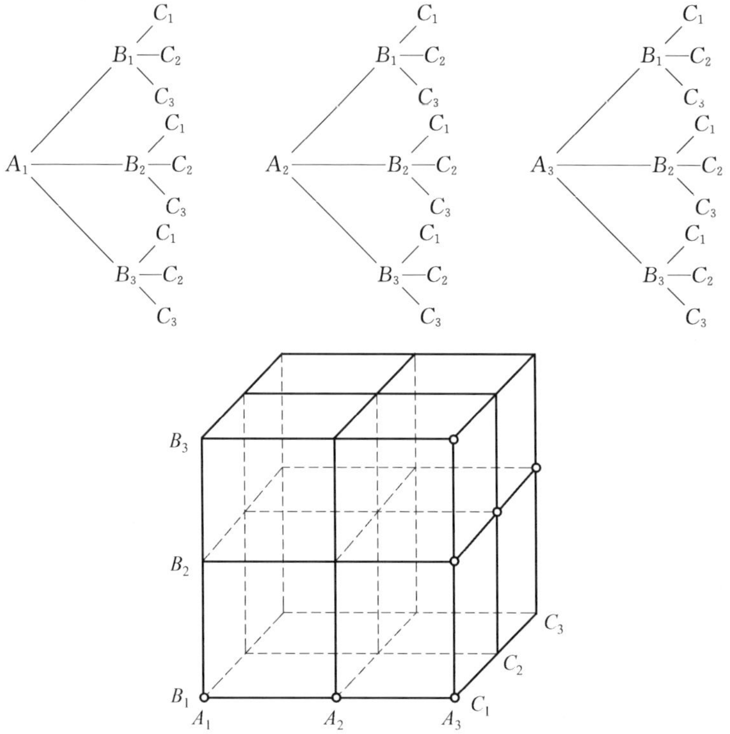

图 1.2　简单对比法试验点分布

由以上分析可知简单对比法的优缺点。

优点：试验次数少。

缺点：

(1)试验点不具代表性。考察的因素水平仅局限于局部区域，不能全面地反映因素的全面情况。

(2)无法分清因素的主次。

(3)如果不进行重复试验，试验误差就估计不出来，因此无法确定最佳分析条件精度。

(4)无法利用数理统计方法对试验结果进行分析，提出展望。

(5)此方案未考虑 A,B,C 之间的影响(交互作用)的大小，所以结论不一定可靠。

二、全面试验法

全面试验法是将三个因素所有水平都一一搭配起来，从而找出最好的生产条件。

这样共有 $3^3=27$ 次试验，试验点如图 1.3 所示，立方体包含了 27 个节点，分别表示 27 次试验。若有 m 个因素，每个因素有 $n_k(k=1,2,3,\cdots,m)$ 个水平，则试验次数为 $n_1\times n_2\times\cdots\times n_m$ 次，若 n_k 均相等为 n，则试验次数为 n^m 次。例如，选六个因素，每个因素选五个水平时，全面

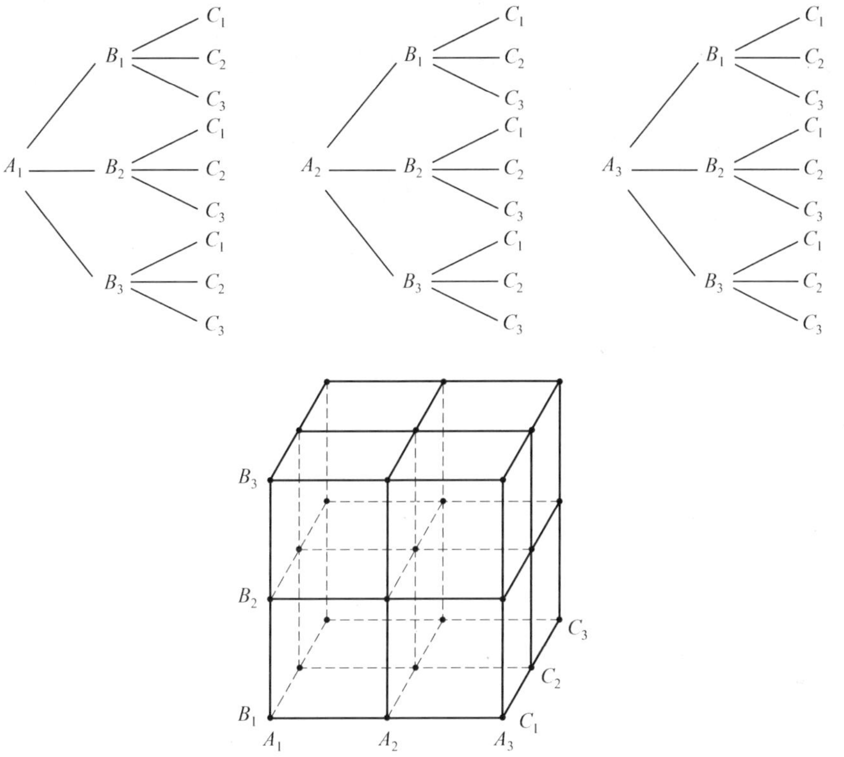

图 1.3　全面试验法试验点分布

试验的数目是 $5^6=15\ 625$ 次。又如，1978 年，七机部由于导弹设计的要求，提出了一个五因素的试验，希望每个因素的水平数要多于 10，此时靠全面试验法是无法完成的。所以，应选择适当的试验方法，制订合理的试验方案，才能保证试验的顺利进行并得到可靠的试验结果。

由以上分析也可以得出全面试验法的优缺点。

优点：对各因素于试验指标之间的关系剖析得比较清楚。

缺点：

(1)试验次数太多，费时、费事，当因素水平比较多时，试验无法完成；

(2)不做重复试验无法估计误差；

(3)无法区分因素的主次。

综上所述，一个合理的试验设计方案可以解决如下问题：

(1)合理安排试验，减少试验次数，缩短试验周期，节省人、物、力，(试验方法视实际情况而定，结合实际)例，某三因素三水平试验，全面试验次数为 27 次，不考虑交互作用时的正交试验次数为 9 次；

(2)弄清影响响应的各个因素的主次关系(据方差分析表中的 F 值判定)，抓住主要矛盾，提高试验效率；

(3)确定试验因素与试验结果之间存在的近似函数关系，并能对试验结果进行预测和优化；

(4)分析各因素间交互作用影响的大小；

(5)找出较优设计参数组合，确定进一步试验方向。

第五节 试验设计的基本原理和原则

一、试验设计基本原理

为了减少或降低试验误差，正确地估计试验误差，提高试验的准确性和精度，需要遵循重复、随机排列和局部控制三个基本原则。

1. 重复

重复(Replication)是指一个试验在相同条件下进行若干次独立的重复试验。重复数相等时称为平衡设计；重复数不等时称为不平衡设计。

重复的作用：

(1)降低试验误差，提高试验的精确性；

(2)估计试验误差大小，判断试验可靠程度；

(3)扩大试验的代表性。

2. 随机排列

随机排列是指试验中任何一个处理都随机地安排在任何一个试验单元上，即试验所用的仪器、试验材料、试验操作人员以及试验单元的次序也要随机确定。随机化能使各试验结果相互独立，有效地降低系统误差。随机化的作用是正确地估计试验误差。

随机化的方法常用的主要有：随机数表法、计算机生成随机数法和抽签法。

3. 局部控制(区组)

局部控制(Local Control)是将具有不均匀性的试验条件(时间、空间、试验材料和试验设备等)人为地划分成若干个区组，使区组内的试验条件相同或者相近，而区组之间允许存在较大的差异。

区组也是影响试验指标的因素，但并不是真正要研究、考察的因素，因此也称非试验因素。区组可以分离非试验因素引起的变异，进而减少试验误差，提高试验的精确度，保证分析结果的正确性。

通常情况下，一个区组当中应该安排所有的试验组合，一个区组就可以看作一次重复，安排几个区组就相当于安排了几次重复，只不过是各次重复之间可能存在一些试验条件上的差异而已。区组的作用是减少试验误差。

试验方法设计三原理的关系和作用如图 1.4 所示。

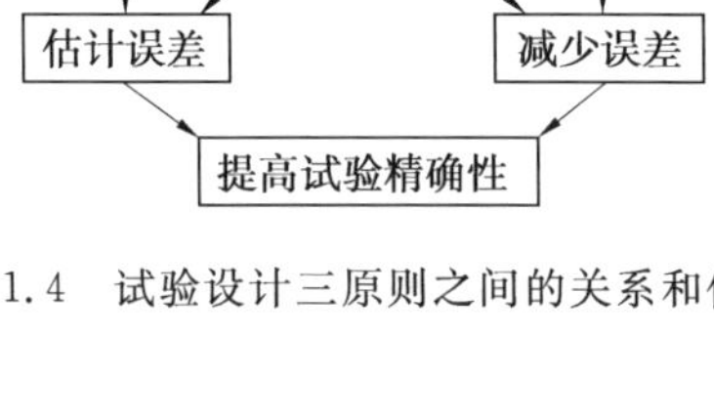

图 1.4 试验设计三原则之间的关系和作用

二、试验设计基本原则

1. 准确性

试验的准确性是指试验结果要能接近总体的特征数和分布规律。由于试验研究是抽样观察，所以在实际中常用试验的精确性来判断其准确性。试验的精确性是指试验误差要尽可能的小，试验的结果要能代表样本的特征数及分布规律。

2. 代表性

试验研究大多都是属于抽样观察。试验研究的代表性，决定着试验结果能否说明被研究的总体，也就是能够正确反映被研究总体的客观规律，它与试验研究的成败密切相关。如何才能提高试验的代表性，除了遵守随机抽样的原则外，还要密切注意试验条件及试验过程所采用各种措施的代表性。

3. 重演性

重演性就是在相同的条件下重复试验，能获得相同的结果。试验没有重演性，试验就完全失去了推广与应用的意义。要保证试验的重演性，除了试验要有较高的代表性和精确性外，同时还要树立严肃的工作作风和实事求是的科学态度，整个试验过程必须要有详尽而完善的记载，对试验资料绝不允许作任何主观的取舍或修改，对试验资料的整理和统计分析必须方法正确。

第六节　试验设计的基本程序

试验设计的步骤是研究者在试验前根据研究目的拟定的试验计划及方法策略。其主要内容是合理安排试验程序，并提出将如何对试验数据作统计分析。具体包括以下程序：

1. 明确试验目的

明确把握要杜绝的问题和从试验中得到的目的。如旋耕机的例子，想查找功率消耗最少的组合条件。

2. 确定试验指标，选择因素、水平

指标的确定：包括指标（输出变量）的类型，是计数型，还是计量型；指标是否随时间变化；指标是否具备正态分布；是否希望得到多个指标。

因素的选择：确认在试验中所有输入变量能否选定为因素；对没被选定为因素的输入变量的处理方案；定义因素的类型；不可控因素的含义等。

水平数的选择：按因素数及影响的特性选择水平数。如因子多时，用 2 水平；只有线性影响时，用 2 水平；估计有曲线影响时，用 3 水平。

水平的范围设定：原则是当差异存在时能充分保证显示出此差异的程度；不可脱离可能实现的范围（但可以超出当前过程的范围）；对计量性数据的输入变量的水平设定，大体上要考虑当前条件的界限。

3. 制订试验方案

考虑试验的目的和预算等选择试验设计。试验方案的制订，需要采用合理的试验设计方法，如正交设计、均匀设计等试验设计方法，并遵循试验设计的基本原理和基本原则。在具体的试验方法实施过程中，一般不拘泥于以上程序，如还包括参数假设、统计模型的建立等过程。

4. 实施试验及收集数据

按照试验方案实施试验，并收集相关数据。

5. 分析试验结果

包括方差分析及回归分析；主效果和交互作用图等。

6. 结论与应用

利用所有已知的情报解释试验结果；设定对输出变量的预测模型并决定最佳因素水平；追加试验确认结论（验证性试验）；对没有得到较好的结果的方案应制定相应的对策（必要时实施追加试验）；将统计性的结论变换为实际性的解决方案。

第七节　试验设计常用统计模型

试验设计之所以效率高，原因是它在特定的数学模型下达到最优的。

“正交设计”是在特定的方差分析模型下达到最优；“最优设计”是在特定的回归模型下达到最优；“均匀设计”是在特定的非参数回归模型下达到最优。

一、方差分析模型

设因素 A 有 r 个水平，且每个水平下做 n_i 次重复试验，方差分析模型为

$$y_{ij}=\mu_i+\varepsilon_{ij}\quad (i=1,2,\cdots,r;j=1,2,\cdots,n_i) \tag{1.1}$$

式中　y_{ij}——水平 i 的第 j 次试验的响应值；

μ_i——响应 y 在水平 i 下的真值；

ε_{ij}——水平 i 的第 j 次试验的随机误差。

此模型要求 ε_{ij} 服从正态分布 $N(0,\sigma^2)$，且 ε_{ij} 相互独立。通过试验结果 y_{ij} 即可以用最小二乘法估计出 μ_i 及 σ^2。若已知随机误差 ε_{ij} 的概率分布，也可用极大自然估计法估计出 μ_i 及 σ^2 的值。

令

$$\mu=\frac{1}{r}\sum_{i=1}^{r}\mu_i$$

$$\alpha_i=\mu_i-\mu$$

则式(1.1)可表示为

$$y_{ij}=\mu+\alpha_i+\varepsilon_{ij} \tag{1.2}$$

式中　α_i——因素 A 在水平 i 下的主效应。

$$\sum_{i=1}^{r}n_i\alpha_i=0 \tag{1.3}$$

当所有的 α_i 都接近于 0 时，因素 A 对响应的影响不大；当 α_i 的值较大时，表明因素 A 对响应的影响大。

由于随机误差的大小会影响试验结果，所以 α_i 值波动的大小必须与 σ 的大小相比较，方差分析及其 F 检验就是进行此比较的。具体方法将在后面章节进行讲解。

二、回归模型

假设 x 与 y 之间存在如下关系式：

$$y=\beta_0+\beta_1 x+\beta_2 x^2+\cdots+\beta_m x^m+\varepsilon \tag{1.4}$$

式中　$\beta_0,\beta_1,\cdots,\beta_m$—— 回归系数；

ε—— 随机误差。

假定 $E(\varepsilon)=0$，$\mathrm{Var}(\varepsilon)=\sigma^2$，回归系数、$\sigma^2$ 均未知，试验者希望通过试验建立模型，即对 $\beta_0,\beta_1,\cdots,\beta_m,\sigma^2$ 作最明确的估计，据此设计因素 A 的取值。

三、非参数回归模型

若试验者对模型无太多认识，此时只能假设

$$y=g(x)+\varepsilon \tag{1.5}$$

式中，$g(x)$ 未知；ε 为随机误差。

假定 $E(\varepsilon)=0$，$\mathrm{Var}(\varepsilon)=\sigma^2$，$\sigma^2$ 未知。因未包括未知参数，故模型称为非参数回归模型。“均匀设计”就是将试验点在试验范围内均匀分布，且可以求得一个精度较高的估计 $g(x)$。

此外，还有稳健回归模型等，学生可以根据自己的理解能力自行查找资料进行相关学习。

第八节　试验数据的误差

误差(Error)是指试验中获得的试验值与它的客观真实值在数值上的不一致。误差分析是对原始数据的可靠性进行客观的评定。试验结果都具有误差，误差自始至终存在于一切科学试验过程中。

一、真值与平均值

1. 真值

真值是指某物理量客观存在的确定值。对它进行测量时，由于测量仪器、测量方法、环境、人员及测量程序等都不可能完美无缺，实验误差难以避免，故真值是无法测得的，是一个理想值。在分析实验测定误差时，一般用如下方法替代真值：

(1)实际值是现实中可以知道的一个量值，用它可以替代真值。如理论上证实的值，像平面三角形内角之和为 180°；又如计量学中经国际计量大会决议的值，像热力学温度单位 —— 绝对零度等于 −273.15 K；或将准确度高一级的测量仪器所测得的值视为真值。

(2)平均值是指对某物理量经多次测量算出的平均结果，用它替代真值。当然测量次数无限多时，算出的平均值应该是很接近真值的，实际上测量次数是有限的(比如 10 次)，所得的平均值只能说是近似地接近真值。

2. 平均值

常用的平均值有下面几种：

(1)算术平均值 (Arithmetic mean)

设 $x_1,x_2,\cdots,x_n$ 代表各次的测量值，n 代表测量次数，则算术平均值为

$$\bar{x}=\frac{x_1+x_2+\cdots+x_n}{n}=\frac{\sum_{i=1}^{n}x_i}{n} \tag{1.6}$$

凡测量值的分布服从正态分布时，用最小二乘法原理可证明，在一组等精度的测量中，算术平均值为最佳值或最可信赖值。

(2)加权平均值(Weighted mean)

如果某组试验值是用不同的方法获得，或由不同的试验人员得到的，则这组数据中不同值的精度与可靠度不一致，为了突出可靠性高的数值，则可采用加权平均值。

计算公式为

$$\bar{x}_{\omega}=\frac{\omega_1 x_1+\omega_2 x_2+\cdots+\omega_n x_n}{\omega_1+\omega_2+\cdots+\omega_n} \tag{1.7}$$

式中 ω——加权系数。

此外，在其他场合还有以对数平均值、几何平均值、调和平均值等平均值表示的方法，本书不一一概述。但每种平均值，都是在不同场合从一组测量值中找出最接近于真值的量值。平均值的选择主要取决于一组测量值的分布类型，在化工实验和科学研究中，数据的分布一般为正态分布，故常采用算术平均值。

二、误差来源及分类

1. 误差的定义

误差是实验测量值(包括直接和间接测量值)与真值(客观存在的准确值)之差。误差的大小，表示每一次测得值相对于真值不符合的程度。误差包含以下含义：

(1)误差永远不等于零。不管人们主观愿望如何，也不管人们在测量过程中怎样精心细致地控制，误差还是要产生的，不会消除，误差的存在是绝对的。

(2)误差具有随机性。在相同的实验条件下，对同一个研究对象反复进行多次的实验、测试或观察，所得到的均不是一个确定的结果，即实验结果具有不确定性。

(3)误差是未知的。通常情况下，由于真值是未知的。研究误差时，一般都从偏差入手。

2. 误差的分类

根据误差的性质及产生的原因，可将误差分为系统误差、随机误差和疏失误差三种。

(1)系统误差

由某些固定不变的因素引起的。在相同条件下进行多次测量，其误差数值的大小和正负保持恒定，或误差随条件改变按一定规律变化。即有的系统误差随时间呈线性、非线性或周期性变化，有的不随测量时间变化。

产生系统误差的原因有：① 测量仪器方面的因素(仪器设计上的缺点，零件制造不标准，安装不正确，未经校准等)；② 环境因素(外界温度、湿度及压力变化引起的误差)；③ 测量方法因素(近似的测量方法或近似的计算公式等引起的误差)；④ 测量人员的习惯偏向等。

总之，系统误差有固定的偏向和确定的规律，一般可按具体原因采取相应措施给予校正或用修正公式加以消除。

(2)随机误差

由某些不易控制的因素造成的。在相同条件下做多次测量，其误差数值和符号是不确定的，即时大时小，时正时负，无固定大小和偏向。随机误差服从统计规律，其误差与测量次数有关。随着测量次数的增加，平均值的随机误差可以减小，但不会消除。因此，多次测量值的算术平均值接近于真值。研究随机误差可采用概率统计方法。

(3)疏失误差/粗大误差

与实际明显不符的误差,主要是由于实验人员粗心大意,如读数错误,记录错误或操作失误所致。这类误差往往与正常值相差很大,应在整理数据时依据常用的准则加以剔除。

请注意:上述三种误差之间,在一定条件下可以相互转化。

例如,尺子刻度划分有误差,对制造尺子者来说是随机误差;一旦用它进行测量时,这尺子的分度对测量结果将形成系统误差。随机误差和系统误差间并不存在绝对的界限。同样,对于粗大误差,有时也难以和随机误差相区别,从而当作随机误差来处理。

三、误差的表示方法

1. 绝对误差(Absolute error)

试验值与真值之差称为绝对误差,即:

绝对误差 = 试验值 − 真值

绝对误差反映了试验值偏离真实的大小,这个偏差可正可负。通常所说的误差一般是指绝对误差。如果用 x,x_t,Δx 分别表示试验值、真值和绝对误差,则有

$$\Delta x = x - x_t \tag{1.8}$$

2. 相对误差(Relative error)

相对误差用以区分两组不同测量结果的精确程度。

$$\gamma = \frac{\Delta x}{x_t} \times 100\% = \frac{\Delta x}{x - \Delta x} \times 100\% \tag{1.9}$$

相对误差表明了误差对测量结果的相对影响,它可以对不同测量结果的误差进行比较,所以相对误差是误差计算中最常用的一种表示方法。

3. 引用误差(Fiducial error)

引用误差是仪表中常用的一种误差表示方法,它是相对于仪表满量程的一种误差,测量的绝对误差与仪表的满量程值之比,称为仪表的引用误差 γ_n,它常以百分数表示。

$$\gamma_n = \frac{\Delta x}{x_m} \times 100\% \tag{1.10}$$

式中 x_m—— 测量仪器的量程。

比较相对误差和引用误差的公式可知,引用误差是相对误差的一种特殊形式。在规定条件下,当被测量平稳增加或减少时,在仪表全量程内所测得各示值的绝对误差(取绝对值)的最大者与满量程值的比值之百分数,称为仪表的最大引用误差 $\gamma_{\max}$。

$$\gamma_{\max} = \frac{\Delta x_{\max}}{x_m} \times 100\% \tag{1.11}$$

习 题

1—1 试验设计的概念及常用术语。

1—2 试验设计的基本步骤。

1—3 试验设计常用数学模型。

1—4 试验设计所要遵循的基本原理和基本原则。

第二章 Design-Expert 软件

第一节 Design-Expert 软件的特点

Design-Expert 是全球顶尖的试验设计软件，是 Stat-Ease 公司专为试验设计(DOE)发布的软件，利用 Design-Expert 软件可以设计、分析及优化产品和生产过程。Design-Expert 在析因筛选设计(Plackett-Burman Design)、中心组合设计(Central composite Design，包括通用旋转组合设计、二次正交组合设计等)、BOX 设计(Box-behnken Design)等方面均有应用。

Design-Expert 是一款专门面向试验设计以及相关分析的软件。和其他一些老牌的专业数理统计分析软件，比如 SAS，Minitab 相比，它就是一个专注于试验设计的工具软件，使用简单直接，利用较少的时间，就可以用这款软件设计出高效的试验方案，并对试验数据作专业的分析，给出全面、可视的模型以及优化结果。

第二节 Design-Expert 软件的功能模块

一、Design-Expert 软件新建设计的方法

Design-Expert 软件可以从官方网站 http://www.stat-easy.com 下载 45 天试用版；也可以通过软件代理机构在国内购买正式版。

本书以 Design-Expert 8.0 为例，对各种试验设计方法进行讲解。安装完软件之后，首先运行 DX8Trial.EXE 文件或桌面上的快捷方式图标进入程序，如图 2.1 所示。

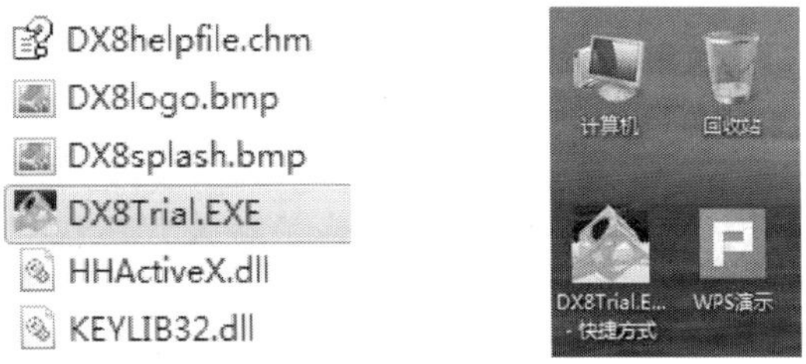

图 2.1　进入程序的操作方法

软件界面如图 2.2 所示。进入软件界面之后，首先要建立一个新的设计(New Design)或打开一个已有的设计(Open Design)。操作方法包括以下三种，如图 2.3，2.4 所示。

(1)直接由软件界面上的提示语进入设计。

(2)由文件菜单按钮下的相应标签进入设计。File → New Design or Open Design。

(3)由“新建”或“打开”图标进入设计。 → New Design； → Open Design。

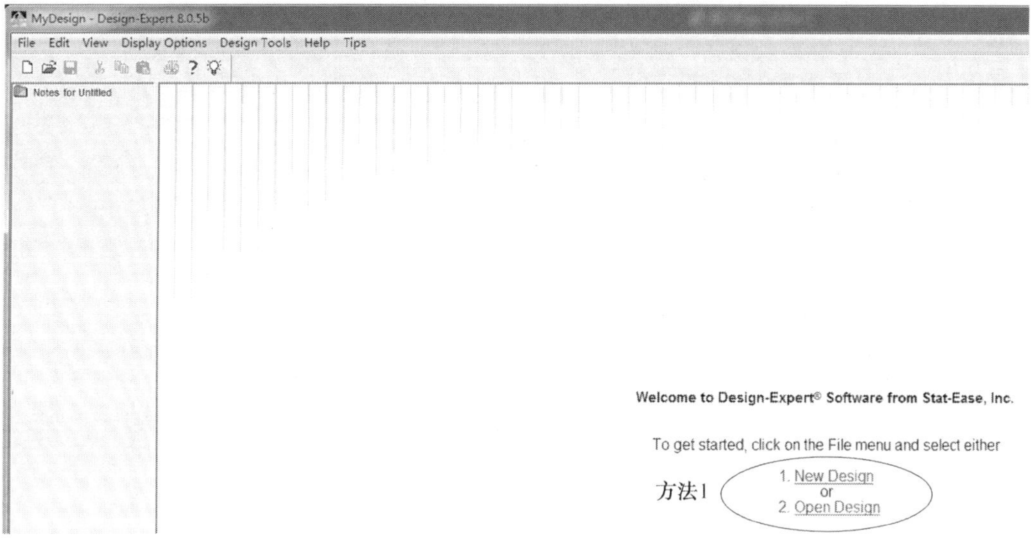

图 2.2　软件界面

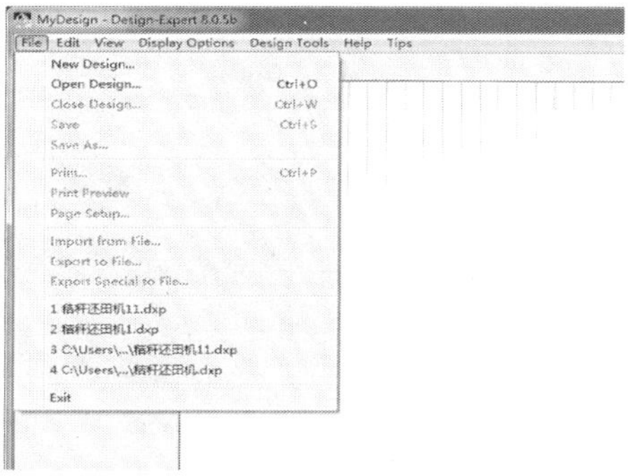

图 2.3　进入设计方法 2

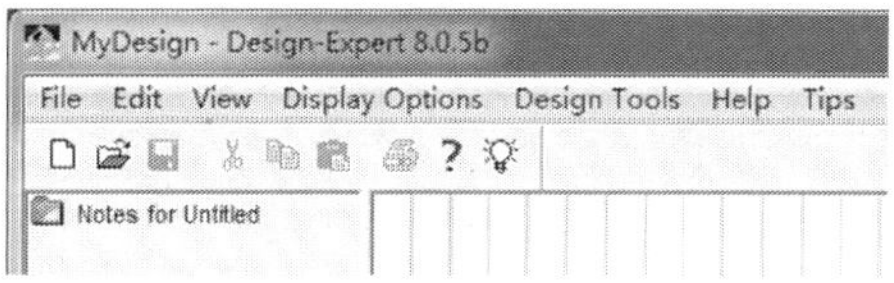

图 2.4　进入设计方法 3

二、Design-Expert 软件的功能模块

Design-Expert 软件的功能非常明确，如图 2.5 所示，设计分为三个步骤：试验设计、数据分析、预测优化。

1. 设计(Design)模块

每次新建一个试验方案的时候，在软件界面的左边会提供所有可供选择的方案，如图 2.6 所示，设计者可以根据项目的特点选择合适的方案，比如因子设计、响应曲面设计、混料设计或混合设计。

在设计好试验方案之后，左边的菜单界面会变成树形的菜单结构，如图 2.7 所示，其中有 Design，Analysis，Optimization 三个主要的功能。其中 Design 的功能是对设计者的试验方案作出总结，并对设计方案的好坏给出评估。这个功能是很多通用型数理统计软件所没有的。

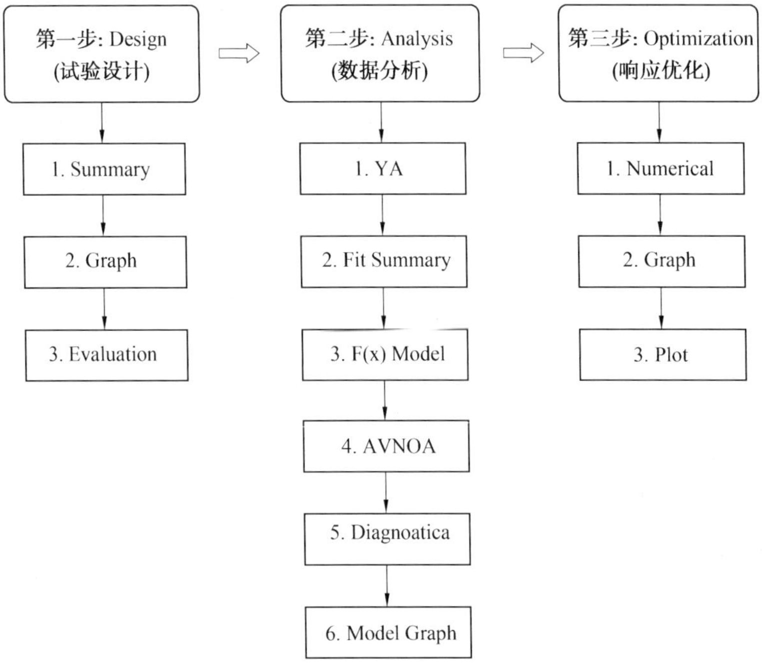

图 2.5　Design-Expert 软件的功能模块

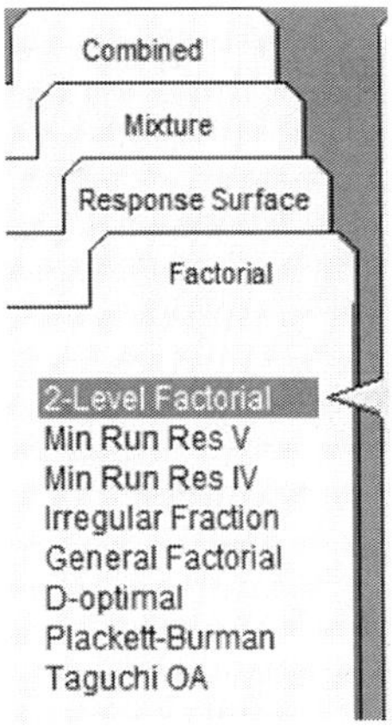

图 2.6　设计方法选择

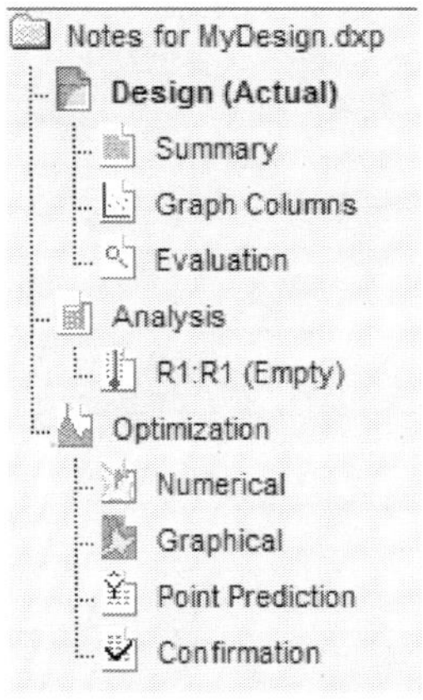

图 2.7　试验设计的三大步骤树形结构

2. 分析(Analysis)模块

在分析模块中,可以完成试验数据的方差分析、回归分析等统计分析。通过方差分析表和回归方程可对数据的拟合效果进行评估,并得到各个因素对指标影响的显著程度和主次关系。分析步骤各参数含义如图 2.8 所示。

3. 优化(Optimization)模块

在该模块中,可以对优化要求进行设置,比如最高值、最低值或其他;软件自动算出预测的试验最优值,并且提供最优结果的一种或多种试验条件。优化步骤各参数含义如图2.9所示。

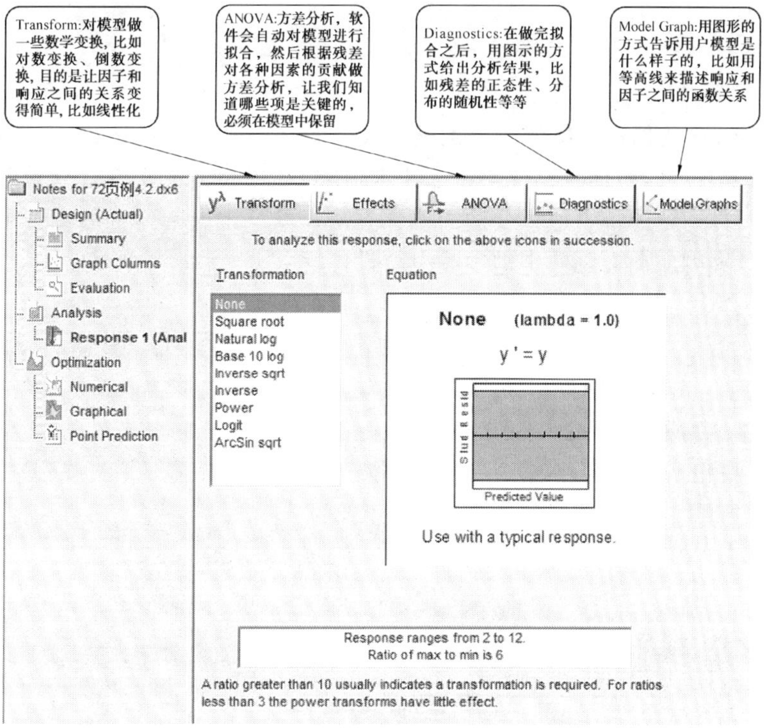

图 2.8　分析步骤各参数含义

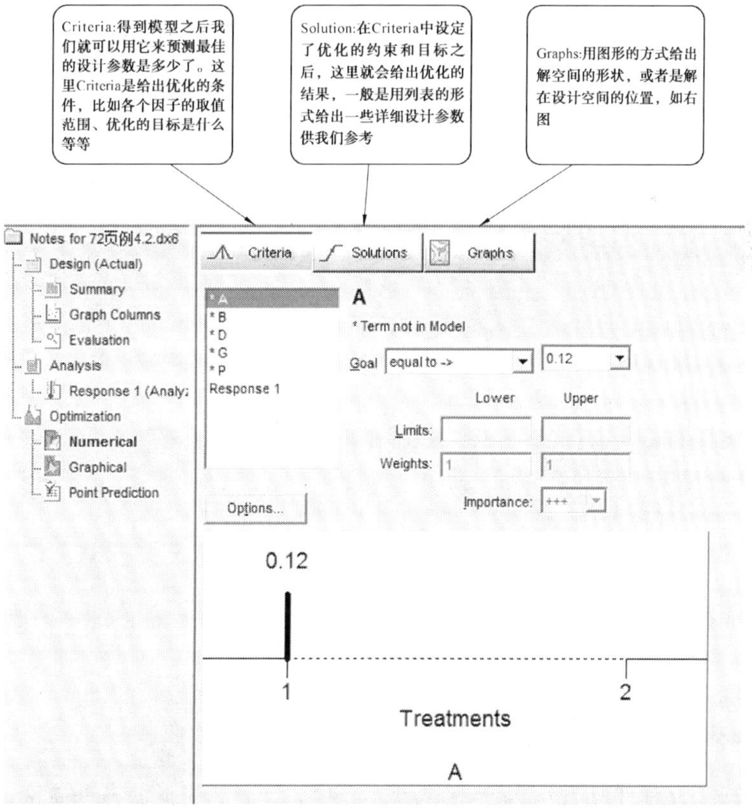

图 2.9　优化步骤各参数含义

第三节　Design-Expert 软件的设计方法

Design-Expert 软件提供以下四大类试验设计方法——组合设计、析因设计、响应曲面设计、混料(配方)设计，帮助我们优化产品或者流程，在每大类中又各自分为若干小类设计方法，应根据具体问题的特点选择合适的设计方法。本章重点阐述析因设计中的一般因子设计、田口设计和响应曲面设计中的中心组合设计。

一、组合设计

组合设计(Combined Design)提供设计方案，将流程变量、混料变量以及类型变量等不同的因子放在一个试验方案中一起考虑。

组合设计中包括最优设计(Optimal)和用户自定义设计(User-Defined)两个选项。如图 2.10,2.11 所示。

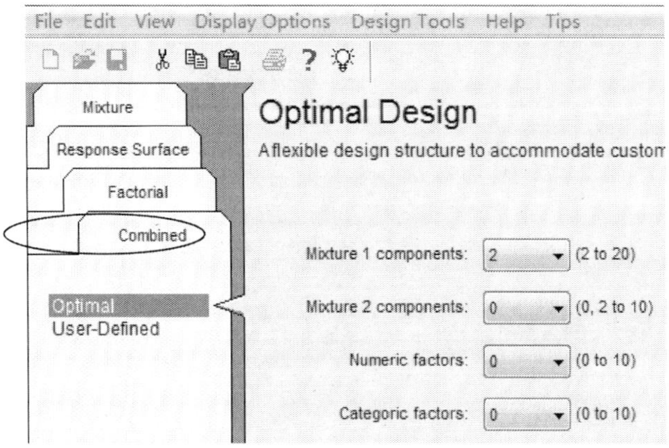

图 2.10　组合设计——最优设计

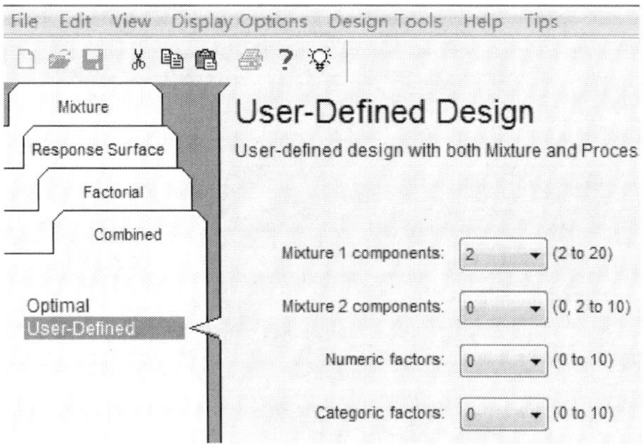

图 2.11　组合设计——用户自定义设计

二、析因设计

析因设计(Factorial Design)是一种多因素、多水平交叉分组进行全面试验的设计方法。它可以研究两个或两个以上因素多个水平的效应。

析因设计各处理组间在均衡性方面的要求与完全随机设计一致，对各因素不同水平的全部组合进行试验，故具有全面性和均衡性；析因设计比单因素试验能提供更多的试验信息，可用来分析全部因素主效应，以及因素间各级的交互作用，在工程中，可用于筛选最佳试验条件等研究。

在析因设计中，当因素增加时，试验数呈几何倍数增加，试验次数较多。不但计算复杂，而且给多阶交互作用的解释带来困难。但有时高阶交互作用是很难解释的，实际工作中常只考虑一、二阶交互作用。因此，当因素及水平数较多时，一般不采用完全交叉分组的析因设计，而采用正交设计。

本章重点介绍几种常用的析因设计方法。

1. 一般因子设计(General Factorial)

一般因子设计是一种应用最为广泛的设计方法。利用此方法可以进行方差分析、回归分析等数据分析过程。具体分析过程在第三章及第四章中均有介绍，此处不再赘述。

2. 2 水平析因设计(2-level Factorial)

第一步，选择 2 水平析因设计方法，以 4 因素 2 水平(2^4)试验为例。输入响应的个数及试验重复次数之后，点击继续按钮，如图 2.12 所示。

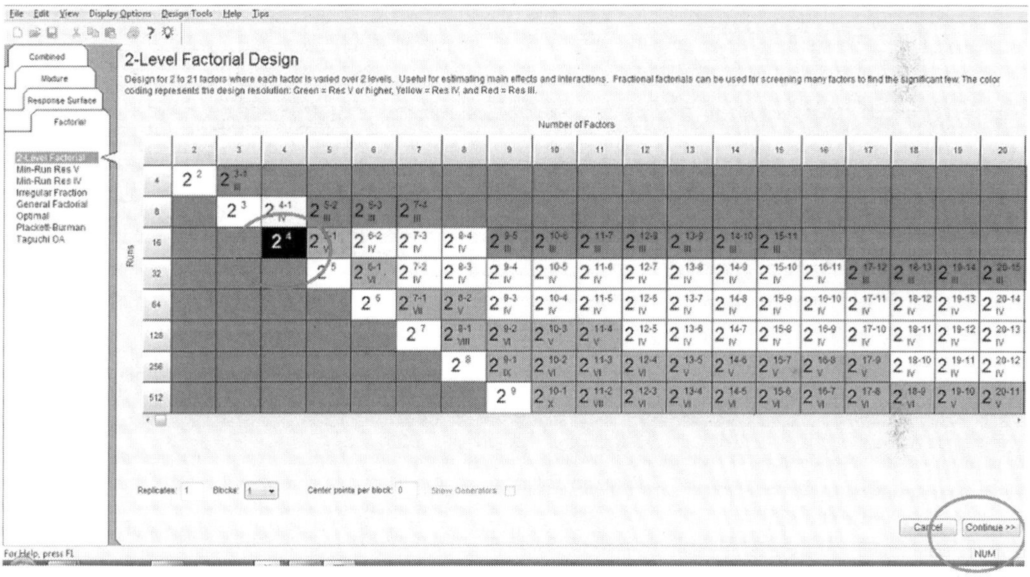

图 2.12　2-level Factorial

第二步，输入因子及响应信息，如图 2.13 所示。

第三步，按照试验方案实施试验，记录试验响应值，如图 2.14 所示。设计摘要如图2.15 所示。设计摘要包括基本因子信息和响应的描述。曲线图如图2.16所示。

第四步，选择模型函数，对模型进行评估，如图 2.17 所示。

第五步，对数据进行分析。分析的各个步骤及获得的方差分析表、回归方程等如图 2.18～2.22 所示。

3. 筛选试验设计(Plackett-Burman)

筛选试验设计是一种特殊的 2 水平的部分因子试验设计方法，主要针对因子数较多，且未确定众因子相对于响应变量的显著性而采用的试验设计方法。方法主要通过对每个因

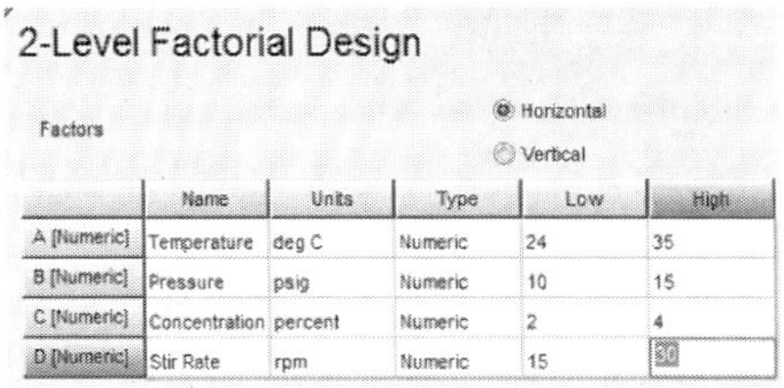

(a) 因子信息输入

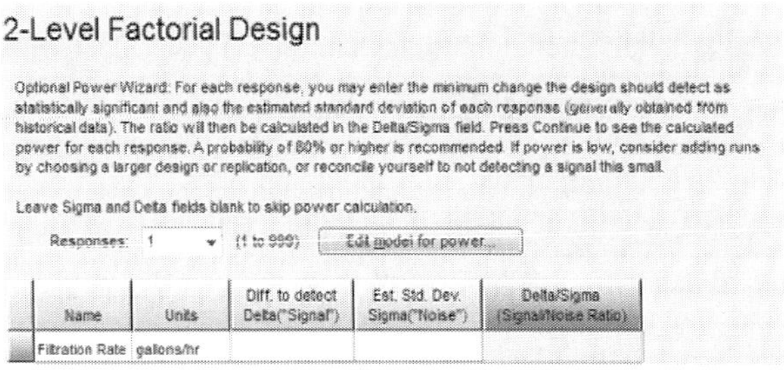

(b) 影响信息输入

图 2.13　因子及响应信息的输入

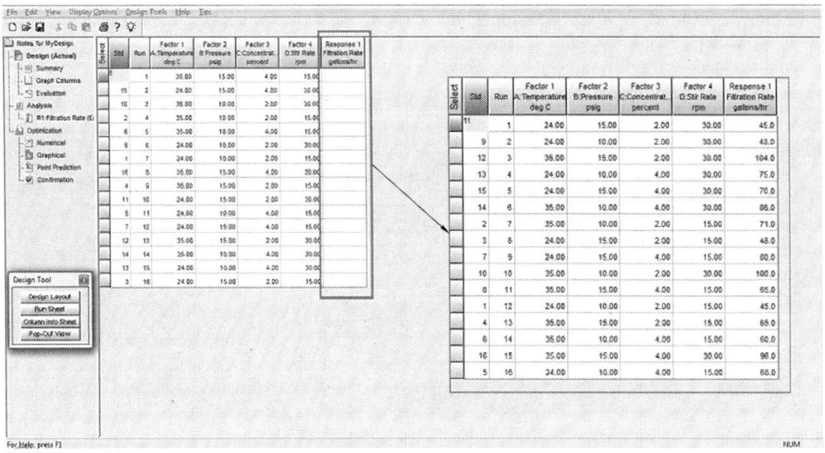

图 2.14　记录试验响应值

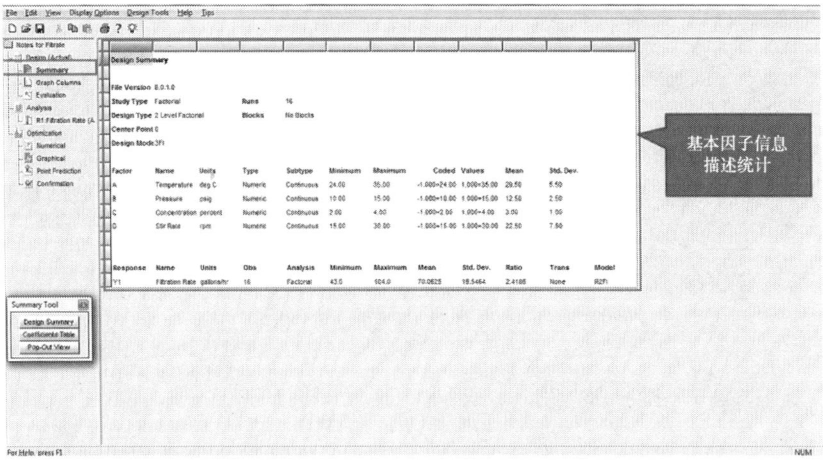

图 2.15　设计摘要——Summary

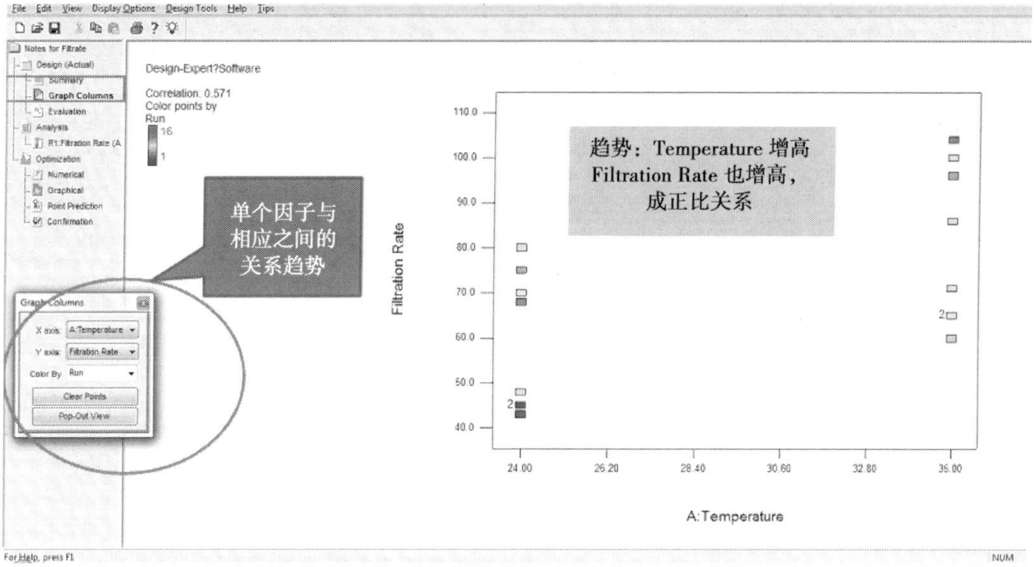

图 2.16 曲线图——Graph Columns

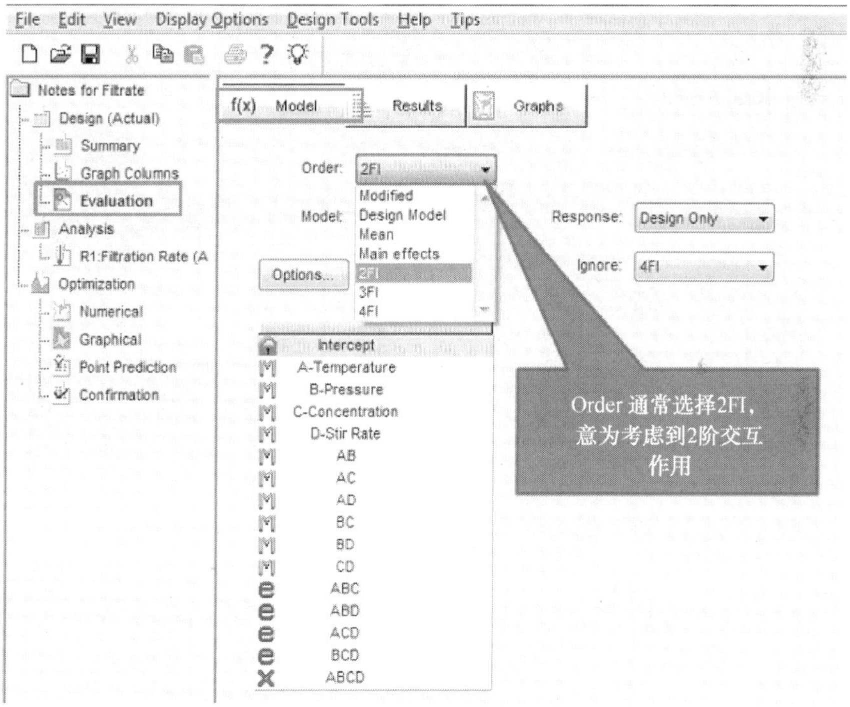

图 2.17 评估设计——Evaluation

子取 2 水平来进行分析，通过比较各个因子 2 水平的差异与整体的差异来确定因子的显著性。筛选试验设计不能区分主效应与交互作用的影响，但对显著影响的因子可以确定出来，从而达到筛选的目的，避免在后期的优化试验中由于因子数太多或部分因子不显著而浪费试验资源。

4. **田口设计**(Taguchi OA Design)

田口方法是一种低成本、高效益的质量工程方法，它强调产品质量的提高不是通过检

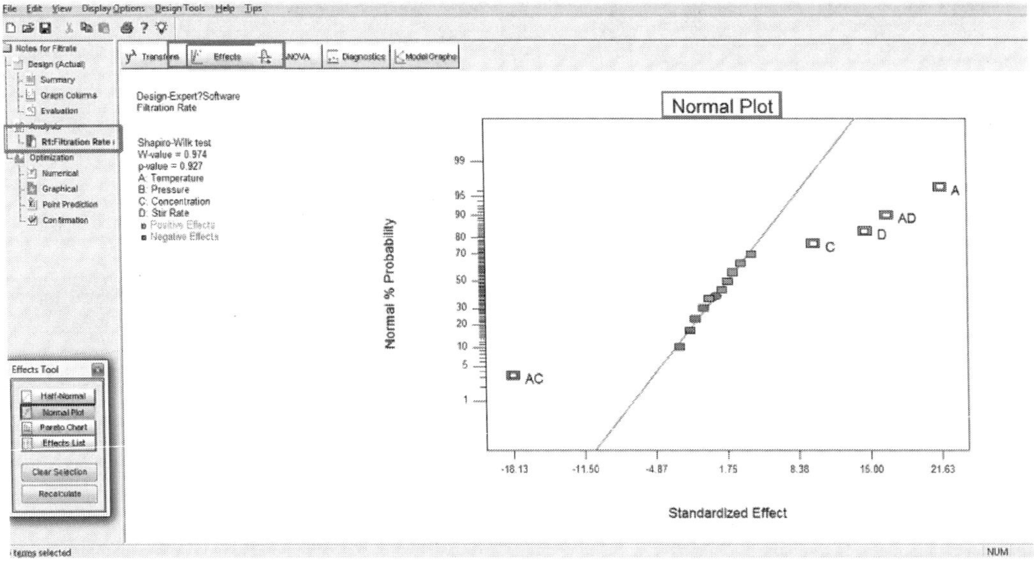

图 2.18　分析——Analysis

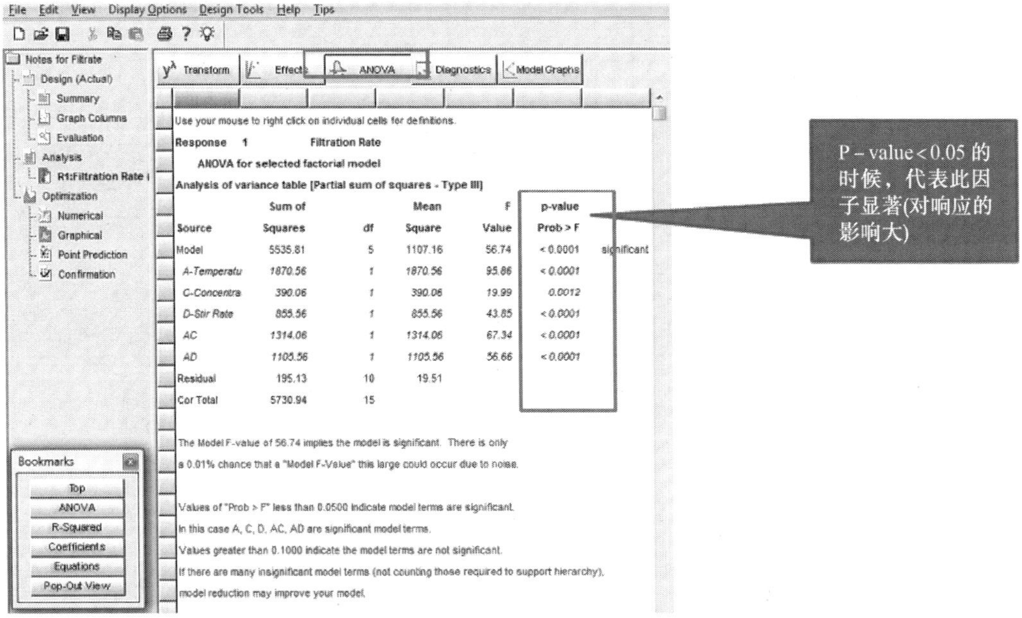

图 2.19　方差分析表

验，而是通过设计。其基本思想是把产品的稳健性设计到产品和制造过程中，通过控制源头质量来抵御大量的下游生产或顾客使用中的噪声或不可控因素的干扰，这些因素包括环境湿度、材料老化、制造误差、零件间的波动等。

田口方法不仅提倡充分利用廉价的元件来设计和制造出高品质的产品，而且使用先进的试验技术来降低设计试验费用。田口方法已经超越了 DOE 的范畴，它包括离线方法（产品设计阶段）以及在线方法（产品生产阶段），我们常说的田口设计多指其产品设计阶段的使用方法。用内表和外表来设计试验，对设计目标性能同时进行大小以及波动的优化，来达到稳健设计的需求。

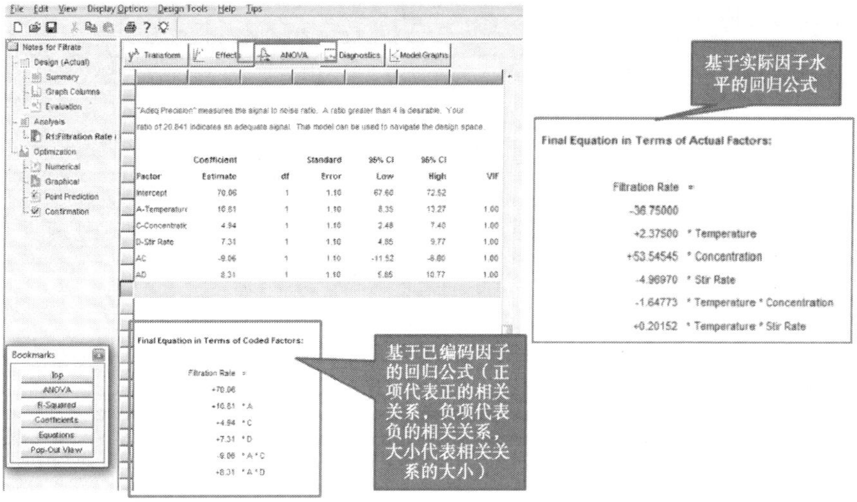

图 2.20　回归方程

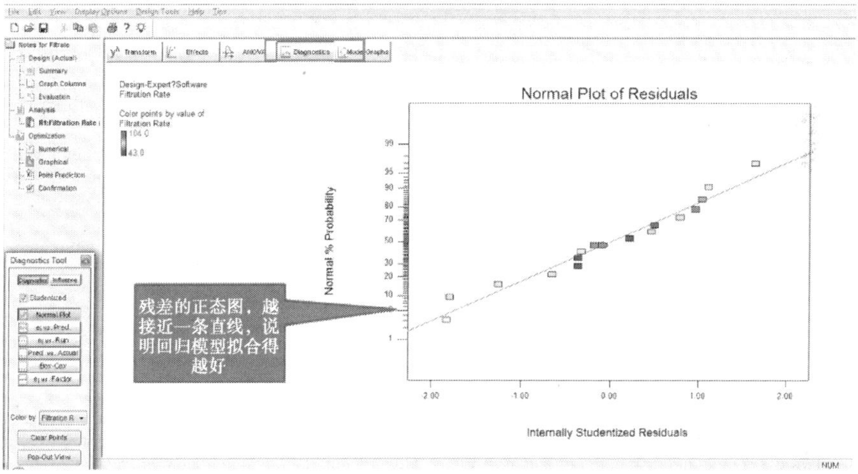

图 2.21　残差的正态图

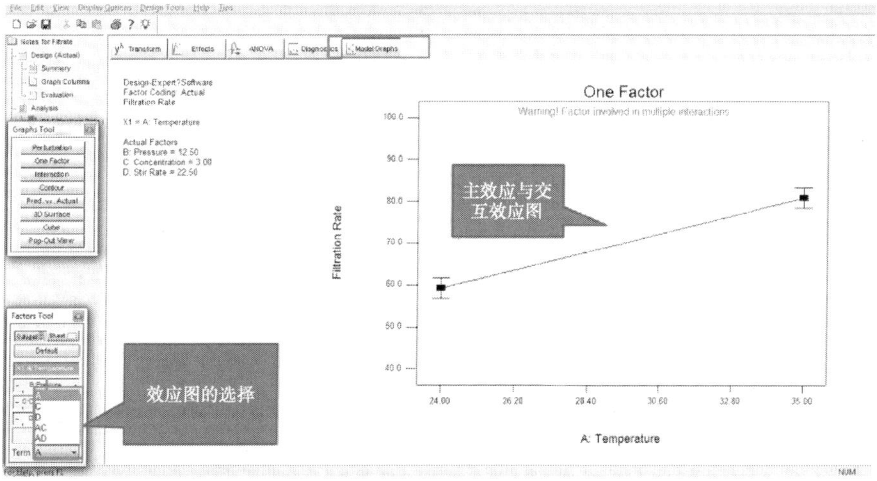

图 2.22　模型曲线——主效应与交互效应图

田口设计的具体方法将在第六章中具体介绍。

三、响应曲面设计

响应曲面设计方法（Response Surface Methodology，RSM）最早是由数学家 Box 和 Wilson 于 1951 年提出来的。利用合理的试验设计方法并通过试验得到数据，采用多元二次回归方程来拟合因子和响应值之间的函数关系，指导多变量优化问题。在数学原理上可以参考正交多项式回归的书籍。

1. RSM 的特点

确定因素对指标存在非线性影响；因素个数 2～7 个，一般不超过 4 个时则 RSM 是最值得推荐的方法，适合于要求响应变量望大（即越大越好）、望小（即越小越好）和望目（即越接近目标值越好）等各种常见情形；所有因素均为计量值数据；试验区域已接近最优区域；基于 2 水平的全因子正交试验。

在 Design-Expert 中提供了以下几种方法：CCD（中心复合设计）、Box-Behnken 设计、单因子设计、D一最优设计、基于距离的设计、用户定义设计、基于历史数据的设计。如图 2.23 所示。本书重点介绍 CCD、BBD 方法及 Design-Expert 软件操作。

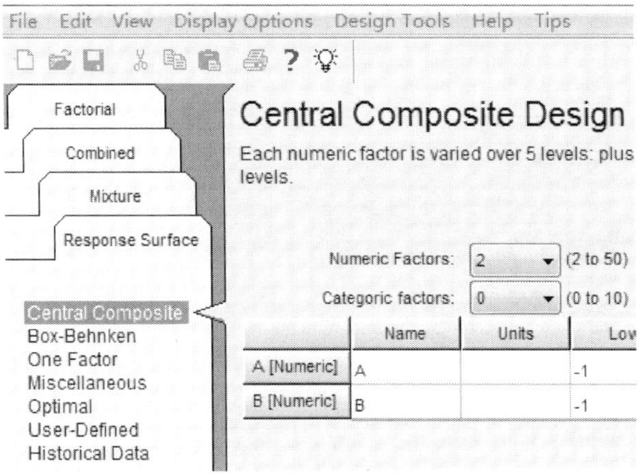

图 2.23　响应曲面设计方法

2. CCD（中心复合试验设计）

（1）CCD 的试验点

CCD 是在 2 水平全因子和部分试验设计的基础上发展起来的一种试验设计方法，它是 2 水平全因子和部分试验设计的拓展。通过对 2 水平试验增加一个设计点（相当于增加了一个水平），从而可以对评价指标和因素间的非线性关系进行评估。它常用于在需要对因素的非线性影响进行测试的试验。中心复合试验设计需要选择立方点、轴向点和中心点作为试验点。

立方点，如图 2.24 所示，也称立方体点、角点，即 2 水平对应的“－1”和“＋1”点。各点坐标皆为＋1 或－1。在 k 个因素的情况下，共有 2^k 个立方点。

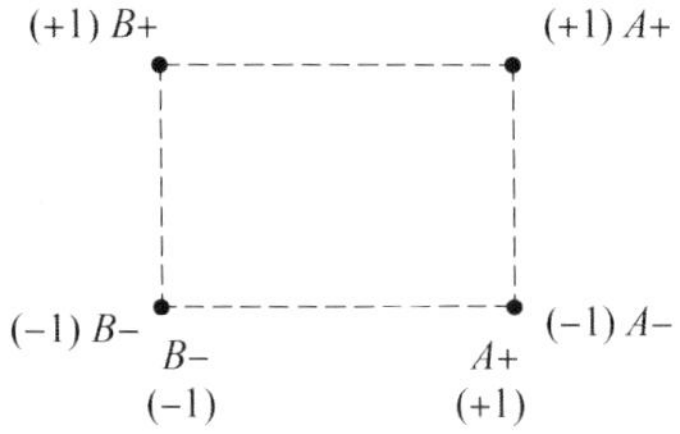

图 2.24　立方点

轴向点，如图 2.25 所示，又称始点、星号点，分布在轴向上。除一个坐标为 $+\alpha$ 或 $-\alpha$

外，其余坐标皆为 0。在 k 个因素的情况下，共有 $2k$ 个轴向点。

中心点，如图 2.26 所示，亦即设计中心，表示在图上，坐标皆为 0。

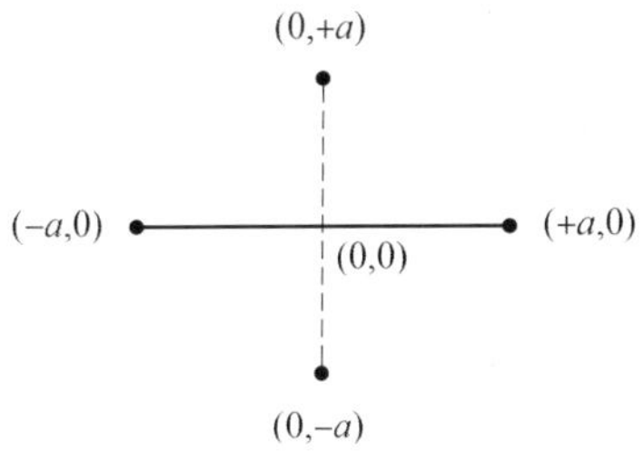

图 2.25　轴向点

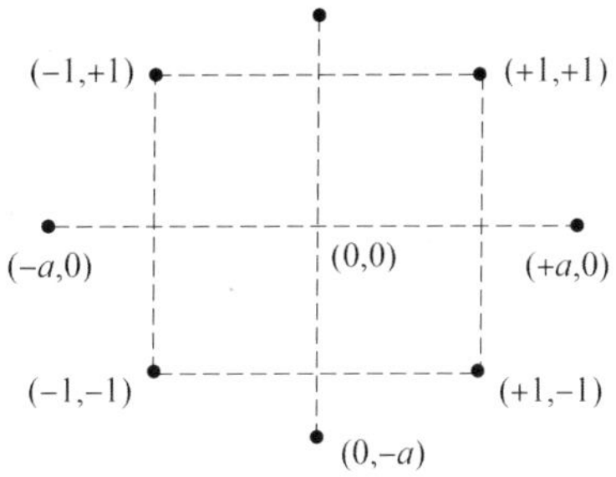

图 2.26　中心点

序贯性指先后分几段完成试验，前次试验设计的点上做过的试验结果，在后续的试验设计中继续有用。旋转性具有在设计中心等距点上预测方差恒定的性质，可以改善预测的精度。

(2)CCD 特点

中心复合试验设计的主要特点：可以进行因素数在 2～6 个范围内的试验；试验次数一般为 14～90 次：2 因素 12 次，3 因素 20 次，4 因素 30 次，5 因素 54 次，6 因素 90 次；可以评价因素的非线性影响；适用于所有试验因素均为计量值数据的试验。

(3)CCD 设计步骤

CCD 设计步骤如图 2.27～2.31 所示。

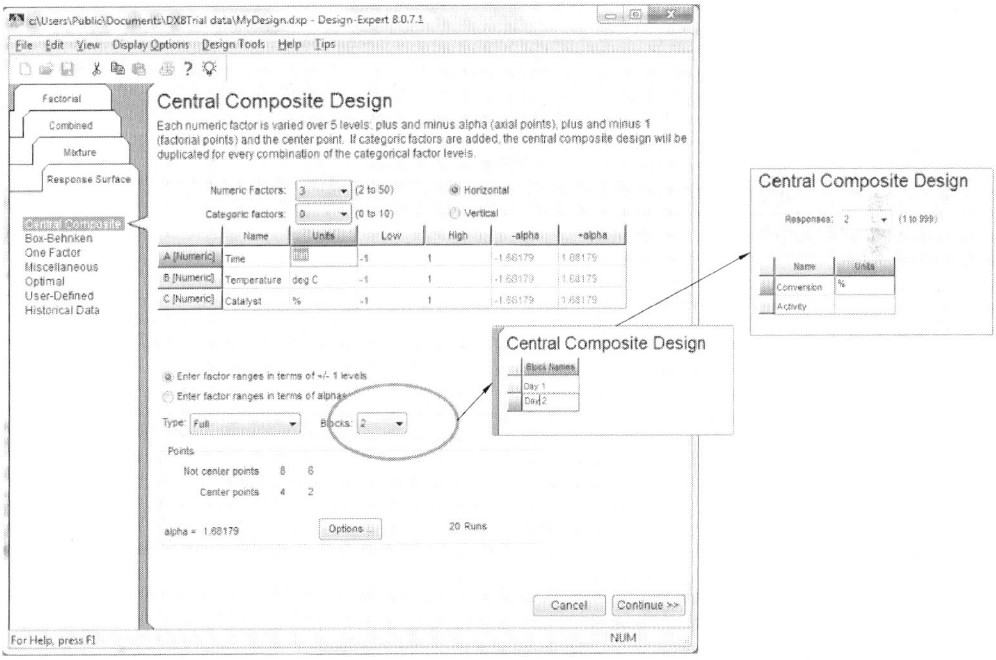

图 2.27　CCD 操作步骤

3. Box-Behnken 设计

(1)Box-Behnken 设计的试验点

Box-Behnken 设计首先假定试验范围内存在二次项，其试验点的选取为编码立方体的

Std	Run	Block	Factor 1 A:Time min.	Factor 2 B:Temperature deg C	Factor 3 C:Catalyst %	Response 1 Conversion %	Response 2 Activity
1	1	Day 1	40.00	80.00	2.00	74.0	53.2
7	2	Day 1	40.00	90.00	3.00	66.0	59.8
10	3	Day 1	45.00	85.00	2.50	75.0	60.4
12	4	Day 1	45.00	85.00	2.50	83.0	60.6
4	5	Day 1	50.00	90.00	2.00	70.0	62.6
11	6	Day 1	45.00	85.00	2.50	76.0	59.1
3	7	Day 1	40.00	90.00	2.00	88.0	53.4
8	8	Day 1	50.00	90.00	3.00	97.0	67.8
6	9	Day 1	50.00	80.00	3.00	90.0	67.9
9	10	Day 1	45.00	85.00	2.50	81.0	59.2
5	11	Day 1	40.00	80.00	3.00	71.0	57.3
2	12	Day 1	50.00	80.00	2.00	51.0	62.9
14	13	Day 2	53.41	85.00	2.50	79.0	65.9
13	14	Day 2	36.59	85.00	2.50	76.0	53.6
20	15	Day 2	45.00	85.00	2.50	91.0	58.9
17	16	Day 2	45.00	85.00	1.66	55.0	57.4
18	17	Day 2	45.00	85.00	3.34	81.0	63.2
16	18	Day 2	45.00	93.41	2.50	97.0	60.7
19	19	Day 2	45.00	85.00	2.50	80.0	60.8
15	20	Day 2	45.00	76.59	2.50	85.0	60.0

图 2.28　记录响应值

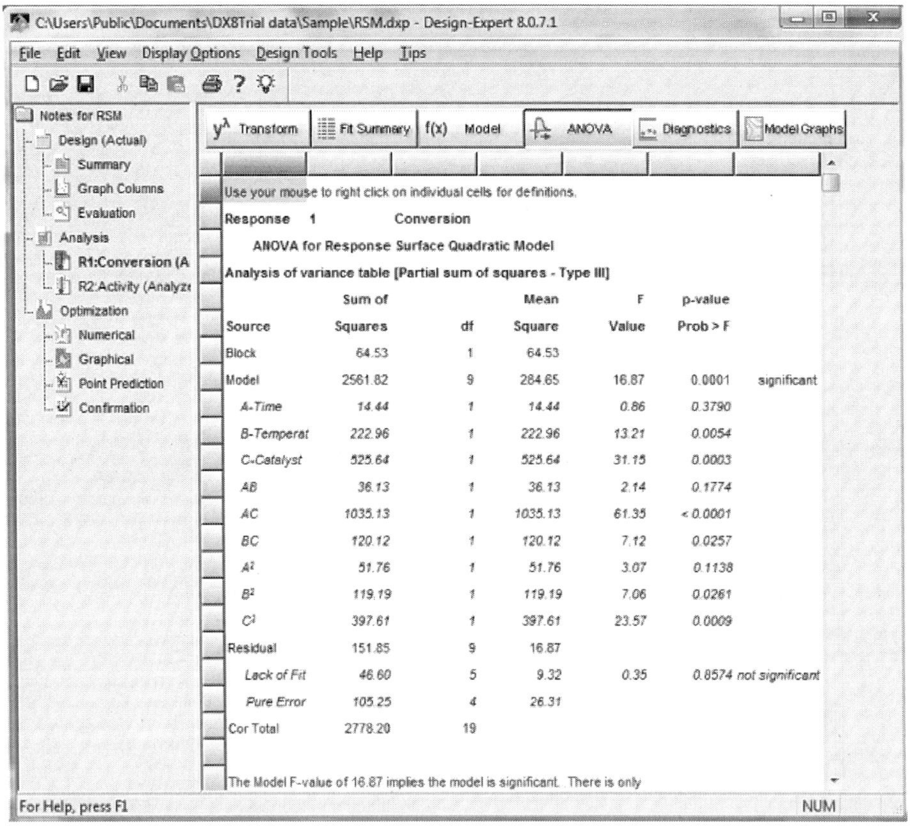

Source	Sum of Squares	df	Mean Square	F Value	p-value Prob > F	
Block	64.53	1	64.53			
Model	2561.82	9	284.65	16.87	0.0001	significant
A-Time	14.44	1	14.44	0.86	0.3790	
B-Temperat	222.96	1	222.96	13.21	0.0054	
C-Catalyst	525.64	1	525.64	31.15	0.0003	
AB	36.13	1	36.13	2.14	0.1774	
AC	1035.13	1	1035.13	61.35	< 0.0001	
BC	120.12	1	120.12	7.12	0.0257	
A^2	51.76	1	51.76	3.07	0.1138	
B^2	119.19	1	119.19	7.06	0.0261	
C^2	397.61	1	397.61	23.57	0.0009	
Residual	151.85	9	16.87			
Lack of Fit	46.60	5	9.32	0.35	0.8574	not significant
Pure Error	105.25	4	26.31			
Cor Total	2778.20	19				

图 2.29　方差分析

Final Equation in Terms of Coded Factors:

Activity	=
+60.21	
+4.26	*A
+0.25	*B
+2.23	*C

Final Equation in Terms of Actual Factors:

Activity	=
+6.38274	
+0.85212	*Time
+0.050923	*Temperature
+4.45994	*Catalyst

图 2.30 回归分析

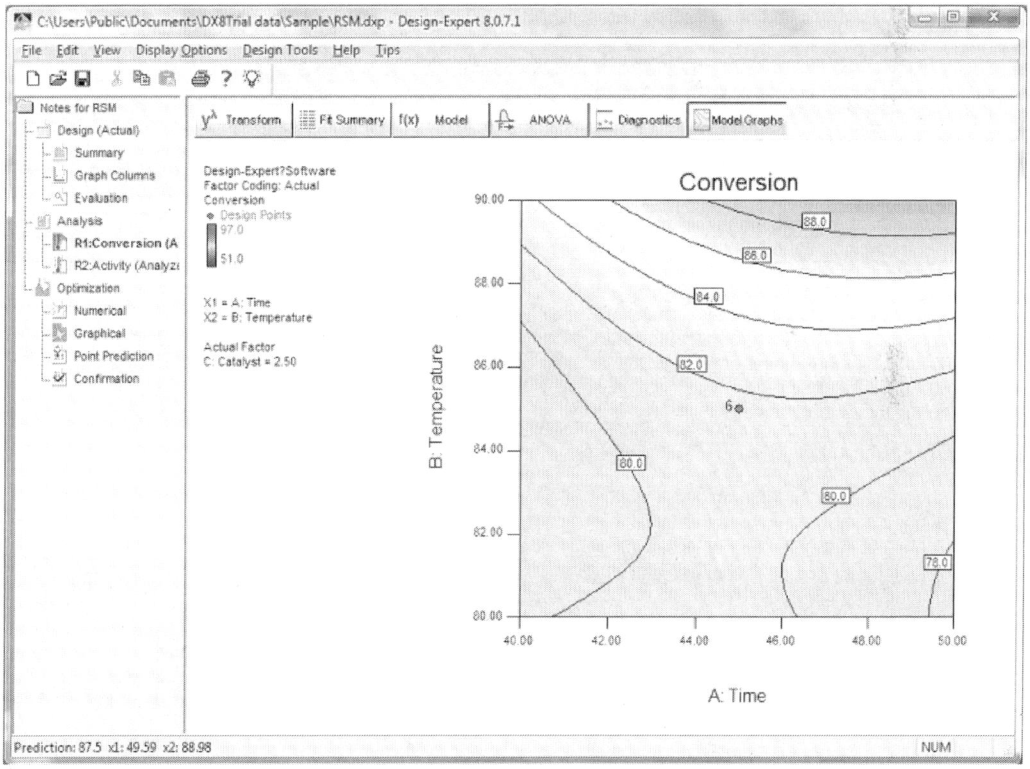

图 2.31 模型曲线

每条棱的中点，如图 2.32 所示。

(2)Box-Behnken 设计特点

Box-Behnken 试验设计具有如下特点：可以进行因素在 3～7 个范围内的试验；试验次数一般为 15～62 次，在因素数相同时比中心复合设计所需的试验次数少；可以评估因素的非线性影响；适用于所有因素均为计量值的试验；使用时无需多次连续试验；Box-Behnken 试验方案中没有将所有试验因素同时安排为高水平的试验组合，对某些有特别需要或安全要求的试验尤为适用；具有近似旋转性，没有序贯性。

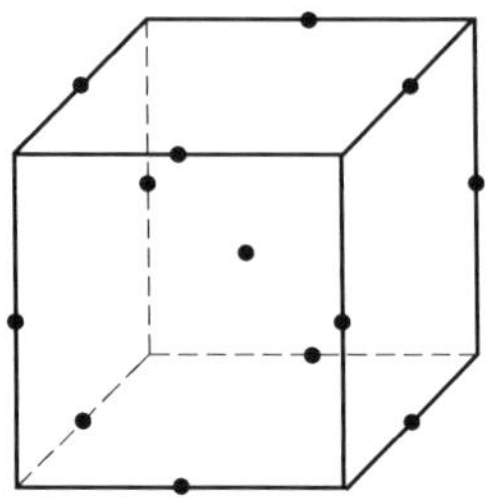

图 2.32　Box-Behnken 设计的试验点

（3）Box-Behnken 设计步骤

Design-Expert 软件中 BBD 的设计步骤：打开 Design-Expert 软件，进入主界面，然后点击 File-new design 创建一个新的试验设计工程文件，然后点击左侧的 Response Surface 选项卡，进入相应曲面试验设计方法，然后点击 Box-Behnken，进入 BBD 设计。设计步骤如图2.33～2.37 所示。

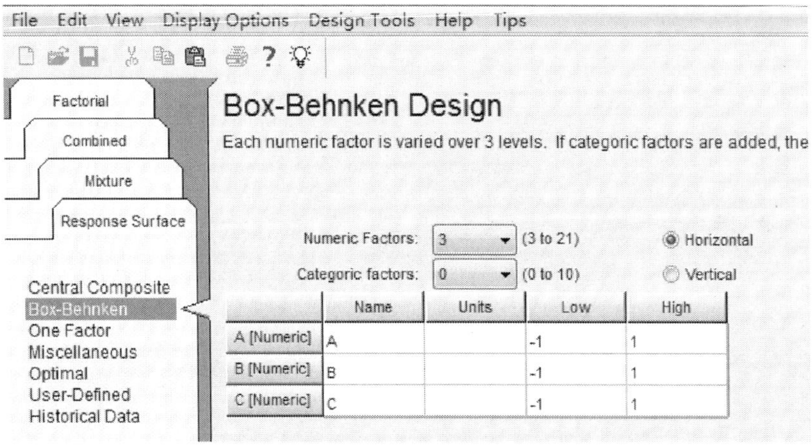

图 2.33　方法选取

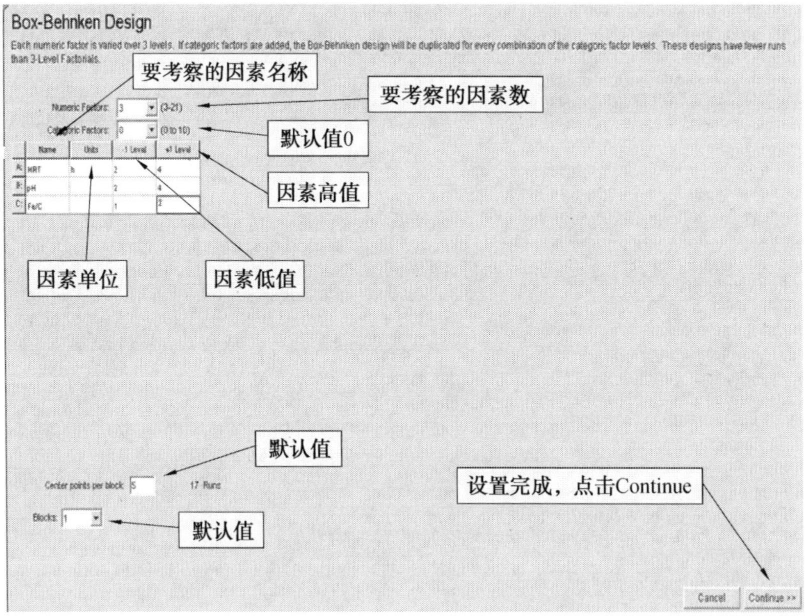

图 2.34　因子信息输入

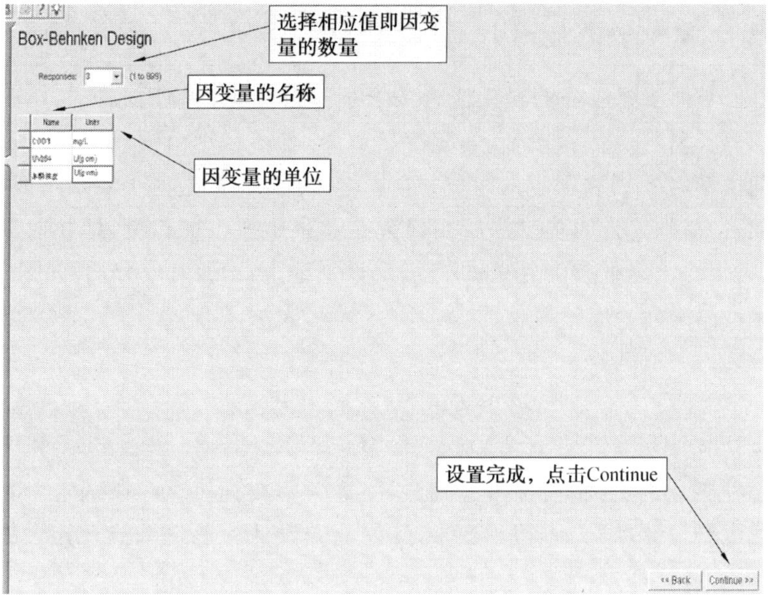

图 2.35　响应信息输入

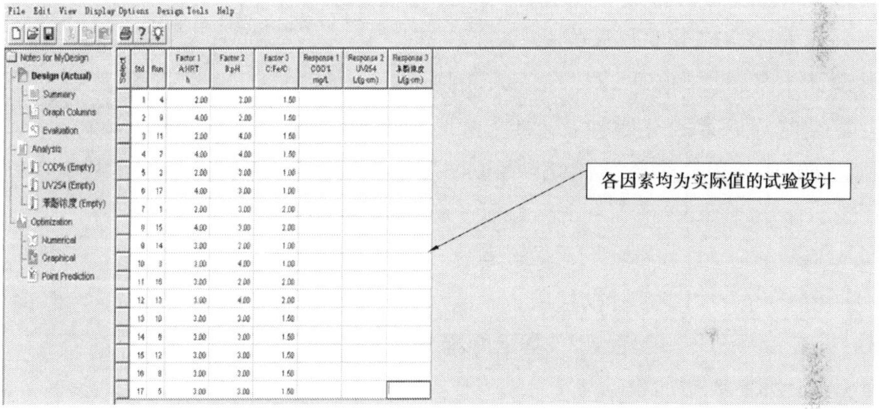

图 2.36　响应值输入

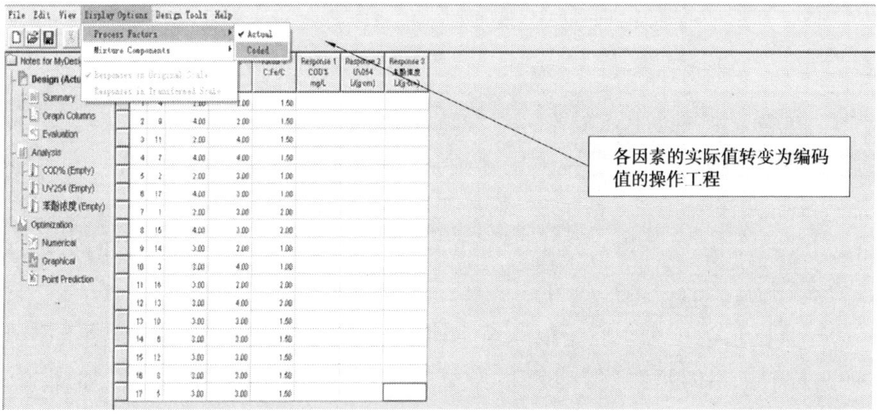

图 2.37　实际值一编码值转换操作

四、混料设计(Mixture Design)

混料是指若干种不同成分的物质混合或合成一种稳定的物质或产品。混料设计广泛应用在化工、医药、材料、食品、冶金、陶瓷等领域中,如不锈钢由铁、铬、镍、碳等元素组成;礼花的闪光剂由镁、钠、锶和固定剂组成;混凝土由水泥、石子、沙子和水组成;还涉及如中药、饲料成分等。每种成分的多少用所用成分在总量中所占的比例,即相对量表示。在混料设计中,各成分的比例不能自由变动,应满足以下约束,即所有成分比例的和应为 1。

设某试验产品由 n 个成分组成,以 $x_1, x_2, \cdots, x_n$ 表示,若试验中每个因素的取值满足式(2.1),则试验称为混料试验。

$$\begin{cases} x_1 + x_2 + \cdots + x_n = 1 \\ 0 \leqslant x_i \leqslant 1 \quad i = 1, 2, \cdots, n \end{cases} \tag{2.1}$$

若调节每种成分的比例,使性能达到最好,通常需要通过试验来确定。对混料试验进行的设计称为混料设计(Mixture Design),又称配方设计。混料试验设计中的成分通常不少于三种。

需要注意的是,一般混料中微量成分含量的确定,采用普通因素设计,因为微量成分的比例很小,它们的变化几乎不会引起大比例成分的显著变化。

混料设计中最重要,也是最有特色的就是试验点的选取方法。常见的选取方法有四种,分别是单形格子点设计(Simplex Lattice)、单形重心设计(Simplex Centroid)、极角点设计(Extreme Vertices)、筛选设计(ABCD Design)。

在 Design-Expert 中,混料设计的方法包括:单形格子设计、单形重心设计、D－最优设计、基于距离的设计、用户定义设计、基于历史数据的设计等。

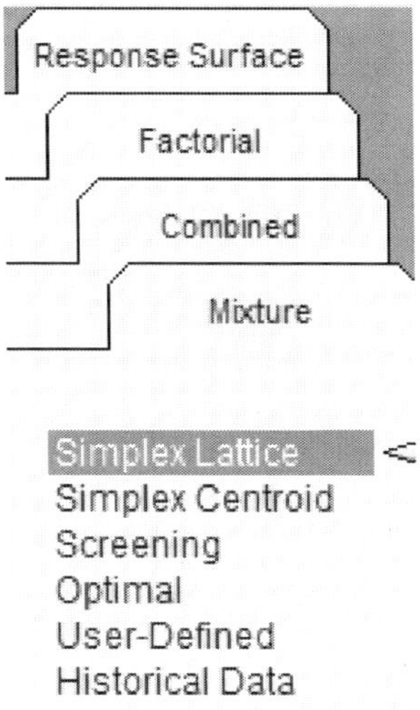

图 2.38 混料设计的方法

1. 混料设计的基本概念

(1)单形与单形的顶点

方程 $\sum_{i=1}^{n} x_i = 1$ 的图形是一个 n 维平面,而 $(x_1, x_2, \cdots, x_n)$ 为 n 维平面上点的坐标。在该 n 维平面上满足 $0 \leqslant x_i \leqslant 1, i = 1, 2, \cdots, n$ 的区域构成的图形称为单形。单形是一种正多边形(正多面体),如:正三角形、正四面体等,其高度为 1。

若单形上点的 n 个坐标中有一个为 1,其他都为 0,则称这种点为单形的顶点,即 n 维单形的顶点的坐标为 $(1,0,\cdots,0),(0,1,\cdots,0),\cdots,(0,0,\cdots,1)$。

$n=3$ 时,其图形为三维空间中的一个平面上的等边三角形,其 3 个顶点的坐标分别为 $(1,0,0),(0,1,0),(0,0,1)$,该等边三角形就是三维空间上的一个单形,如图 2.39(a) 所示。$n=4$ 时的单形是三维空间中的一个正四面体,如图 2.39(b) 所示。

(2)单形上点的坐标

在 $n=3$ 时,单形是平面上的一个正三角形,设其高为 1,记其 3 个顶点分别为 x_1, x_2, x_3,

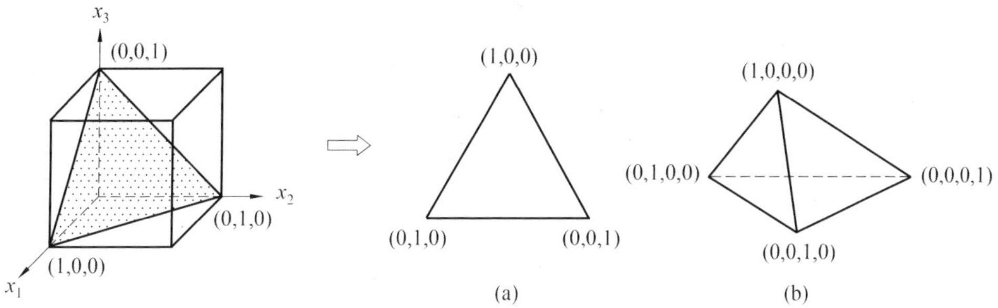

图 2.39 三维、四维空间的一个单形

它们的坐标分别是(1,0,0),(0,1,0),(0,0,1),如图 2.40 所示。又设 p 是该三角形的一个内点,定义 p 到边 x_2x_3 的距离为 x'_1,到边 x_1x_3 的距离为 x'_2,到边 x_1x_2 的距离为 x'_3,此时 3 个距离之和恰为该正三角形的高,即存在 $x'_1+x'_2+x'_3=1$。

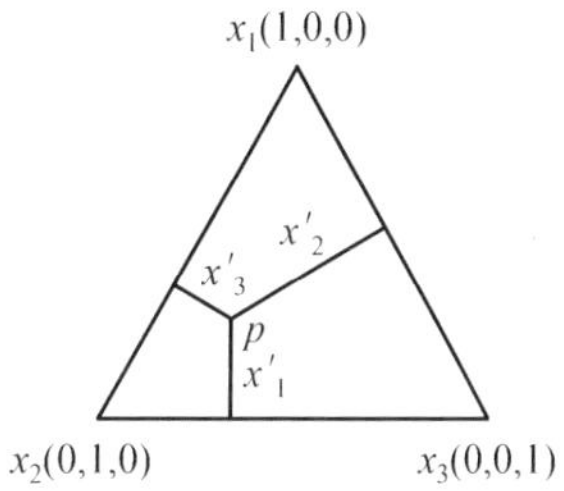

图 2.40 单形坐标系

这个坐标系就是 $n=3$ 时单形上的坐标系,$p(x_1,x_2,x_3)$ 便是单形上点在这个坐标系下的坐标。

2. 混料设计的统计模型

设试验中考察的指标为 y,那么 y 与 n 个因子 $x_1,x_2,\cdots,x_n$ 的关系可以表示为

$$y=f(x_1,x_2,\cdots,x_n)+\varepsilon \tag{2.2}$$

ε 是随机误差,通常假定它服从 $N(0,\sigma^2)$。$\hat{y}=f(x_1,x_2,\cdots,x_n)$ 为响应函数,其图形也称为响应曲面,当响应函数中的未知参数用估计值代替后便得到回归方程,也称响应曲面方程。

由于 $f(x_1,x_2,\cdots,x_n)$ 形式往往是未知的,通常用 $x_1,x_2,\cdots,x_n$ 的一个 d 次多项式表示,此时一个混料试验由因子数 n 与响应多项式的次数 d 来确定,用 $M(n,d)$ 表示一个混料试验。

利用混料试验的特点,多项式中的参数可以得到简化,此时给出的多项式模型称为 Scheffe 正则多项式模型。

对 n 因子一次混料试验 $M(n,1)$,Scheffe 利用 $\hat{y}=\beta_0\sum_{i=1}^{n}x_i$ 把 n 元一次多项式模型化为 Scheffe 一次正则多项式模型:

$$\hat{y}=\beta_1x_1+\beta_2x_2+\cdots+\beta_nx_n \tag{2.3}$$

同理,n 因子二次混料试验 $M(n,2)$ 的 Scheffe 二次正则多项式模型为

$$\hat{y}=\sum_{i=1}^{n}\beta_ix_i+\sum_{i<j}\beta_{ij}x_ix_j \tag{2.4}$$

同理,n 因子三次混料试验 $M(n,3)$ 的 Scheffe 三次正则多项式模型为

$$\hat{y}=\sum_{i=1}^{n}\beta_ix_i+\sum_{i<j}\beta_{ij}x_ix_j+\sum_{i<j<k}\beta_{ijk}x_ix_jx_k \tag{2.5}$$

一般的混料试验多用一次、二次多项式模型,对于混料二次多项式模型而言,其待估参

数的个数要比一般 n 元二次多项式模型少 $n+1$ 个。

3. 单形格子设计(Simplex Lattice Design)

(1)单形格子设计基本知识

单形格子设计是 Scheffe 提出的一种混料设计,它奠定了混料设计的基础。$M(n,d)$ 的单形格子设计,为 d 阶格子设计,它将单形的边划分成 d 等分,在等分点做与其他边平行的直线,形成许多格子,故名单形格子设计。

如,$n=3$ 时,一阶、二阶和三阶单形格子设计的点分布图如图 2.41 所示。

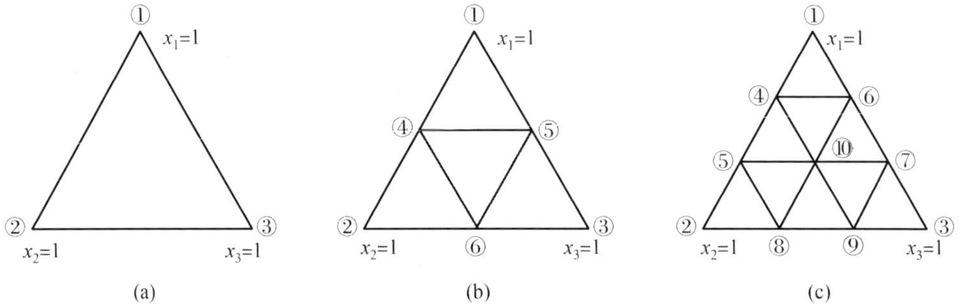

图 2.41　单形格子设计点分布

对于第一个格子设计,其试验水平就是单形的顶点,其因子水平只有 0 和 1 两种;对于第二个格子设计,其试验水平有 0,1/2 和 1 三种,依此类推。格子越多,表示试验的水平越多,可以做高阶的回归。

(2)单形格子设计步骤

以单形格子设计为例,如图 2.42～2.46 所示,来说明 Design-Expert 的使用方法。

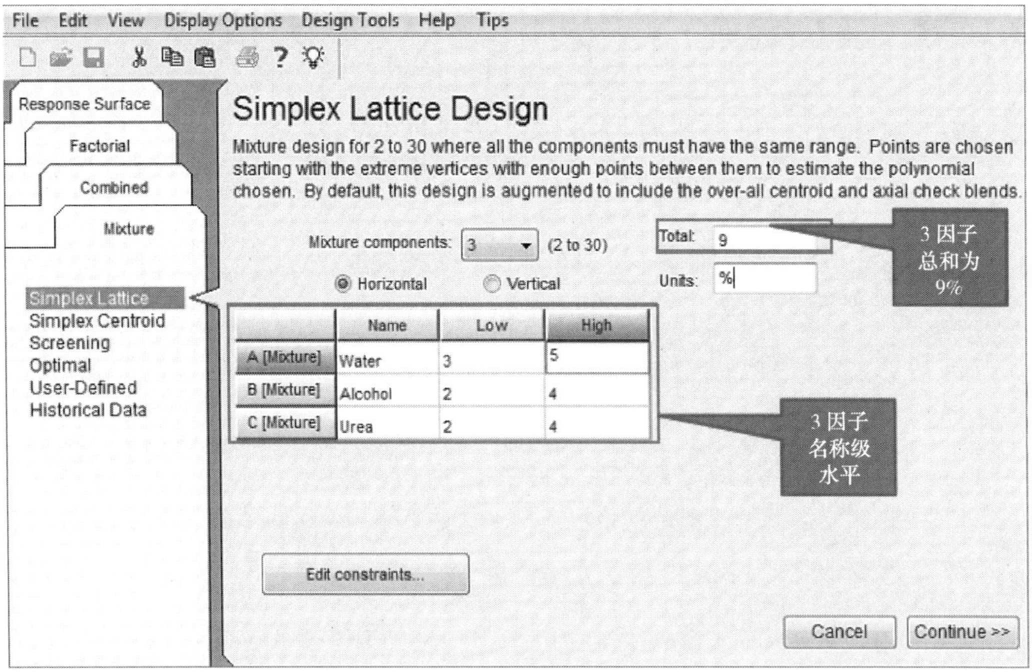

图 2.42　因子信息输入

Select	Std	Run	Component 1 A:Water %	Component 2 B:Alcohol %	Component 3 C:Urea %	Response 1 Viscosity mPa-sec	Response 2 Turbidity
	3	1	4.000	2.000	3.000	46.5	630
	7	2	4.333	2.333	2.333	35.1	671
	5	3	3.000	3.000	3.000	45.3	949
	13	4	3.000	4.000	2.000	91.6	546
	14	5	3.667	2.667	2.667	34.8	984
	9	6	3.333	2.333	3.333	70.7	874
	12	7	5.000	2.000	2.000	37.2	378
	6	8	3.000	2.000	4.000	144	641
	4	9	3.000	4.000	2.000	87.8	323
	1	10	5.000	2.000	2.000	40.8	436
	11	11	3.000	2.000	4.000	130	786
	10	12	3.667	2.667	2.667	46	1122
	2	13	4.000	3.000	2.000	67.9	436
	8	14	3.333	3.333	2.333	51.7	730

图 2.43　试验方案及响应

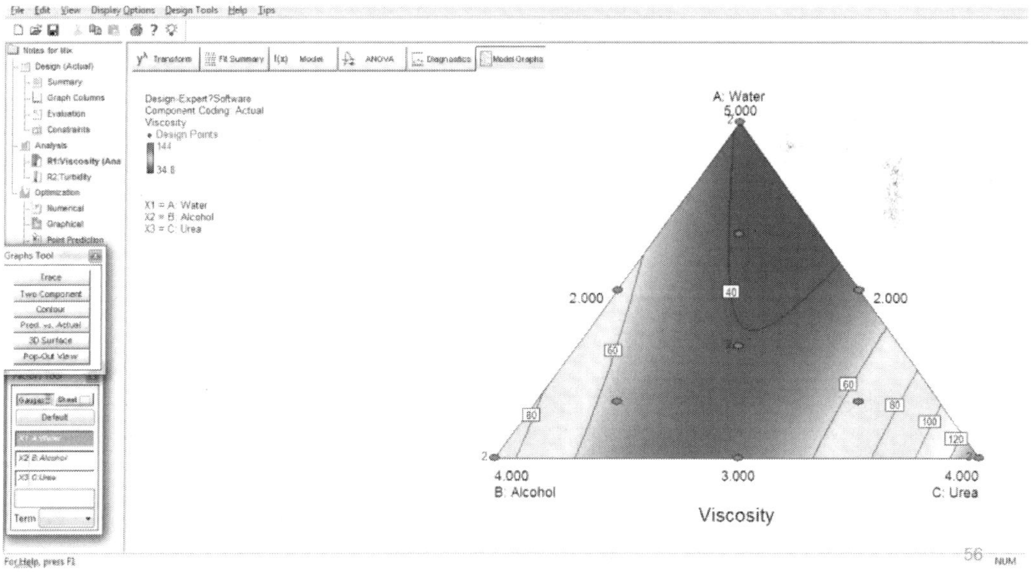

图 2.44　模型显示

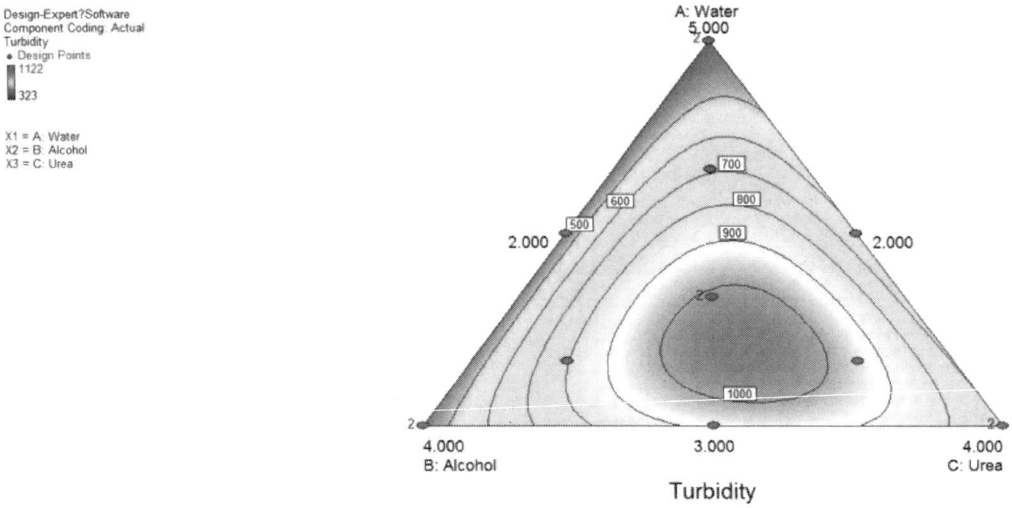

图 2.45　模型显示

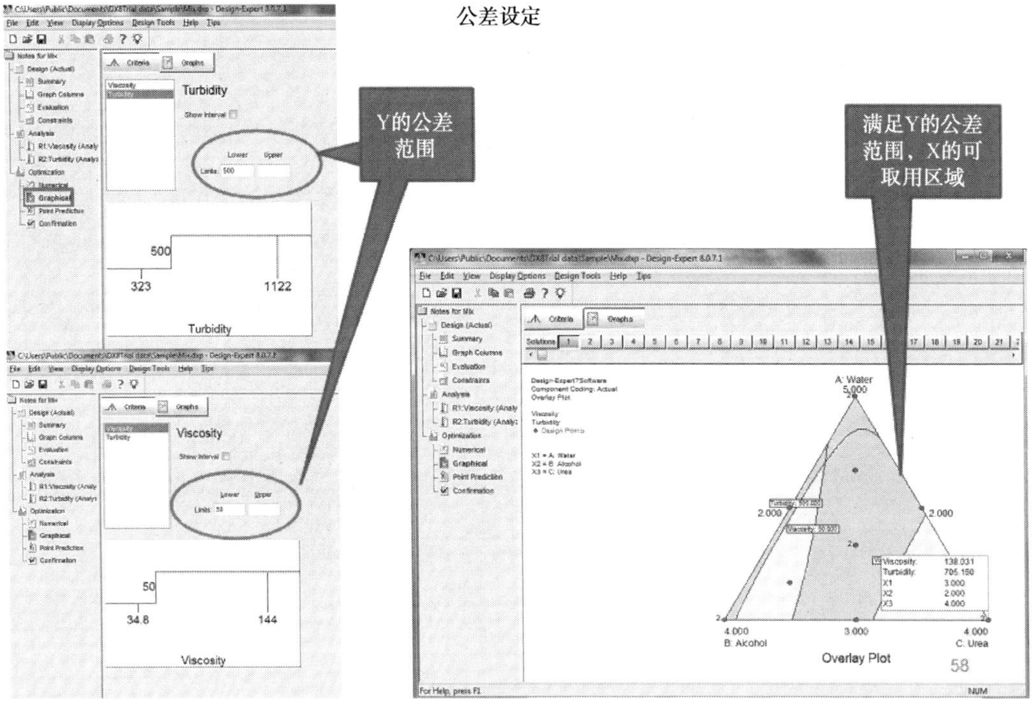

图 2.46　优化

习 题

2—1 试验设计的概念及常用术语。

2—2 Design-Expert 软件的基本模块。

2—3 Design-Expert 软件中常用的设计方法。

第三章　方 差 分 析

第一节　方差分析的目的

方差分析由著名英国统计学家 R. A. Fisher 于 1923 年提出。为纪念 Fisher，方差分析以 F 命名，故方差分析又称 F 检验。

在科学试验中常常要探讨不同试验条件或处理方法对试验结果的影响。通常是比较不同试验条件下样本均值间的差异。方差分析是检验多组样本均值间的差异是否具有统计意义的一种方法。例如，医学上研究几种药物对某种疾病的疗效；农业研究土壤、肥料、日照时间等因素对某种农作物产量的影响等都可以采用方差分析方法去解决。

1. 方差分析的优点

方差分析不受比较组数的限制，用于进行两个或多个样本均数的比较；分析两因素或多因素的作用及因素间的交互作用；用于回归方程的线性假设检验。

2. 方差分析的应用条件

方差分析在应用时，要求试验样本是相互独立随机的样本，即独立性、随机性；各试验样本均来自正态总体，即正态性；各试验样本的总体方差相等，即方差齐性。

3. 方差分析的目的

在无效假设成立的前提下，通过分析各处理组均数之间的差别，以推断其各相应总体均数间有无差别，从而说明处理因素的效果是否不同(或处理因素是否起作用)。

第二节　单因素方差分析

单因素方差分析又称为完全随机设计的方差分析，研究因素只有一个。完全随机设计(Completely Random Design)是单因素 2 水平或多水平的试验设计类型。完全随机设计需要遵循随机抽样、随机分组、随机试验的原则。完全随机设计中，因素视为分组，水平即为组数。

它是将全部试验对象按随机化的方法分配到各个处理组中，各组对象分别接受不同水平的处理；试验或观察结束后，比较各组均值之间的差别有无统计学意义，以此推断处理因素的效应。单因素方差分析对应的是单因素试验，单因素试验主要目的是探寻因素对指标的影响关系和根据试验条件等确定因素水平的较佳取值范围。单因素试验中，各组样本含量可以相等也可以不等，相等时检验效率较高。

单因素方差分析的数据结构如表 3.1 所示。

表 3.1 单因素方差分析的数据结构

	水平数(组数)			
	A_1	A_2	…	A_r
y_{ij}	y_{11}	y_{21}	…	y_{r1}
	y_{12}	y_{22}	…	y_{r2}
	…	…	…	…
	y_{1n_1}	y_{2n_2}	…	y_{rn_r}

在表 3.1 中,各参数的含义如下。

r—— 因素 A 的水平数;

n_i—— 因素 A 在第 i 个水平下重复的次数;

n—— 总试验次数,$n=\sum_{i=1}^{r}n_i$;

y_{ij}—— 因素 A 在第 i 个水平下第 j 次试验的观测值,$i=1,2,\cdots,r;j=1,2,\cdots,n_i$;

$\bar{y}_{i\cdot}$—— 因素 A 在第 i 个水平下各观测值的均值,$\bar{y}_{i\cdot}=\dfrac{1}{n_i}\sum_{j=1}^{n_i}y_{ij}$;

$\bar{y}$—— 观测值的总均值,$\bar{y}=\dfrac{1}{n}\sum_{i=1}^{r}\sum_{j=1}^{n_i}y_{ij}$。

一、单因素方差分析的基本思想

下面以一个例子阐述方差分析的基本思想。

例 3.1 考察某机械厂生产的高速犁在作业过程中,入土深度对功率消耗的影响。入土深度选取两个水平 $A_1=20$ cm,$A_2=30$ cm。试验结果如表 3.2 所示。

表 3.2 某高速犁功耗试验数据表 单位:kW

试验号 / 水平	1	2	3	4	5	平均值
A_1(20 cm)	75	79	60	61	77	70.4
A_2(30 cm)	89	72	93	71	85	82

显然,若试验无误差,则在 A_1,A_2 水平下各做一次试验即可,但实际上存在误差。所以,第一组试验中 $89>75$,无法判断 A_2 比 A_1 好,因为无法判断此差异是由 A_1,A_2 水平的不同而引起的,还是由于误差的影响而造成的。第二组试验中 $79>72$,也会得出相反的结论。

此时考虑平均值受误差的影响比单组试验小。计算一下因素在 A_1,A_2 不同水平下的平均值。

$$\bar{y}_{1\cdot}=(75+79+60+61+77)/5=70.4$$
$$\bar{y}_{2\cdot}=(89+72+93+71+85)/5=82$$

计算可知,$\bar{y}_{2\cdot}>\bar{y}_{1\cdot}$,可不可以判断 A_2 优于 A_1? 虽然平均值的代表性强些,受误差的影响小一些,但由于误差的大小未知,仍旧无法判断试验结果的差别是否是由于因素水平的改变所引起的。

所以，必须对误差引起的波动、因素水平的改变引起的波动以及数据的总波动进行数量表示，然后加以比较。

试验数据总均值 $\bar{y}=(75+79+\cdots+85)/10=76.2$，全部试验数据与总均值之差的离差平方和反映指标观察值的总波动，记为 S_T^2。

$$S_T^2=(75-76.2)^2+(79-76.2)^2+\cdots+(71-76.2)^2+(85-76.2)^2=1\ 071.60$$

若因素水平的变化对指标无影响，且不存在试验误差，则 S_T^2 应为零。但实际上 S_T^2 不为零，说明 S_T^2 是由因素水平的变化引起的数据波动和试验误差引起的数据波动两部分构成的。

若无试验误差，则 A_1，A_2 水平下的指标值应相同，而实际上不同，说明存在试验误差。试验误差引起的数据波动用误差离差平方和表示，记为 S_e^2。

$$S_e^2=(75-70.4)^2+\cdots+(77-70.4)^2+(89-82)^2+\cdots+(85-82)^2=735.20$$

对于因素 A 来说，每个水平下的平均值 $\bar{y}_{1\cdot}=70.4$，$\bar{y}_{2\cdot}=82$ 与总均值 $\bar{y}=76.2$ 存在差异，它们之间的离差平方和反映了因素水平的变化引起的数据波动，记为 S_A^2。

$$S_A^2=5\ (70.4-76.2)^2+5\ (82-76.2)^2=336.40$$

可以看出，此处有

$$S_T^2=S_A^2+S_e^2$$

即

数据总的离差平方和 = 因素水平改变引起的离差平方和 + 误差离差平方和

这就是所谓的离差平方和分解公式。

离差平方和不仅与数据本身有关，还与其自由度有关。S_e^2 的自由度记为 f_e，S_A^2 的自由度记为 f_A，S_T^2 的自由度记为 f_T。需要采用平均离差平方和 S_A^2/f_A 与 S_e^2/f_e 进行比较，并作出判断。自由度即离差平方和式中独立数据的个数。

$f_e=10-2=8$(10 个数据，2 个关系式)

$$\frac{75+79+\cdots+77}{5}=70.4$$

$$\frac{89+72+\cdots+85}{5}=82$$

$f_A=2-1=1$(2 个数据，1 个关系式)

$$\frac{70.4+82}{2}=76.2$$

$f_T=10-1=9$(10 个数据，1 个关系式)

$$\frac{75+79+\cdots+85}{10}=76.2$$

显然有

$$f_T=f_A+f_e$$

即自由度分解公式。

最后，利用平方和分解公式、自由分组公式，进行 F 值校验。

$$F_A=\frac{S_A^2/f_A}{S_e^2/f_e}$$

若 F_A 值接近于 1，则证明因素水平的改变对指标的影响与试验误差对指标的影响相近，也可以认为因素水平之间无显著差异或因素对指标影响不显著。反之，则显著。

影响的显著程度如何判断？需知道 F_A 的概率分布。在一些假定条件下，可以证明 F_A 服从自由度为 (f_A, f_e) 的 F 分布。于是，给定显著性水平 α，查 F 分布表可得临界 $F_\alpha(f_A, f_e)$，若 $F_A > F_\alpha(f_A, f_e)$，则认为因素 A 对指标影响显著；若 $F_A \leqslant F_\alpha(f_A, f_e)$，则认为因素 A 在 α 显著性水平下影响不显著。

例 3.1 中，算得

$$F_A = \frac{336.40/1}{735.20/8} = 3.66$$

当 $\alpha=0.01$，$\alpha=0.05$，$\alpha=0.1$ 时，查得 $F_{临}$ 分别为 $F_{0.01}(1,8)=11.3$，$F_{0.05}(1,8)=5.32$，$F_{0.1}(1,8)=3.46$。由此可见，$F_A=3.66>3.46=F_{0.1}(1,8)$，所以，认为高速犁入土深度 A 对功率消耗的影响在 $\alpha=0.1$ 水平下显著，或高速犁的两种入土深度 20 cm 和 30 cm 对功率消耗的影响有显著差异，试验结果的波动主要由高速犁入土深度的水平变化所引起。

由上述实例分析过程可知，方差分析基本思想：首先从数量上将因素对指标的影响和误差对指标的影响加以区分并作出估计；然后将他们进行比较，从而作出因素对指标的影响是否显著或因素各水平之间的差异对指标影响是否显著的判断。

二、方差分析的一般方法

1. 方差分析模型

设有一单因素试验，因素 A 取 r 个水平，每个水平重复做 n_i 次试验，试验结果 $y_{ij}\ (i=1,2,\cdots,r;j=1,2,\cdots,n_i)$ 表示因素 A 在第 i 个水平 A_i 下第 j 次重复试验的响应值，则单因素方差分析的模型可表示为

$$y_{ij} = \mu + \alpha_i + \varepsilon_{ij} \tag{3.1}$$

式中　α_i—— 因素 A 在第 i 个水平下的主效应；

　　μ—— 响应的总均值。

其中，α_i 满足

$$\sum_{i=1}^{r} n_i\alpha_i = 0, \varepsilon_{ij} \sim N(0,\sigma^2)$$

2. 假设条件

由方差分析模型可知，因素 A 水平的改变对响应 y 是否有显著影响的问题就变为检验 α_i 是否为零的问题。

原假设 ——$H_0: \alpha_1=\alpha_2=\cdots=\alpha_r=0$，若 H_0 成立，则因素对指标无显著影响。

备择假设 ——$H_1: \alpha_1, \alpha_2, \cdots, \alpha_r$ 至少有一个不为 0，若 H_1 成立，因素对指标有显著影响。

假设检验主要是检验 H_0，H_1 是否成立的问题。

3. 参数估计

此问题的似然函数为

$$L(\mu,\alpha_1,\cdots,\alpha_r,\sigma^2) = \left(\frac{1}{\sigma\sqrt{2\pi}}\right)^n e^{-\frac{1}{2\sigma^2}\sum_{i=1}^{r}\sum_{j=1}^{n_i}(y_{ij}-\mu-\alpha_i)^2} \tag{3.2}$$

其中 $n=\sum_{i=1}^{r} n_i$，对式(3.2)取对数，得

$$\ln L = -\frac{n}{2}\ln 2\pi - \frac{n}{2}\ln\sigma^2 - \frac{1}{2\sigma^2}\sum_{i=1}^{r}\sum_{j=1}^{n_i}(y_{ij}-\mu-\alpha_i)^2 \tag{3.3}$$

式(3.3) 中,分别对估计量 μ,α_i,σ^2 求偏导数,并令其为零。则有

$$\begin{cases}\dfrac{\partial \ln L}{\partial \mu}=\dfrac{1}{\sigma^2}\sum_{i=1}^{r}\sum_{j=1}^{n_i}(y_{ij}-\mu-\alpha_i)=0\\ \dfrac{\partial \ln L}{\partial \alpha_i}=\dfrac{1}{\sigma^2}\sum_{j=1}^{n_i}(y_{ij}-\mu-\alpha_i)=0\\ \dfrac{\partial \ln L}{\partial \sigma^2}=-\dfrac{n}{2\sigma^2}+\dfrac{1}{2\sigma^4}\sum_{i=1}^{r}\sum_{j=1}^{n_i}(y_{ij}-\mu-\alpha_i)^2=0\end{cases} \tag{3.4}$$

记 $\bar{y}_{i\cdot}=\dfrac{1}{n_i}\sum_{j=1}^{n_i}y_{ij}$,$\bar{y}=\dfrac{1}{n}\sum_{i=1}^{r}\sum_{j=1}^{n_i}y_{ij}$,解上述方程组得

$$\begin{cases}\hat{\mu}=\bar{y}\\ \hat{\alpha}_i=\bar{y}_{i\cdot}-\bar{y}\\ \hat{\sigma}^2=\dfrac{1}{n}\sum_{i=1}^{r}\sum_{j=1}^{n_i}(y_{ij}-\bar{y}_{i\cdot})^2\end{cases} \tag{3.5}$$

$\hat{\mu},\hat{\alpha}_i$ 分别是 μ 和 α_i 的无偏估计量。

4. 离差平方和分解

S_T^2 表示响应值的总波动,称之为总离差平方和。由例 3.1 的分析过程及参数估计公式(3.5) 可知,要进行离差平方和分解,需要确定 $\bar{y}_{i\cdot}$ 的值。所以,在分解时,公式中需加入此参数。

$$\begin{aligned}S_T^2&=\sum_{i=1}^{r}\sum_{j=1}^{n_i}(y_{ij}-\bar{y})^2\\&=\sum_{i=1}^{r}\sum_{j=1}^{n_i}(y_{ij}-\bar{y}_{i\cdot}+\bar{y}_{i\cdot}-\bar{y})^2\\&=\sum_{i=1}^{r}\sum_{j=1}^{n_i}(y_{ij}-\bar{y}_{i\cdot})^2+\sum_{i=1}^{r}n_i(\bar{y}_{i\cdot}-\bar{y})^2+2\sum_{i=1}^{r}\sum_{j=1}^{n_i}(y_{ij}-\bar{y}_{i\cdot})(\bar{y}_{i\cdot}-\bar{y})\end{aligned} \tag{3.6}$$

注意到,$\sum_{i=1}^{r}\sum_{j=1}^{n_i}(y_{ij}-\bar{y}_{i\cdot})(\bar{y}_{i\cdot}-\bar{y})=0$,则有

$$S_e^2=\sum_{i=1}^{r}\sum_{j=1}^{n_i}(y_{ij}-\bar{y}_{i\cdot})^2 \tag{3.7}$$

$$S_A^2=\sum_{i=1}^{r}n_i(\bar{y}_{i\cdot}-\bar{y})^2 \tag{3.8}$$

即

$$S_T^2=S_A^2+S_e^2 \tag{3.9}$$

S_A^2,S_e^2 分别称为因素 A 的离差平方和(组间平方和) 和误差的离差平方和(组内平方和)。

5. 显著性检验

因为

$$y_{ij}\sim N(\mu_i,\sigma^2),\bar{y}_{i\cdot}\sim N\left(\mu_i,\frac{\sigma^2}{n_i}\right)(i=1,2,\cdots,r),\bar{y}\sim N\left(\mu,\frac{\sigma^2}{n}\right)$$

所以

$$\begin{cases} E(S_e^2)=\sum_{i=1}^{r}(n_i-1)\sigma^2=(n-r)\sigma^2 \\ E(S_A^2)=\sum_{i=1}^{r}n_i\alpha_i^2+(r-1)\sigma^2 \end{cases}$$

故有

$$\begin{cases} E\left(\frac{S_e^2}{n-r}\right)=\sigma^2 \\ E\left(\frac{S_A^2}{r-1}\right)=\sigma^2+\frac{1}{r-1}\sum_{i=1}^{r}n_i\alpha_i^2 \end{cases}$$

当 H_0 成立时，即当 $\alpha_1=\alpha_2=\cdots=\alpha_r=0$ 时

$$E\left(\frac{S_A^2}{r-1}\right)=E\left(\frac{S_e^2}{n-r}\right)=\sigma^2$$

否则

$$E\left(\frac{S_A^2}{r-1}\right)\geqslant E\left(\frac{S_e^2}{n-r}\right)$$

因此，当 H_0 不成立时，比值

$$F_A=\frac{S_A^2/(r-1)}{S_e^2/(n-r)}$$

有增大的趋势，所以 F_A 可作为检验 H_0 的统计量。

由 F 分布的定义可知，在 H_0 成立的条件下

$$F_A=\frac{S_A^2/(r-1)}{S_e^2/(n-r)}\sim F(r-1,n-r) \tag{3.10}$$

对给定的显著水平 α，由 F 分布临界值表查出 $F_\alpha(r-1,n-r)$ 的值，使得

$$P\{F_A\geqslant F_\alpha(r-1,n-r)\}=\alpha \tag{3.11}$$

一次抽样后，由样本计算 F_A 的数值，若 $F_A\geqslant F_\alpha(r-1,n-r)$，则拒绝假设 H_0，即认为在显著水平 α 下，因素 A 的不同水平对试验结果有显著影响；若 $F_A<F_\alpha(r-1,n-r)$，则接受假设 H_0，即认为因素 A 水平的改变对试验结果无显著影响。

6. *方差分析表*

将上述分析过程填到方差分析表 3.3 中。

表 3.3 方差分析表

方差来源	离差平方和	自由度	平均离差平方和	F 值	显著性
因素	S_A^2	$r-1$	$S_A^2/(r-1)$		
误差	S_e^2	$n-r$	$S_e^2/(n-r)$	$F_A=\frac{S_A^2/(r-1)}{S_e^2/(n-r)}$	
总和	S_T^2	$n-1$			

在显著性判断时，显著性水平 α 及显著程度如下所示：

$$\begin{cases} \alpha<0.01 & 极显著 \\ 0.05<\alpha<0.01 & 显著 \\ 0.1<\alpha<0.05 & 较显著 \\ \alpha>0.1 & 不显著 \end{cases} \tag{3.12}$$

在计算得到 F_A 的值之后，可根据显著性水平 α 查 F 分布表，得到相应的临界值 F_α，然后按照公式(3.12)的显著性程度给出实际的结论。

为方便计算，可将离差平方和 S_A^2，S_e^2 和 S_T^2 进行简化，如公式(3.13)所示。

$$\begin{cases} Q = \sum_{i=1}^{r} \frac{1}{n_i} \left(\sum_{j=1}^{n_i} y_{ij}\right)^2 \\ P = \frac{1}{n} \left(\sum_{i=1}^{r} \sum_{j=1}^{n_i} y_{ij}\right)^2 \\ R = \sum_{i=1}^{r} \sum_{j=1}^{n_i} y_{ij}^2 \\ S_A^2 = Q - P \\ S_e^2 = R - Q \\ S_T^2 = R - P \end{cases} \tag{3.13}$$

S_T^2，S_A^2 推导过程如下：

$$\begin{aligned} S_T^2 &= \sum_{i=1}^{r} \sum_{j=1}^{n_i} (y_{ij} - \bar{y})^2 \\ &= \sum_{i=1}^{r} \sum_{j=1}^{n_i} (y_{ij}^2 - 2\bar{y} \cdot y_{ij} + \bar{y}^2) \\ &= \sum_{i=1}^{r} \sum_{j=1}^{n_i} y_{ij}^2 - 2\bar{y} \sum_{i=1}^{r} \sum_{j=1}^{n_i} y_{ij} + n\bar{y} \\ &= \sum_{i=1}^{r} \sum_{j=1}^{n_i} y_{ij}^2 - 2 \times \frac{\left(\sum_{i=1}^{r} \sum_{j=1}^{n_i} y_{ij}\right)^2}{n} + \frac{\left(\sum_{i=1}^{r} \sum_{j=1}^{n_i} y_{ij}\right)^2}{n} \\ &= \sum_{i=1}^{r} \sum_{j=1}^{n_i} y_{ij}^2 - \frac{1}{n} \left(\sum_{i=1}^{r} \sum_{j=1}^{n_i} y_{ij}\right)^2 \\ &= R - P \end{aligned} \tag{3.14}$$

$$\begin{aligned} S_A^2 &= \sum_{i=1}^{r} n_i (\bar{y}_{i\cdot} - \bar{y})^2 \\ &= \sum_{i=1}^{r} n_i (\bar{y}_{i\cdot}^2 - 2\bar{y}_{i\cdot} \cdot \bar{y} + \bar{y}^2) \\ &= \sum_{i=1}^{r} n_i \bar{y}_{i\cdot}^2 - 2\bar{y} \sum_{i=1}^{r} n_i \bar{y}_{i\cdot} + n\bar{y}^2 \\ &= \sum_{i=1}^{r} \frac{1}{n_i} \left(\sum_{j=1}^{n_i} y_{ij}\right)^2 - \frac{2}{n} \left(\sum_{i=1}^{r} \sum_{j=1}^{n_i} y_{ij}\right) \left(\sum_{i=1}^{r} \sum_{j=1}^{n_i} y_{ij}\right) + \frac{1}{n} \left(\sum_{i=1}^{r} \sum_{j=1}^{n_i} y_{ij}\right)^2 \\ &= \sum_{i=1}^{r} \frac{1}{n_i} \left(\sum_{j=1}^{n_i} y_{ij}\right)^2 - \frac{1}{n} \left(\sum_{i=1}^{r} \sum_{j=1}^{n_i} y_{ij}\right)^2 \\ &= Q - P \end{aligned} \tag{3.15}$$

三、多重比较

若 F 检验显著，只表明因素各水平之间存在显著差异，但并未指明哪些水平之间存在显著差异，因而还须进一步作水平的比较，即所谓的多重比较（S 检验）。多重比较对确定较好生产工艺条件很有帮助。在一项试验中，如果是指标值大好，人们通常选取平均值高的所对应的水平作为较好的工艺条件。指标值小的情况类似。当两个水平之间差异显著时，这样做会取得良好的效果；但当两个水平的差异不显著时，从中取容易操作的水平作为较好工艺条件，会更加经济合算一些。多重比较常采用 S 检验法。

首先，列出因素各水平下指标平均值的差数三角形表，如表 3.4 所示。列差数三角形表时，第一列水平的顺序按其指标平均值由大到小从上到下排列；第一行水平的顺序按其指标平均值由小到大从左到右排列，表中 $\bar{y}_{(i)}$ 表示指标平均值按从大到小的第 i 个排列，$A_{(i)}$ 表示 $\bar{y}_{(i)}$ 所对应的水平。这样可使无重复的差数排在表的左上方形成一个三角形。

对给定的检验水平 α，计算

$$D_{ij}(\alpha)=\sqrt{\left(\frac{1}{n_i}+\frac{1}{n_j}\right)\frac{S_e^2}{n-r}(r-1)F_\alpha(r-1,n-r)} \tag{3.16}$$

若

$$|\bar{y}_{(i)}-\bar{y}_{(j)}|\leqslant D_{ij}(\alpha)$$

则认为在水平 α 下，A_i 与 A_j 的差异不显著，否则，则认为 A_i 与 A_j 的差异显著。

表 3.4　各因素各水平下指标平均值的差数三角形表

水平	平均值	与下列水平的平均指标值之差					
		$A_{(n)}$	$A_{(n-1)}$	…	$A_{(j)}$	…	$A_{(1)}$
$A_{(1)}$	$\bar{y}_{(1)}$						
$A_{(2)}$	$\bar{y}_{(2)}$				⋮		
⋮	⋮						
$A_{(i)}$	$\bar{y}_{(i)}$		…		$\lvert\bar{y}_{(i)}-\bar{y}_{(j)}\rvert$		
⋮	⋮						
$A_{(n)}$	$\bar{y}_{(n)}$						

例 3.2　从某地五组碳酸盐地层化学分析结果中，取一种化学成分 A 进行考察，其数据如表 3.5 所示。试问这五组碳酸盐地层的化学成分有无显著差异；如果有显著差异，那么差异又存在于哪些组对之间。

表 3.5　试验数据与计算表

水平＼重复	1	2	3	4	5	6	$\sum$	$\frac{1}{m_i}(\sum)^2$	$\sum^2$	y_i
A_1	100	200	200	200	200	200	1 100	20 166.67	210 000	183.33
A_2	10	5	5	5	5		30	180.00	200	6.00
A_3	1	1	1	0			3	2.25	3	0.75
A_4	30	8	10	10	10	10	98	1 600.67	2 164	16.33
A_5	0	1	0	1			2	1.00	2	0.50
$\sum$							1 233	203 450.59	212 369	49.21

解　此时，$m_1=6, m_2=5, m_3=4, m_4=6, m_5=4, N=6+5+4+6+4=25$

$$S_T^2=212\ 369-\frac{1}{25}\times 1\ 233^2=151\ 557.44$$

$$S_A^2=203\ 450.59-\frac{1}{25}\times 1\ 233^2=142\ 639.03$$

$$S_e^2 = 212\ 369 - 203\ 450.59 = 8\ 918.41$$

显著性检验可在方差分析表 3.6 中进行。

表 3.6 方差分析表

方差来源	离差平方和	自由度	平均离差平方和	F 值	F 临界值		显著性
					0.05	0.01	
A	142 639.03	4	35 659.76	79.97	2.87	4.43	* *
误差	8 918.41	20	445.92				
总和	151 557.44	24					

S 检验的差数三角形表如表 3.7 所示。

表 3.7 差数三角形表

水平	平均值	与下列位级的平均指标值之差				
		A_5	A_4	A_3	A_2	A_1
A_1	183.33	182.83 * *	182.53 * *	177.33 * *	167 * *	
A_2	16.33	15.83	15.58	10.33		
A_3	6.00	5.50	5.25			
A_4	0.75	0.25				
A_5	0.50					

对 $\alpha = 0.01$，S 检验的临界值为

$$D_{1,5}(0.01) = \sqrt{\left(\frac{1}{6} + \frac{1}{4}\right) \times 445.92 \times (5-1) \times 4.43} = 57.38$$

$$D_{1,5}(0.05) = \sqrt{\left(\frac{1}{6} + \frac{1}{4}\right) \times 445.92 \times (5-1) \times 2.87} = 46.18$$

同理可计算出其余临界值，将其列入表 3.8 中，并与表 3.7 相应差数比较知 A_1 与 A_5，A_1 与 A_3，A_1 与 A_2，A_1 与 A_4 之间有高度显著差异。

表 3.8 S 检验临界值表

i \ j	A_5	A_3	A_2	A_4	A_1
A_1	46.18 57.38	46.18 57.38	43.32 53.83	41.31 51.52	
A_4	46.18 57.38	46.18 57.38	43.32 53.83		
A_2	48.00 59.63	48.00 59.63			
A_3	50.59 62.83				
A_5					

第三节　单因素方差分析的Design-Expert软件应用

以例3.1为例，利用Design-Expert软件进行数据处理，分析步骤如下。

1. 选取试验设计类型

首先，新建设计文件，单因素方差分析选取析因设计(Factorial Design)中的一般因子设计(General Factorial)，如图3.1所示。

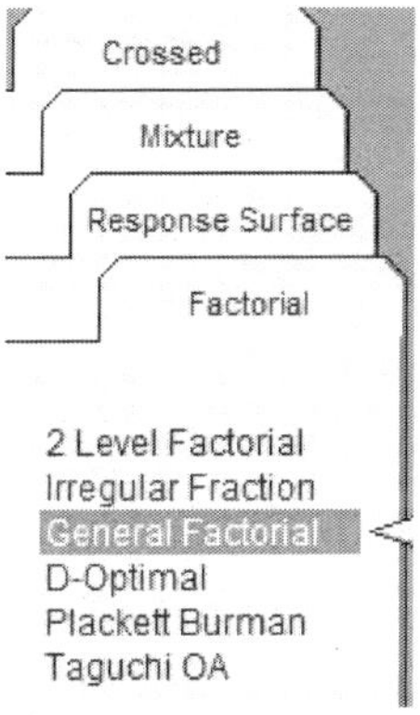

图3.1　试验类型选取

2. 因子信息输入

选择因子个数，单因素方差的因子个数为一个。点击继续(Continue)，如图3.2所示。

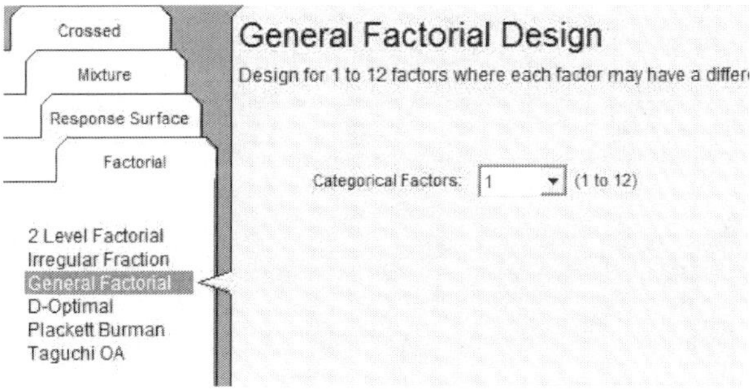

图3.2　因子个数输入

填入因素信息，点击继续，如图3.3所示。

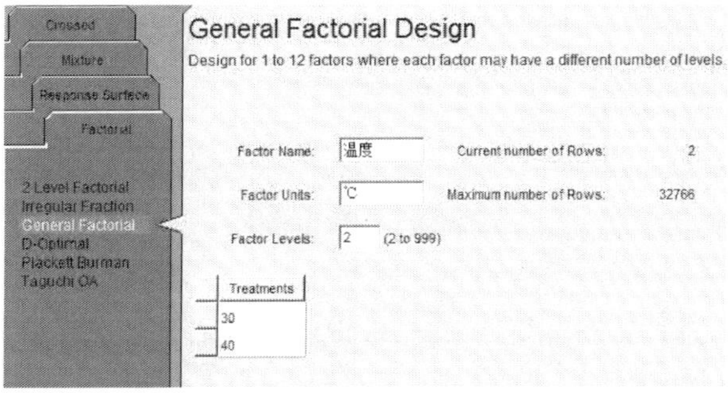

图3.3　因子名称、单位、水平输入

选择试验重复次数，点击继续，如图3.4所示。

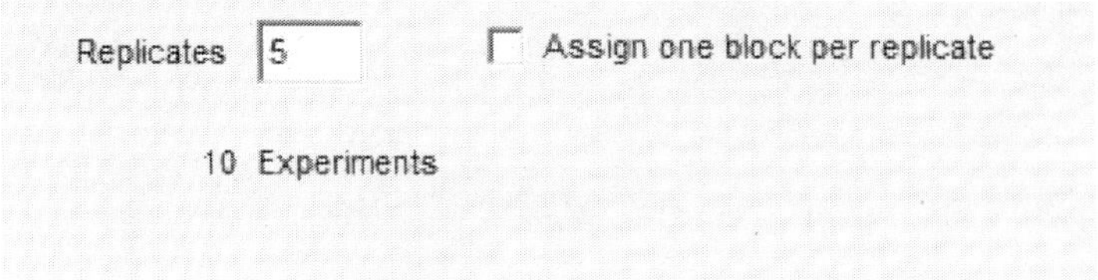

图 3.4 重复次数输入

3. 响应信息输入

选取响应(Responses)的个数并填写相关信息,点击继续,如图 3.5 所示。

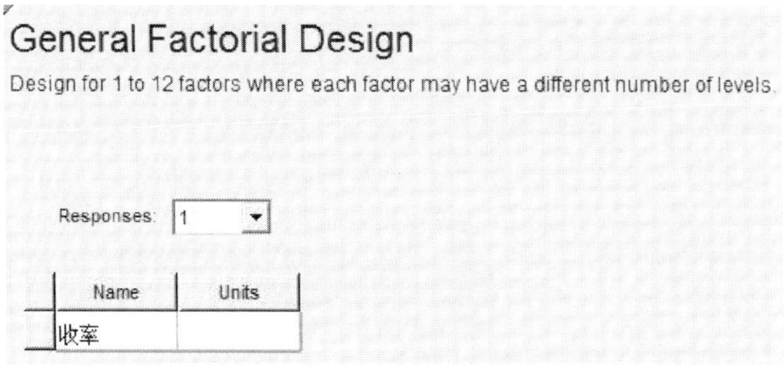

图 3.5 响应个数、名称、单位信息输入

4. 试验响应值输入

因子信息和响应信息输入后,便得到试验方案表,将试验所得响应值填入指标(Responses)列内,如图 3.6 所示。

Std	Run	Block	Factor 1 A:温度 ℃	Response 1 收率
1	7	Block 1	30	75
2	8	Block 1	30	76
3	5	Block 1	30	80
4	6	Block 1	30	82
5	10	Block 1	30	83
6	9	Block 1	40	98
7	1	Block 1	40	87
8	4	Block 1	40	95
9	2	Block 1	40	96
10	3	Block 1	40	98

图 3.6 响应值输入

5. 方差分析表

单击"Analysis",进行数据分析。单击"ANOVA",显示方差分析表,如图 3.7 所示。

Use your mouse to right click on individual cells for definitions.

Response:　收率

ANOVA for Selected Factorial Model

Analysis of variance table [Partial sum of squares]

Source	Sum of Squares	DF	Mean Square	F Value	Prob > F	
Model	608.40	1	608.40	36.43	0.0003	significant
A	*608.40*	*1*	*608.40*	*36.43*	*0.0003*	
Pure Error	133.60	8	16.70			
Cor Total	742.00	9				

图 3.7　方差分析表

第四节　两因素不重复试验的方差分析

两因素不重复试验属于随机区组设计(Randomized block design),亦称完全随机区组设计。这种设计根据“局部控制”的原则,是随机排列设计中最常用而最基本的设计,它对研究因素以外的已知的干扰因素加以控制,从而将研究因素的作用与干扰因素的作用区分开,以达到提高检验功效的目的。两因素不重复试验中,A、B 两个试验因素的全部水平组合中,每个水平组合只有一个观测值。

一、两因素无重复试验数据结构

若试验中,有 A、B 两个因素在变动。因素 A 存在 r 个水平:$A_1,A_2,\cdots,A_r$;因素 B 有 s 个水平:$B_1,B_2,\cdots,B_s$。A 与 B 的每一个水平搭配只做一次试验。y_{ij} 表示 A 的第 i 个水平与 B 的第 j 个水平搭配进行试验的观测值。两因素无重复试验的数据结构如表 3.9 所示。

表 3.9　两因素无重复试验的数据结构

A \ B	B_1	B_2	$\cdots$	B_j	$\cdots$	B_s	$\bar{y}_{i\cdot}$
A_1	y_{11}	y_{12}	$\cdots$	y_{1j}	$\cdots$	y_{1s}	$\bar{y}_{1\cdot}$
A_2	y_{21}	y_{22}	$\cdots$	y_{2j}	$\cdots$	y_{2s}	$\bar{y}_{2\cdot}$
$\vdots$	$\vdots$	$\vdots$	$\cdots$	$\vdots$	$\cdots$	$\vdots$	$\vdots$
A_i	y_{i1}	y_{i2}	$\cdots$	y_{ij}	$\cdots$	y_{is}	$\bar{y}_{i\cdot}$
$\vdots$	$\vdots$	$\vdots$	$\cdots$	$\vdots$	$\cdots$	$\vdots$	$\vdots$
A_r	y_{r1}	y_{r2}	$\cdots$	y_{rj}	$\cdots$	y_{rs}	$\bar{y}_{r\cdot}$
$\bar{y}_{\cdot j}$	$\bar{y}_{\cdot 1}$	$\bar{y}_{\cdot 2}$	$\cdots$	$\bar{y}_{\cdot j}$	$\cdots$	$\bar{y}_{\cdot s}$	$\bar{y}$

表 3.9 中各参数的意义如下:

$$\bar{y}_{i\cdot}=\frac{1}{s}\sum_{j=1}^{s}y_{ij},\bar{y}_{\cdot j}=\frac{1}{r}\sum_{i=1}^{r}y_{ij},\bar{y}=\frac{1}{rs}\sum_{i=1}^{r}\sum_{j=1}^{s}y_{ij}$$

二、方差分析模型及假设条件

在 (A_i,B_j) 水平组合下的试验结果 y_{ij} 独立地服从 $y_{ij}\sim N(\mu_{ij},\sigma^2)$,因素 A 与 B 的每一

个水平搭配只做一次试验。

假设 $\mu_{ij}=\mu+\alpha_i+\beta_j$，此时为无交互作用的方差分析模型。此时，只需对 (A_i, B_j) 的每个组合各做一次试验，结果记为 y_{ij}。

所以，无交互作用的方差分型模型为

$$\begin{cases} y_{ij}=\mu+\alpha_i+\beta_j+\varepsilon_{ij} \\ \sum_{i=1}^{r}\alpha_i=0 \\ \sum_{j=1}^{s}\beta_j=0 \\ \varepsilon_{ij}\ \text{相互独立且均服从}\ N(0,\sigma^2) \end{cases}$$

式中　α_i—— 因素 A 在第 i 个水平 A_i 下的主效应；

β_j—— 因素 B 在第 j 个水平 B_j 下的主效应。

假设 $H_{01}: \alpha_1=\alpha_2=\cdots=\alpha_r=0$　　H_{11}：至少有一个 $\alpha_i\neq 0$

$H_{02}: \beta_1=\beta_2=\cdots=\beta_s=0$　　H_{12}：至少有一个 $\beta_j\neq 0$

若检验结果拒绝 H_{01}/H_{02}，则接受 H_{11}/H_{12}，说明因素 A/B 的不同水平对结果有显著影响；若检验结果接受 H_{01}/H_{02}，则说明因素 A 与 B 的不同水平对结果无显著影响。

三、离差平方和分解

仿照单因素方差分析方法，作平方和及自由度的分解。

总离差平方和

$$\begin{aligned} S_T^2 &= \sum_{i=1}^{r}\sum_{j=1}^{s}(y_{ij}-\bar{y})^2 \\ &= \sum_{i=1}^{r}\sum_{j=1}^{s}[(y_{ij}-\bar{y}_{i\cdot}-\bar{y}_{\cdot j}+\bar{y})+(\bar{y}_{i\cdot}-\bar{y})+(\bar{y}_{\cdot j}-\bar{y})]^2 \\ &= \sum_{i=1}^{r}\sum_{j=1}^{s}(y_{ij}-\bar{y}_{i\cdot}-\bar{y}_{\cdot j}+\bar{y})^2+s\sum_{i=1}^{r}(\bar{y}_{i\cdot}-\bar{y})^2+r\sum_{j=1}^{s}(\bar{y}_{\cdot j}-\bar{y})^2 \\ &\quad +2\sum_{i=1}^{r}\sum_{j=1}^{s}(y_{ij}-\bar{y}_{i\cdot}-\bar{y}_{\cdot j}+\bar{y})(\bar{y}_{i\cdot}-\bar{y})+2\sum_{i=1}^{r}\sum_{j=1}^{s}(y_{ij}-\bar{y}_{i\cdot}-\bar{y}_{\cdot j}+\bar{y})(\bar{y}_{\cdot j}-\bar{y}) \\ &\quad +2\sum_{i=1}^{r}\sum_{j=1}^{s}(\bar{y}_{i\cdot}-\bar{y})(\bar{y}_{\cdot j}-\bar{y}) \\ &= \sum_{i=1}^{r}\sum_{j=1}^{s}(y_{ij}-\bar{y}_{i\cdot}-\bar{y}_{\cdot j}+\bar{y})^2+s\sum_{i=1}^{r}(\bar{y}_{i\cdot}-\bar{y})^2+r\sum_{j=1}^{s}(\bar{y}_{\cdot j}-\bar{y})^2 \end{aligned}$$

因为

$$S_T^2=S_e^2+S_A^2+S_B^2$$

所以总离差平方和

$$S_T^2=\sum_{i=1}^{r}\sum_{j=1}^{s}(y_{ij}-\bar{y})^2=\sum_{i=1}^{r}\sum_{j=1}^{s}y_{ij}^2-\frac{1}{rs}\left(\sum_{i=1}^{r}\sum_{j=1}^{s}y_{ij}\right)^2 \tag{3.17}$$

因素 A 的离差平方和

$$S_A^2=s\sum_{i=1}^{r}(\bar{y}_{i\cdot}-\bar{y})^2=\frac{1}{s}\sum_{i=1}^{r}\left(\sum_{j=1}^{s}y_{ij}\right)^2-\frac{1}{rs}\left(\sum_{i=1}^{r}\sum_{j=1}^{s}y_{ij}\right)^2 \tag{3.18}$$

因素 B 的离差平方和

$$S_B^2 = r\sum_{j=1}^{s}(\bar{y}_{\cdot j}-\bar{y})^2 = \frac{1}{r}\sum_{j=1}^{s}\left(\sum_{i=1}^{r}y_{ij}\right)^2 - \frac{1}{rs}\left(\sum_{i=1}^{r}\sum_{j=1}^{s}y_{ij}\right)^2 \tag{3.19}$$

误差的离差平方和

$$\begin{aligned} S_e^2 &= \sum_{i=1}^{r}\sum_{j=1}^{s}(y_{ij}-\bar{y}_{i\cdot}-\bar{y}_{\cdot j}+\bar{y})^2 \\ &= \sum_{i=1}^{r}\sum_{j=1}^{s}y_{ij}^2 - \frac{1}{s}\sum_{i=1}^{r}\left(\sum_{j=1}^{s}y_{ij}\right)^2 - \frac{1}{r}\sum_{j=1}^{s}\left(\sum_{i=1}^{r}y_{ij}\right)^2 + \frac{1}{rs}\left(\sum_{i=1}^{r}\sum_{j=1}^{s}y_{ij}\right)^2 \\ &= S_T^2 - S_A^2 - S_B^2 \end{aligned} \tag{3.20}$$

各平方和的自由度分别为

$$f_T = \text{总数据个数} - 1 = rs - 1 \tag{3.21}$$

$$f_A = A\text{ 因素的水平数} - 1 = r - 1 \tag{3.22}$$

$$f_B = B\text{ 因素的水平数} - 1 = s - 1 \tag{3.23}$$

$$f_e = f_T - f_A - f_B = (r-1)(s-1) \tag{3.24}$$

四、显著性检验

检验假设 H_{01} 是否成立的统计量为

$$F_A = \frac{S_A^2/f_A}{S_e^2/f_e} = \frac{S_A^2/(r-1)}{S_e^2/(r-1)(s-1)} \tag{3.25}$$

检验假设 H_{02} 是否成立的统计量为

$$F_B = \frac{S_B^2/f_B}{S_e^2/f_e} = \frac{S_B^2/(s-1)}{S_e^2/(r-1)(s-1)} \tag{3.26}$$

在 H_{01} 成立的条件下，F_A 服从 $F_A(r-1,(r-1)(s-1))$ 分布，F_B 服从 $F_B(s-1,(r-1)(s-1))$ 分布。对给定的显著性水平 α，由 F 分布表查出 $F_\alpha(r-1,(r-1)(s-1))$ 和 $F_\alpha(s-1,(r-1)(s-1))$ 的值。

若 $F_A > F_\alpha(r-1,(r-1)(s-1))$，则拒绝假设 H_{01}，即认为因素 A 对指标的影响显著，否则不显著；若 $F_B > F_\alpha(r-1,(r-1)(s-1))$，则拒绝假设 H_{02}，即认为因素 B 对指标的影响显著，反之不显著。

五、方差分析表

将上述分析结果列为方差分析表，如表 3.10 所示。

表 3.10　方差分析表

方差来源	离差平方和	自由度	平均离差平方和	F 值	显著性
因素 A	S_A^2	$r-1$	$S_A^2/(r-1)$	$F_A=\dfrac{S_A^2/(r-1)}{S_e^2/(r-1)(s-1)}$	
因素 B	S_B^2	$s-1$	$S_B^2/(s-1)$	$F_B=\dfrac{S_B^2/(r-1)}{S_e^2/(r-1)(s-1)}$	
误差 e	S_e^2	$(r-1)(s-1)$	$S_e^2/(r-1)(s-1)$		
总和	S_T^2	$rs-1$			

例 3.3　将土质基本相同的一块耕地均匀分为五小块，每块又分成均等的四等分，即 4

个小区。有 4 个小麦品种随机播种在 4 个小区内，且播种量相同。测得收获量(单位:kg) 如表 3.11 所示。考察当显著性水平 $\alpha_1=0.05$，$\alpha_2=0.01$ 时，品种和地块对收获量的影响是否显著。

表 3.11　产量试验数据表

形状 / 品种	B_1	B_2	B_3	B_4	B_5
A_1	32.3	34.0	34.7	36.0	35.5
A_2	32.8	33.6	36.8	34.3	36.1
A_3	30.8	34.4	32.3	35.8	32.8
A_4	29.5	26.2	28.1	28.5	29.4

数据计算表如表 3.12 所示。

表 3.12　数据计算表

形状 / 品种	B_1	B_2	B_3	B_4	B_5		$\sum$	$(\sum)^2$	y_{ij}^2					$\sum^2$
A_1	32.3	34.0	34.7	36.0	35.5		172.50	29 756.25	1 043.29	1 156.00	1 204.09	1 296.00	1 260.25	5 959.63
A_2	32.8	33.6	36.8	34.3	36.1		173.60	30 136.96	1 075.84	1 128.96	1 354.24	1 176.49	1 303.21	6 038.74
A_3	30.8	34.4	32.3	35.8	32.8		166.10	27 589.21	948.64	1 183.36	1 043.29	1 281.64	1 075.84	5 532.77
A_4	29.5	26.2	28.1	28.5	29.4		141.70	20 078.89	870.25	686.44	789.61	812.25	864.36	4 022.91
						$\sum$	653.90	107 561.31						21 554.05
$\sum$	125.40	128.20	131.90	134.60	133.80	653.90								
$(\sum)^2$	15 725.16	16 435.24	17 397.61	18 117.16	17 902.44	85 577.61								

表 3.13　方差分析表

方差来源	离差平方和	自由度	均方差	F 值	显著性
A/ 品种	134.65	3	44.88	20.49	极显著
B/ 地块	14.10	4	3.53	1.61	不显著
e/ 误差	26.28	12	2.19		

由表 3.13 方差分析表可知，品种 A 对产量的影响在 $\alpha=0.01$ 水平下极显著；地块 B 对产量的影响不显著。

第五节　两因素无重复试验方差分析的 Design-Expert 软件应用

例 3.4　一种火箭使用四种燃料、三种推进器进行射程试验。每种燃料和推进器的组合各做一次试验，得到火箭射程如表 3.14 所示。

表 3.14 火箭射程试验数据表

燃料A \ 推进器B	B_1	B_2	B_3
A_1	58.2	56.2	65.3
A_2	49.1	54.1	51.6
A_3	60.1	70.9	39.2
A_4	75.8	58.2	48.7

1. 选取试验设计类型

选取析因设计(Factorial Design)中的一般因子设计(General Factorial),如图 3.8 所示。

2. 因子信息输入

选择因子个数,两因素方差分析的因子个数为两个。点击继续(Continue),如图 3.9 所示。

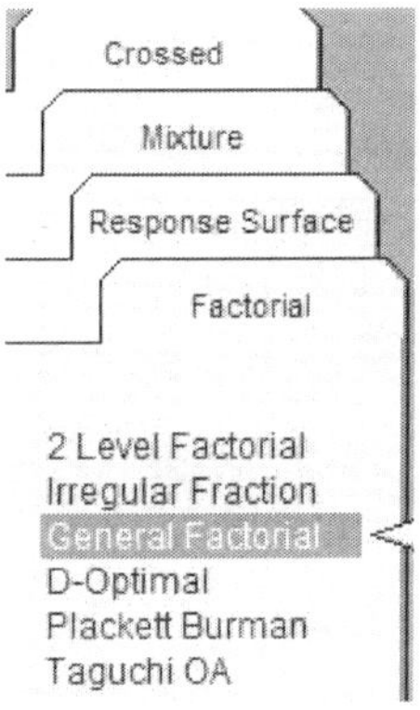

图 3.8 试验类型选取

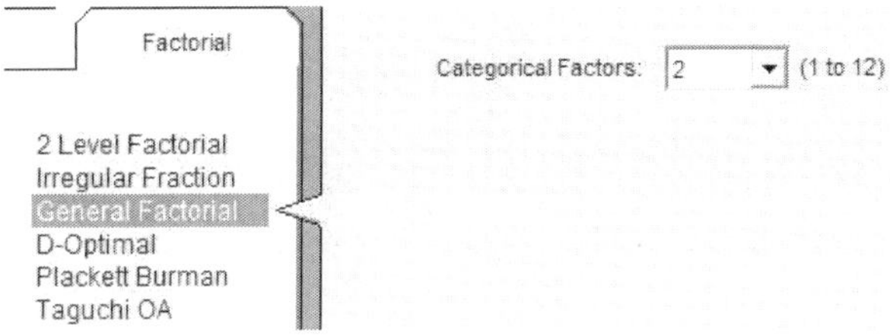

图 3.9 因子个数输入

填入第一个因素信息,点击继续,如图 3.10 所示。

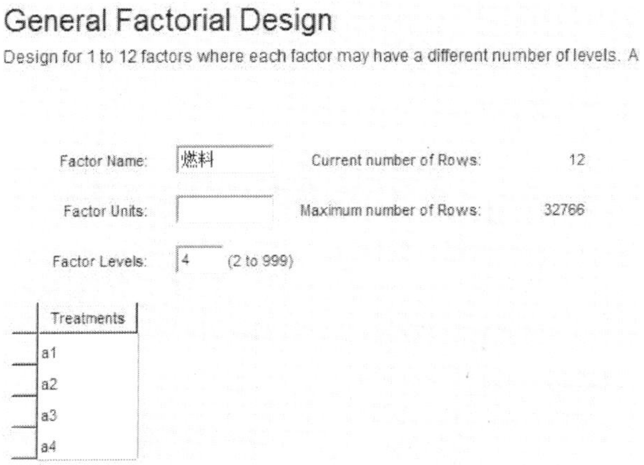

图 3.10 第一个因子信息的输入

填入第二个因素信息,点击继续,如图 3.11 所示。

选择试验重复次数,点击继续,如图 3.12 所示。

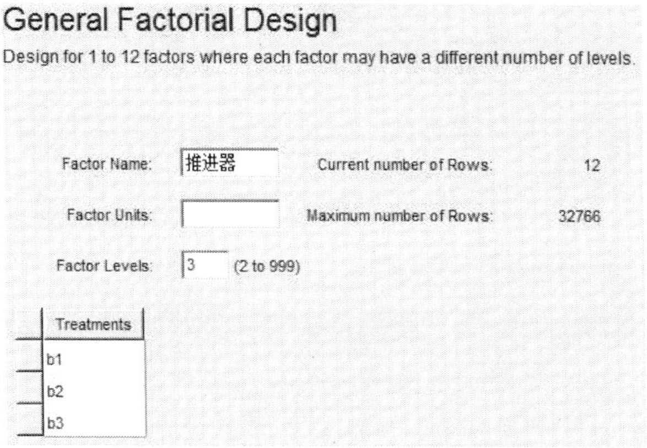

图 3.11　第二个因子信息的输入

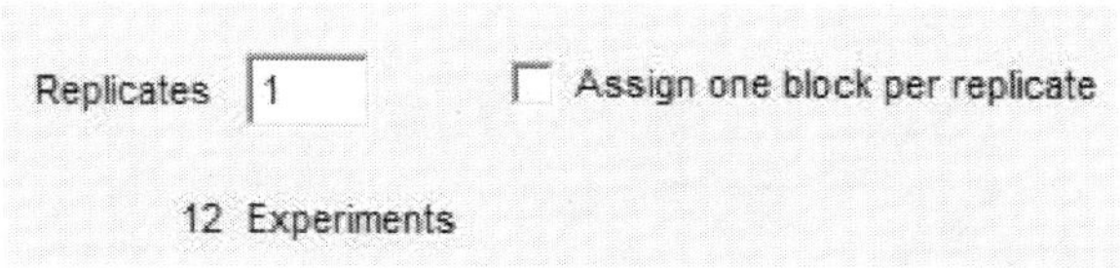

图 3.12　重复次数输入

3. 响应信息输入

选取响应(Responses)的个数并填写相关信息，点击继续，如图 3.13 所示。

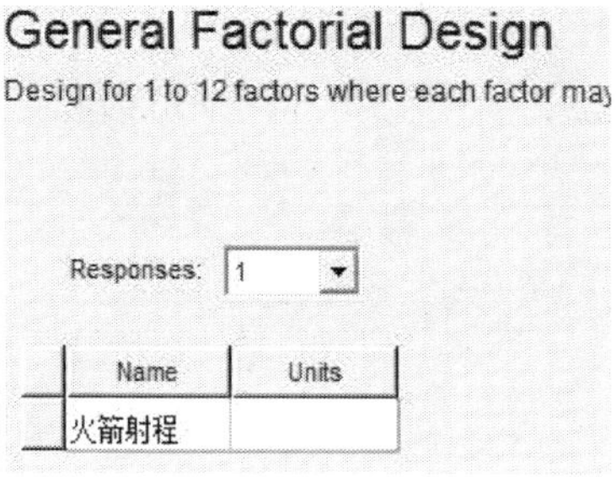

图 3.13　响应个数、名称、单位信息输入

4. 试验响应值输入

因子信息和响应信息输入后，便得到试验方案表，将试验所得响应值填入指标(Responses)列内，如图 3.14 所示。

Std	Run	Block	Factor 1 A:燃料	Factor 2 B:推进器	Response 1 火箭射程
1	12	Block 1	a1	b1	58.2
2	10	Block 1	a2	b1	49.1
3	5	Block 1	a3	b1	60.1
4	4	Block 1	a4	b1	75.8
5	11	Block 1	a1	b2	56.2
6	2	Block 1	a2	b2	54.1
7	8	Block 1	a3	b2	70.9
8	7	Block 1	a4	b2	58.2
9	3	Block 1	a1	b3	65.3
10	1	Block 1	a2	b3	51.6
11	6	Block 1	a3	b3	39.2
12	9	Block 1	a4	b3	48.7

图 3.14　响应值输入

5.方差分析表

单击“Analysis”,进行数据分析。单击“ANOVA”,显示方差分析表。

由图3.15方差分析表可知,各种燃料的差异和各种推进器的差异对射程都没有显著影响。误差的平均离差平方和为122,它比因素A和B的平均离差平方和都大,所以F值都比较小。根据误差平均离差平方和的意义,它主要反映了随机误差所引起的波动的大小,应该尽可能的小,而此处却出现较大的值,这可能是没有考虑两种因素搭配起来的作用,即交互作用的缘故。对本例来说,很可能存在某种燃料与某种推进器搭配时,火箭射程最大。表3.9的数据表明,A_4与B_1搭配或A_3与B_2搭配,其射程可能最好,而A_3与B_3搭配效果可能最差。但上述试验对每种搭配只做了一次试验,不能分辨出交互作用。第四节将讨论这个问题。

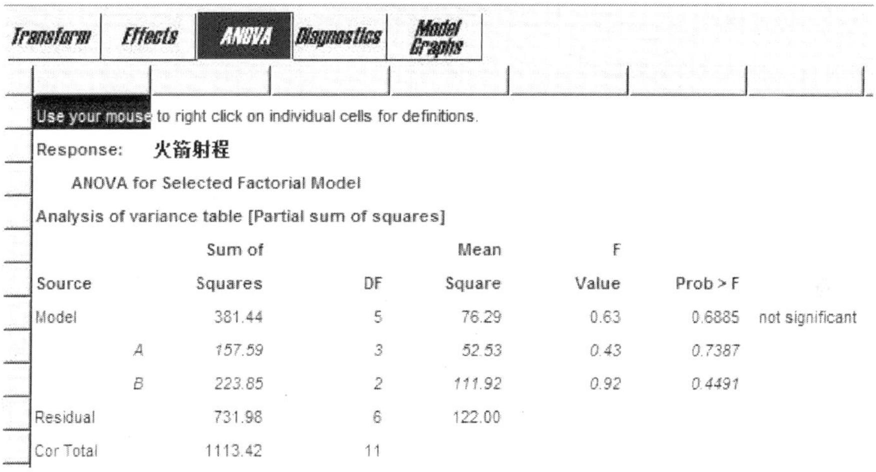

Source		Sum of Squares	DF	Mean Square	F Value	Prob > F	
Model		381.44	5	76.29	0.63	0.6885	not significant
	A	157.59	3	52.53	0.43	0.7387	
	B	223.85	2	111.92	0.92	0.4491	
Residual		731.98	6	122.00			
Cor Total		1113.42	11				

图3.15 方差分析表

第六节 两因素等重复试验的方差分析

两因素等重复试验在分析时,不仅要考虑因素对响应的影响,而且还要考虑两个因素之间不同水平搭配对响应的影响,即交互作用对响应的影响。它有助于两因素试验分析时得出更为精确的结论。

一、交互作用

因素各水平之间的一种联合搭配作用或者水平A的效应依B因素水平的不同而不同,即A对指标的影响与B的水平变化有关系。A因素与B因素的交互作用以$A\times B$或AB来表示。

二、两因素等重复试验数据结构

若试验中,有A,B两个因素在变动。因素A存在r个水平:$A_1,A_2,\cdots,A_r$;因素B有s个水平:$B_1,B_2,\cdots,B_s$。A与B的每一个水平搭配做l次重复试验。y_{ijk}表示A的第i个水平与B的第j个水平搭配进行第k次重复试验的观测值。两因素等重复试验的数据结构如表3.15所示。

表 3.15 两因素等重复试验的数据结构

B \ A	B_1	B_2	…	B_j	…	B_s	$\bar{y}_{i\cdot\cdot}$
A_1	$y_{111},y_{112},\cdots,y_{11l}$	$y_{121},y_{122},\cdots,y_{12l}$	…	$y_{1j1},y_{1j2},\cdots,y_{1jl}$	…	$y_{1s1},y_{1s2},\cdots,y_{1sl}$	$\bar{y}_{1\cdot\cdot}$
A_2	$y_{211},y_{212},\cdots,y_{21l}$	$y_{221},y_{222},\cdots,y_{22l}$	…	$y_{2j1},y_{2j2},\cdots,y_{2jl}$	…	$y_{2s1},y_{2s2},\cdots,y_{2sl}$	$\bar{y}_{2\cdot\cdot}$
⋮	⋮	⋮	…	⋮	…	⋮	⋮
A_i	$y_{i11},y_{i12},\cdots,y_{i1l}$	$y_{i21},y_{i22},\cdots,y_{i2l}$	…	$y_{ij1},y_{ij2},\cdots,y_{ijl}$	…	$y_{is1},y_{is2},\cdots,y_{isl}$	$\bar{y}_{i\cdot\cdot}$
⋮	⋮	⋮	…	⋮	…	⋮	⋮
A_r	$y_{r11},y_{r12},\cdots,y_{r1l}$	$y_{r21},y_{r22},\cdots,y_{r2l}$	…	$y_{rj1},y_{rj2},\cdots,y_{rjl}$	…	$y_{rs1},y_{rs2},\cdots,y_{rsl}$	$\bar{y}_{r\cdot\cdot}$
$\bar{y}_{\cdot j\cdot}$	$\bar{y}_{\cdot 1\cdot}$	$\bar{y}_{\cdot 2\cdot}$	…	$\bar{y}_{\cdot j\cdot}$	…	$\bar{y}_{\cdot s\cdot}$	$\bar{y}$

表 3.15 中各参数的意义如下。

$$\bar{y}_{i\cdot\cdot}=\frac{1}{sl}\sum_{j=1}^{s}\sum_{k=1}^{l}y_{ijk};\bar{y}_{\cdot j\cdot}=\frac{1}{rl}\sum_{i=1}^{r}\sum_{k=1}^{l}y_{ijk};\bar{y}_{ij\cdot}=\frac{1}{l}\sum_{k=1}^{l}y_{ijk} \tag{3.27}$$

$$\bar{y}=\frac{1}{rsl}\sum_{i=1}^{r}\sum_{j=1}^{s}\sum_{k=1}^{l}y_{ijk} \tag{3.28}$$

三、方差分析模型及假设条件

假定响应值 $y_{ijk}\sim N(\mu_{ij},\sigma^2)$，若 $\mu_{ij}\neq\mu+\alpha_i+\beta_j$，则

$$\delta_{ij}=\mu_{ij}-\mu-\alpha_i-\beta_j \quad i=1,2,\cdots,r;j=1,2,\cdots,s;k=1,2,\cdots,l \tag{3.29}$$

δ_{ij} 为 A_iB_j 交互作用 $A\times B$ 的效应，即交互效应。

为研究交互作用是否对指标有显著影响，那么在 (A_i,B_j) 水平组合下，至少要做 l 次试验 $(l\geqslant 2)$，记结果为 y，则两因素等重复试验的方差分析模型为

$$\begin{cases}y_{ijk}=\mu+\alpha_i+\beta_j+\delta_{ij}+\varepsilon_{ijk}\\ \sum_{i=1}^{r}\alpha_i=0,\sum_{j=1}^{s}\beta_j=0,\sum_{i=1}^{r}\sum_{j=1}^{s}\delta_{ij}=0\\ \text{诸 }\varepsilon_{ijk}\text{ 相互独立且均服从 }N(0,\sigma^2)\text{ 分布}\end{cases} \tag{3.30}$$

因此，考察 $A,B,A\times B$ 对指标影响是否显著的问题，即为检验假设

$H_{01}:\alpha_1=\alpha_2\cdots=\alpha_r=0,H_{11}:\alpha_1,\alpha_2,\cdots,\alpha_r$ 至少有一个不为零；

$H_{02}:\beta_1=\beta_2\cdots=\beta_s=0,H_{12}:\beta_1,\beta_2,\cdots,\beta_s$ 至少有一个不为零；

$H_{03}:\delta_{11}=\delta_{12}\cdots=\delta_{rs}=0,H_{13}:\delta_{11},\delta_{12},\cdots,\delta_{rs}$ 至少有一个不为零。

是否成立的问题。

四、离差平方和分解

总离差平方和

$$\begin{aligned}S_T^2&=\sum_{i=1}^{r}\sum_{j=1}^{s}\sum_{k=1}^{l}(y_{ijk}-\bar{y})^2\\&=\sum_{i=1}^{r}\sum_{j=1}^{s}\sum_{k=1}^{l}[(y_{ijk}-\bar{y}_{ij.})+(\bar{y}_{ij.}-\bar{y}_{i..}-\bar{y}_{.j.}+\bar{y})+(\bar{y}_{i..}-\bar{y})+(\bar{y}_{.j.}-\bar{y})]^2\\&=\sum_{i=1}^{r}\sum_{j=1}^{s}\sum_{k=1}^{l}(y_{ijk}-\bar{y}_{ij.})^2+sl\sum_{i=1}^{r}(\bar{y}_{i..}-\bar{y})^2+rl\sum_{j=1}^{s}(\bar{y}_{.j.}-\bar{y})^2+\end{aligned}$$

$$l\sum_{i=1}^{r}\sum_{j=1}^{s}(\bar{y}_{ij.}-\bar{y}_{i..}-\bar{y}_{.j.}+\bar{y})^2$$

即

$$S_T^2=S_e^2+S_A^2+S_B^2+S_{A\times B}^2$$

其中

$$S_T^2=\sum_{i=1}^{r}\sum_{j=1}^{s}\sum_{k=1}^{l}(y_{ijk}-\bar{y})^2=\sum_{i=1}^{r}\sum_{j=1}^{s}\sum_{k=1}^{l}y_{ijk}^2-\frac{1}{rsl}\left(\sum_{i=1}^{r}\sum_{j=1}^{s}\sum_{k=1}^{l}y_{ijk}\right)^2 \tag{3.31}$$

$$S_A^2=sl\sum_{i=1}^{r}(\bar{y}_{i..}-\bar{y})^2=\frac{1}{sl}\sum_{i=1}^{r}\left(\sum_{j=1}^{s}\sum_{k=1}^{l}y_{ijk}\right)^2-\frac{1}{rsl}\left(\sum_{i=1}^{r}\sum_{j=1}^{s}\sum_{k=1}^{l}y_{ijk}\right)^2 \tag{3.32}$$

$$S_B^2=rl\sum_{i=1}^{r}(\bar{y}_{.j.}-\bar{y})^2=\frac{1}{rl}\sum_{j=1}^{s}\left(\sum_{i=1}^{r}\sum_{k=1}^{l}y_{ijk}\right)^2-\frac{1}{rsl}\left(\sum_{i=1}^{r}\sum_{j=1}^{s}\sum_{k=1}^{l}y_{ijk}\right)^2 \tag{3.33}$$

$$\begin{aligned}S_{A\times B}^2&=l\sum_{i=1}^{r}\sum_{j=1}^{s}(\bar{y}_{ij.}-\bar{y}_{i..}-\bar{y}_{.j.}+\bar{y})^2\\&=\frac{1}{l}\sum_{i=1}^{r}\sum_{j=1}^{s}\left(\sum_{k=1}^{l}y_{ijk}\right)^2-\frac{1}{sl}\sum_{i=1}^{r}\left(\sum_{j=1}^{s}\sum_{k=1}^{l}y_{ijk}\right)^2\\&\quad-\frac{1}{rl}\sum_{j=1}^{r}\left(\sum_{i=1}^{s}\sum_{k=1}^{l}y_{ijk}\right)^2+\frac{1}{rsl}\left(\sum_{i=1}^{r}\sum_{j=1}^{s}\sum_{k=1}^{l}y_{ijk}\right)^2\end{aligned} \tag{3.34}$$

$$S_e^2=\sum_{i=1}^{r}\sum_{j=1}^{s}\sum_{k=1}^{l}(y_{ijk}-\bar{y}_{ij.})^2=\sum_{i=1}^{r}\sum_{j=1}^{s}\sum_{k=1}^{l}y_{ijk}^2-\frac{1}{l}\sum_{i=1}^{r}\sum_{j=1}^{s}\left(\sum_{k=1}^{l}y_{ijk}\right)^2 \tag{3.35}$$

自由度相应分解公式为

$$f_T=f_A+f_B+f_{A\times B}+f_e \tag{3.36}$$

$$f_T=rsl-1 \tag{3.37}$$

$$f_A=r-1,f_B=s-1 \tag{3.38}$$

$$f_{A\times B}=(r-1)(s-1) \tag{3.39}$$

$$f_e=rs(l-1) \tag{3.40}$$

五、显著性检验

检验假设 H_{01} 是否成立的统计量为

$$F_A=\frac{S_A^2/f_A}{S_e^2/f_e}=\frac{S_A^2/(r-1)}{S_e^2/rs(l-1)} \tag{3.41}$$

检验假设 H_{02} 是否成立的统计量为

$$F_B=\frac{S_B^2/f_B}{S_e^2/f_e}=\frac{S_B^2/(s-1)}{S_e^2/rs(l-1)} \tag{3.42}$$

检验假设 H_{03} 是否成立的统计量为

$$F_{A\times B}=\frac{S_{A\times B}^2/f_{A\times B}}{S_e^2/f_e}=\frac{S_{A\times B}^2/(r-1)(s-1)}{S_e^2/rs(l-1)} \tag{3.43}$$

在 H_{01} 成立的条件下，$F_A,F_B,F_{A\times B}$ 分别服从 $F(r-1,rs(l-1))$，$F(s-1,rs(l-1))$，$F((r-1)(s-1),rsB(l-1))$ 分布。对给定的显著性水平 α，由 F 分布表查出 $F_\alpha(r-1,rs(l-1))$，$F_\alpha(s-1,rs(l-1))$，$F_\alpha((r-1)(s-1),rs(l-1))$ 的值。

若 $F_A>F_\alpha(r-1,rs(l-1))$，则拒绝假设 H_{01}，即认为因素 A 对指标的影响显著，否则不显著；若 $F_B>F_\alpha(s-1,rs(l-1))$，则拒绝假设 H_{02}，即认为因素 B 对指标的影响显著，反之不显著；若 $F_{A\times B}>F_\alpha((r-1)(s-1),rs(l-1))$，则认为交互作用 $A\times B$ 对指标影响

显著，反之不显著。

六、方差分析表

方差分析表如表 3.16 所示。

表 3.16　方差分析表

方差来源	离差平方和	自由度	平均离差平方和	F 值	显著性
A	S_A^2	$r-1$	$\bar{S}_A^2$	$F_A = \bar{S}_A^2/\bar{S}_e^2$	
B	S_B^2	$s-1$	$\bar{S}_B^2$	$F_B = \bar{S}_B^2/\bar{S}_e^2$	
$A\times B$	$S_{A\times B}^2$	$(r-1)(s-1)$	$\bar{S}_{A\times B}^2$	$F_{A\times B} = \bar{S}_{A\times B}^2/\bar{S}_e^2$	
误差 e	S_e^2	$rs(l-1)$	$\bar{S}_e^2$		
总和	S_T^2	$rsl-1$			

例 3.5　在某化工生产中为了提高收率，选取三种不同浓度，四种不同温度做试验。在同一浓度与温度组合下各做两次试验。收率数据如表 3.17 所示。试检验 $\alpha=0.05$ 水平下，浓度、温度及其之间交互作用对收率有无显著影响？

表 3.17　产品收率数据表

A(浓度) / B(温度)	B_1		B_2		B_3		B_4		$\sum$
A_1	14	10	11	11	13	9	10	12	90
A_2	9	7	10	8	7	11	6	10	68
A_3	5	11	13	14	12	13	14	10	92

由题目，可以得到如下信息：水平数 $r=3$，$s=4$；重复次数 $l=2$。利用公式(3.31)～(3.34)，可得出

$$S_T^2=\sum_{i=1}^{r}\sum_{j=1}^{s}\sum_{k=1}^{l}(y_{ijk}-\bar{y})^2$$
$$=\sum_{i=1}^{r}\sum_{j=1}^{s}\sum_{k=1}^{l}y_{ijk}^2-\frac{1}{rsl}\left(\sum_{i=1}^{r}\sum_{j=1}^{s}\sum_{k=1}^{l}y_{ijk}\right)^2$$
$$=147.83$$

$$S_A^2=sl\sum_{i=1}^{r}(\bar{y}_{i..}-\bar{y})^2$$
$$=\frac{1}{sl}\sum_{i=1}^{r}\left(\sum_{j=1}^{s}\sum_{k=1}^{l}y_{ijk}\right)^2-\frac{1}{rsl}\left(\sum_{i=1}^{r}\sum_{j=1}^{s}\sum_{k=1}^{l}y_{ijk}\right)^2$$
$$=\frac{1}{8}(90^2+68^2+9^2)-\frac{1}{24}(90+68+92)^2$$
$$=2\ 648.5-2\ 604.17=44.33$$

$$S_B^2=11.50$$
$$S_e^2=65.00$$
$$S_{A\times B}^2=S_T^2-S_e^2-S_A^2-S_B^2=27.00$$

根据计算数据列出方差分析表，如表 3.18 所示。

表 3.18 方差分析表

来源	平方和	自由度	均方	F 比
A	44.33	2	22.17	4.09
B	11.50	3	3.83	<1
$A\times B$	27.00	6	4.50	<1
e	65.00	12	5.42	
总和	147.83	23		

$$F_A=\frac{22.17}{5.42}=4.09>F_{1-0.05}(2,12)=3.89$$

$$F_B=\frac{3.83}{5.42}<F_{1-0.05}(3,12)=3.49$$

$$F_{A\times B}=\frac{4.50}{5.42}<F_{1-0.05}(6,12)=3$$

方差分析结果表明：因素 A 显著，即浓度不同将对收率产生显著影响；因素 B，$A\times B$ 影响均不显著。若提高收率，必须控制好浓度。

第七节 两因素等重复试验方差分析的 Design-Expert 软件应用

例 3.6 设在例 3.4 中，对于燃料和推进器的每一组合，各发射火箭两枚，得火箭射程如表 3.19 所示。试问燃料之间，推进器之间有无显著差异，燃料与推进器哪种组合较好？

表 3.19 火箭射程试验数据表

A \ B	B_1	B_2	B_3
A_1	58.2 52.6	56.2 41.2	65.3 60.8
A_2	49.1 42.8	54.1 50.5	51.6 48.4
A_3	60.1 58.3	70.9 73.2	39.2 40.7
A_4	75.8 71.5	58.2 51.0	48.7 41.4

1. 选取试验设计类型

选取析因设计（Factorial Design）中的一般因子设计（General Factorial），如图 3.16 所示。

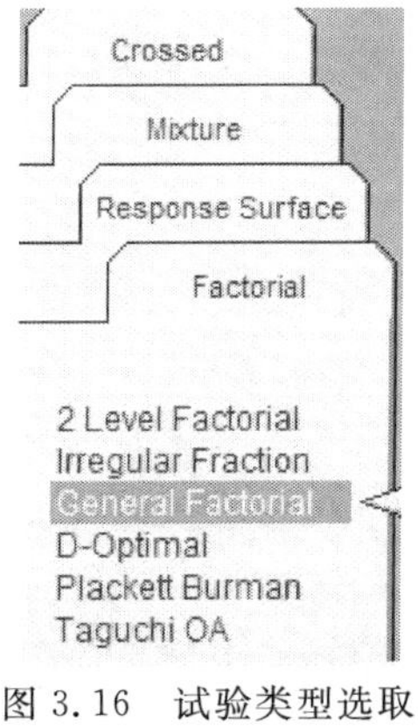

图 3.16 试验类型选取

2. 因子信息输入

选择因子个数，两因素方差分析的因子个数为两个。点击继续(Continue)，如图 3.17 所示。

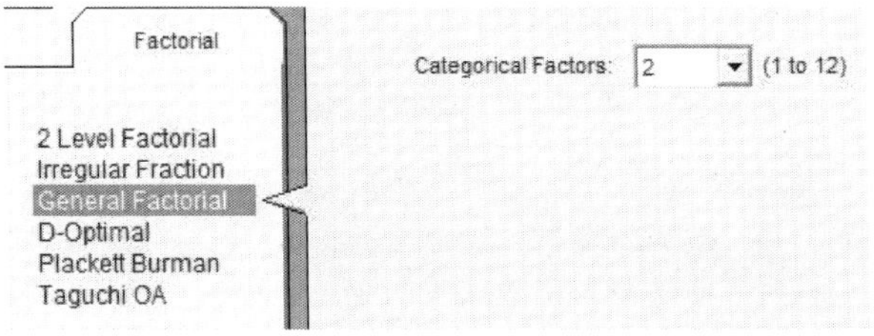

图 3.17　因子个数输入

填入第一个因素信息，点击继续，如图 3.18 所示。

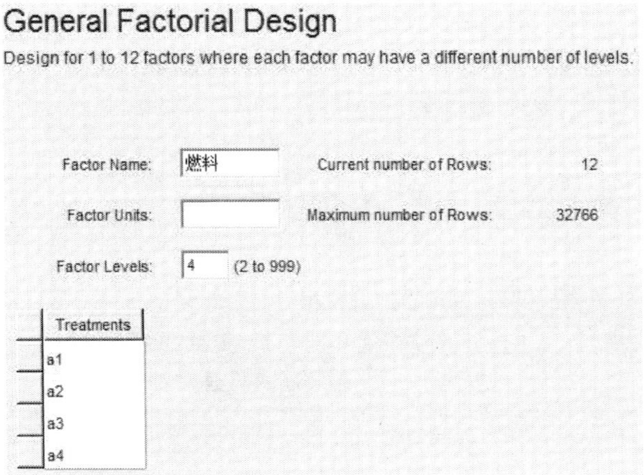

图 3.18　第一个因子信息的输入

填入第二个因素信息，点击继续，如图 3.19 所示。

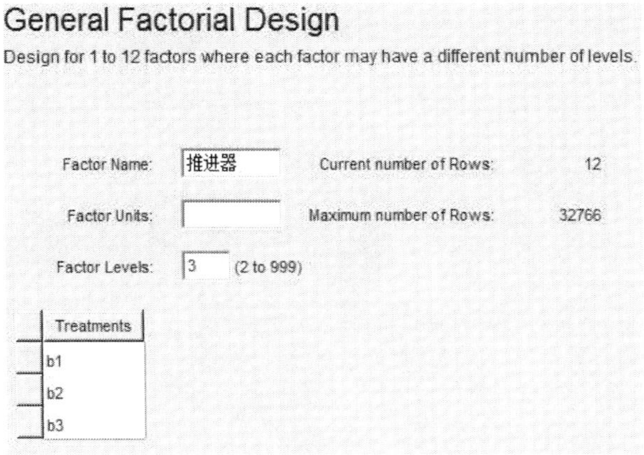

图 3.19　第二个因子信息的输入

选择试验重复次数，Replicates 为 2，即重复两次，点击继续，如图 3.20 所示。

3. 响应信息输入

选取响应(Responses)的个数并填写相关信息，点击继续，如图 3.21 所示。

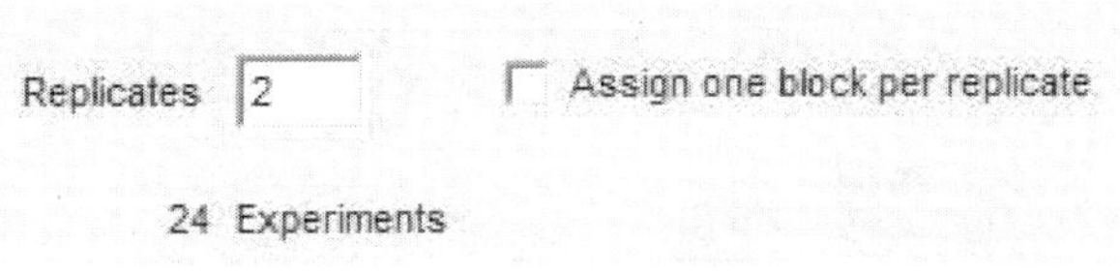

图 3.20　重复次数输入

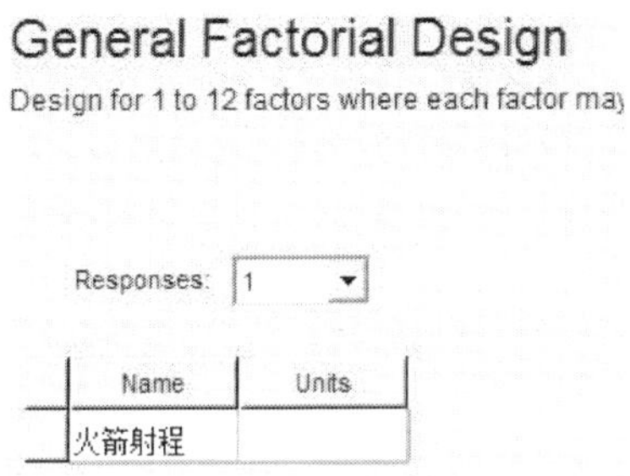

图 3.21　响应个数、名称、单位信息输入

4. 试验响应值输入

因子信息和响应信息输入后，便得到试验方案表，将试验所得响应值填入指标(Responses)列内，如图 3.22 所示。Std 处单击鼠标右键，在弹出的列表中选择“Sort by Standard Order”排列试验顺序。

Std	Run	Block	Factor 1 A:燃料	Factor 2 B:推进器	Response 1 火箭射程
1	11	Block 1	a1	b1	58.2
2	16	Block 1	a1	b1	52.6
3	2	Block 1	a2	b1	49.1
4	13	Block 1	a2	b1	42.8
5	10	Block 1	a3	b1	60.1
6	14	Block 1	a3	b1	58.3
7	1	Block 1	a4	b1	75.8
8	7	Block 1	a4	b1	71.5
9	19	Block 1	a1	b2	56.2
10	9	Block 1	a1	b2	41.2
11	5	Block 1	a2	b2	54.1
12	12	Block 1	a2	b2	50.5
13	8	Block 1	a3	b2	70.9
14	23	Block 1	a3	b2	73.2
15	21	Block 1	a4	b2	58.2
16	24	Block 1	a4	b2	51
17	3	Block 1	a1	b3	65.3
18	4	Block 1	a1	b3	60.8
19	15	Block 1	a2	b3	51.6
20	20	Block 1	a2	b3	48.4
21	17	Block 1	a3	b3	39.2
22	22	Block 1	a3	b3	40.7
23	6	Block 1	a4	b3	48.7
24	18	Block 1	a4	b3	41.4

图 3.22　响应值输入

5. 方差分析表

单击“Analysis”，进行数据分析。单击“ANOVA”，显示方差分析表，如图 3.23 所示。

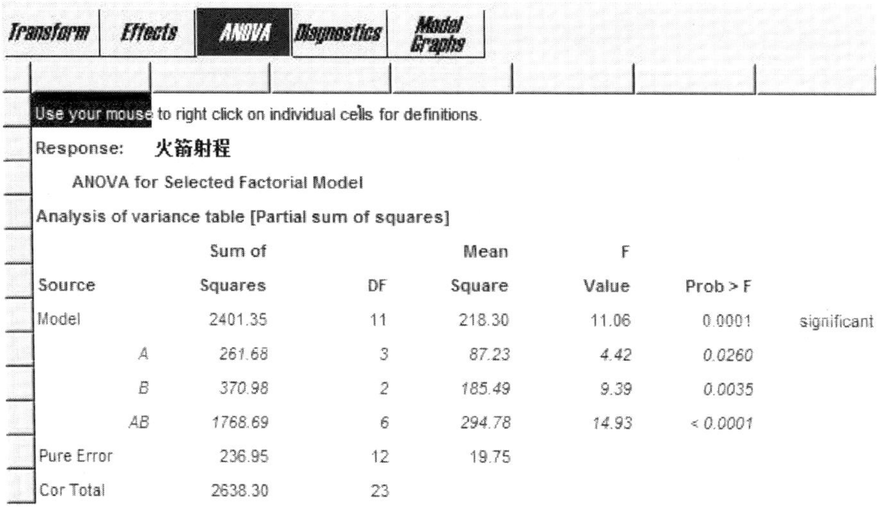

Source	Sum of Squares	DF	Mean Square	F Value	Prob > F	
Model	2401.35	11	218.30	11.06	0.0001	significant
A	261.68	3	87.23	4.42	0.0260	
B	370.98	2	185.49	9.39	0.0035	
AB	1768.69	6	294.78	14.93	< 0.0001	
Pure Error	236.95	12	19.75			
Cor Total	2638.30	23				

图 3.23　方差分析表

由图 3.23 可知，因素 A 显著，因素 B 与交互作用 $A\times B$ 都特别显著。由表 3.14 可以看出，A_4 与 B_1 或 A_3 与 B_2 的组合都使火箭射程数值较其他水平组合要大。

习　　题

3—1　调查了 5 个不同小麦品系的株高，结果如表 3.20 所示，问该 5 个小麦品系株高间的差异是否显著？

表 3.20　株高试验数据表

株　号	品　系				
	Ⅰ	Ⅱ	Ⅲ	Ⅳ	Ⅴ
1	64.6	64.5	67.8	71.8	69.2
2	65.3	65.3	66.3	72.1	68.2
3	64.8	64.6	67.1	70.0	69.8
4	66.0	63.7	66.8	69.1	68.3
5	65.8	63.9	68.5	71.0	67.5
平均数	65.3	64.4	67.3	70.8	68.6

3—2　一批由同种原料织成的布，用不同的染整工艺处理，每台进行缩水率试验，目的是考察不同的工艺对布的缩水率是否有影响。这里采用了五种不同的染整工艺，每种工艺处理四块布样，测得缩水率百分数如表 3.21 所示。问染整工艺对缩水率影响是否显著（$\alpha=0.01$）？如果显著，那么这种显著的差异又存在哪些水平之间？

表 3.21 缩水率试验数据表

布样号＼染整工艺	Ⅰ	Ⅱ	Ⅲ	Ⅳ	Ⅴ
1	4.3	6.1	6.5	9.3	9.5
2	7.8	7.3	8.3	8.7	8.8
3	3.2	4.2	8.6	7.2	11.4
4	6.5	4.1	8.2	10.1	7.8

3—3 设 4 名工人分别操作机床 A,B,C 各一天，生产同样产品，其日产量统计如表 3.22所示。问工人的不同和机床的不同在日产量上有无显著差异($\alpha=0.05$)？对于显著的因素，显著的差异存在哪些水平？

表 3.22 产量统计数据表

机床＼工人	甲	乙	丙	丁
A	50	47	47	53
B	63	54	57	58
C	52	42	41	48

3—4 某啤酒厂在试验用不发芽的大麦制造啤酒的新工艺过程中，选择因素及其水平如表 3.23 所示，不考虑因素间的交互作用。考察指标 $y_i(i=1,2,\cdots,9)$为粉状粒，越高越好。采用拟水平法将因素 D 的第 1 水平 136 重复一次作为第 3 水平，按 $L_9(3^4)$安排试验，得试验结果如表 3.24 所示。试进行方差分析，判断各因素对试验结果影响的显著性($\alpha=0.05$)。

表 3.23 因素水平表

水平＼因素	赤霉素浓度 mg/kg	氨水浓度/%	吸氨量/g	水底/g
	A	B	C	D
1	2.25	0.25	2	136
2	1.50	0.26	3	138
3	3.00	0.27	4	136

表 3.24 试验方案及结果

试验号	A	B	C	D	粉状粒 y_i/%
1	1	1	1	1	59
2	1	2	2	2	48
3	1	3	3	3(1)	34
4	2	1	2	3(1)	39
5	2	2	3	1	23
6	2	3	1	2	48
7	3	1	3	2	36
8	3	2	1	3(1)	55
9	3	3	2	1	56

第四章　回 归 分 析

第一节　回归分析概述

一、回归分析含义

回归一词是由英国著名统计学家葛尔登(Francis Galton)在19世纪末期研究孩子及他们的父母的身高时提出来的概念。Galton发现身材高的父母,他们的孩子也高。但这些孩子平均起来并不像他们的父母那样高。对于比较矮的父母情形也类似,他们的孩子比较矮,但这些孩子的平均身高要比他们的父母的平均身高高。Galton把这种孩子的身高向中间值靠近的趋势称之为一种回归效应,而由他发展的研究两个数值变量的方法称为回归分析。

现实世界中大多数现象表现为相关关系,人们通过大量观察,将现象之间的相关关系抽象概括为函数关系,并用函数形式或模型来描述与推断现象间的具体变动关系,用一个或一组变量的变化来估计与推算另一个变量的变化。这种处理变量与变量之间关系的数学分析方法称为回归分析。它不仅建立变量间关系的数学表达式——经验公式,而且还可以利用概率统计知识进行分析讨论,从而判断经验公式的正确性。

变量与变量之间的关系可概括为两种:确定性关系(函数关系)和非确定性关系(相关关系)。

1. 函数关系

函数关系具有如下特点:

(1)是一一对应的确定关系;

(2)设有两个变量 x 和 y,变量 y 随变量 x 的变化而变化,并完全依赖于 x,当变量 x 取某个数值时,y 依确定的关系取相应的值,则称 y 是 x 的函数,记为 $y=f(x)$,其中 x 称为自变量,y 称为因变量;

(3)各观测点落在一条线上,如图4.1所示。

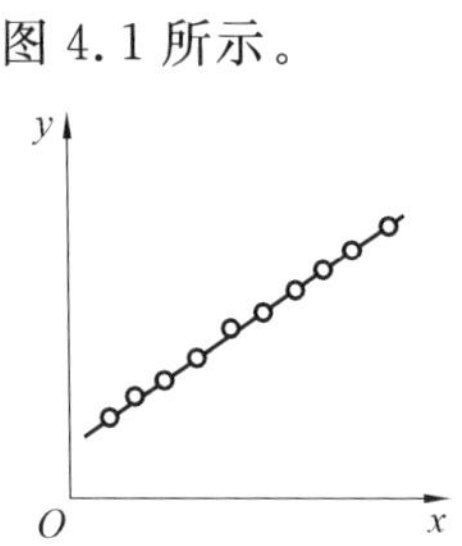

图4.1　函数关系观测点分布

例如,圆的面积(S)与半径(r)之间的关系可表示为

$$S=\pi r^2$$

电阻、电压、电流之间的关系

$$I=U/R$$

2.相关关系

现象之间客观存在的不严格、不确定的数量依存关系。当一个或一组相互联系的变量取一定数值时，变量之间存在有依存关系，但这种关系是不完全确定的随机关系，即当一个（或一组）变量每取一个值时，与之相对应的另一变量的值虽然不确定，但它仍按某种规律在一定的范围内变化。

相关关系具有如下特点：

(1)变量间关系不能用函数关系精确表达；

(2)一个变量的取值不能由另一个变量唯一确定；

(3)当变量 x 取某个值时，变量 y 的取值可能有几个；

(4)各观测点分布在直线周围，如图 4.2 所示。

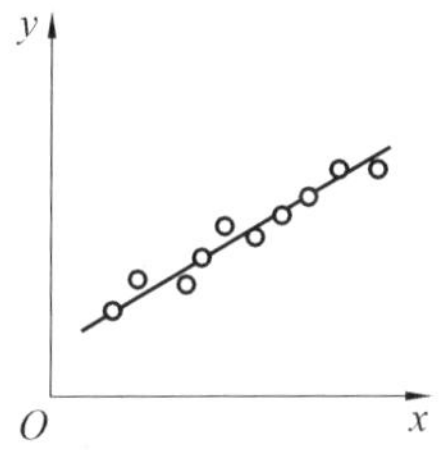

图 4.2　相关关系观测点分布

例如，粮食亩产量(y) 与施肥量(x_1)、降雨量(x_2)、温度(x_3) 之间的关系是非确定性的，即使在 x_1，x_2，x_3 相同的条件下，y 也不相同；收入水平(y) 与受教育程度(x) 之间的关系；父亲身高(y) 与子女身高(x) 之间的关系。

相关关系的种类，如图 4.3 所示。按相关关系的程度划分可分为完全相关、不完全相关和不相关。按相关形式划分可以分为线性相关和非线性相关。图 4.3 中，(1)，(2) 为线性相关，(3)，(4) 为非线性相关。

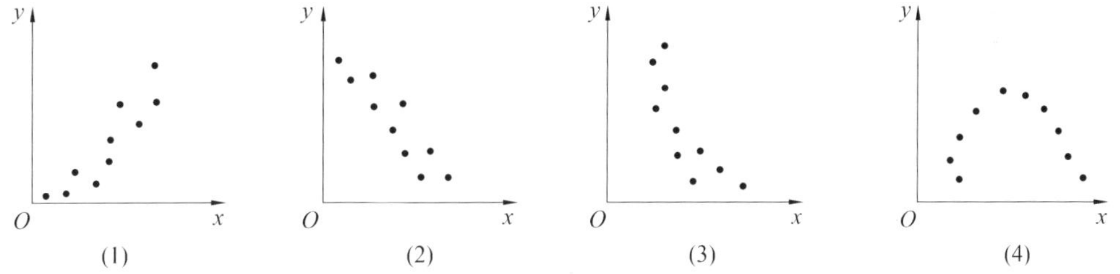

图 4.3　相关关系的种类

本章所介绍的回归分析，是指对具有相关关系的现象，根据其相关关系的具体形态，选择一个合适的数学模型(称为回归方程)，用来近似地表达变量间的平均变化关系的一种统计分析方法。

二、回归分析解决的问题

(1)确定几个变量之间的相关关系，存在相关关系则找出合适的数学表达式；

(2)对关系式的可信程度进行各种统计检验，并从影响某一特定变量的诸多变量中找出哪些变量的影响显著，哪些不显著，并确定各因素之间的主次关系；

(3)利用所求的关系式，根据一个或几个变量的取值来预测或控制另一个特定变量的取值，并给出预测或控制的精确程度。

三、回归分析的类型

回归分析按自变量的个数分为一元回归分析和多元回归分析；按回归方程的形式分为线性回归和非线性回归，如图 4.4 所示。

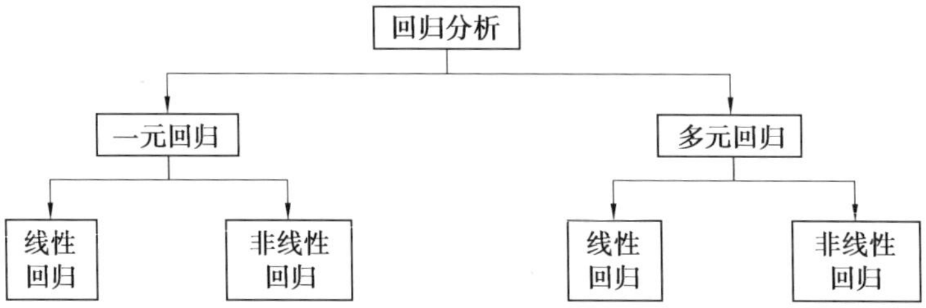

图 4.4　回归模型的类型

第二节　一元线性回归分析

当回归分析模型只涉及一个自变量时，称为一元回归，若因变量 y 与自变量 x 之间为线性关系时称为一元线性回归。对于具有线性关系的两个变量，可以用一条线性方程来表示它们之间的关系。描述因变量 y 如何依赖于自变量 x 和误差项 ε 的方程称为回归模型。

需要注意的是：在两个变量之间，必须确定哪个是自变量，哪个是因变量；回归方程的主要作用是用自变量来推算因变量。

一、一元线性回归方程的建立(最小二乘法)

设 $y=a+bx$ 是平面上的一条任意直线，(x_i, y_i) $i=1,2,\cdots,n$ 是变量 x,y 的一组观测数据，而对于每一个 x_i，在直线上都可以确定一个 $\hat{y}_i=a+bx_i$，理论值与观测值之差：

$$y_i-\hat{y}_i=y_i-(a+bx_i)$$

便刻画了 y_i 与直线的偏离程度。观测值分布如图 4.5 所示。

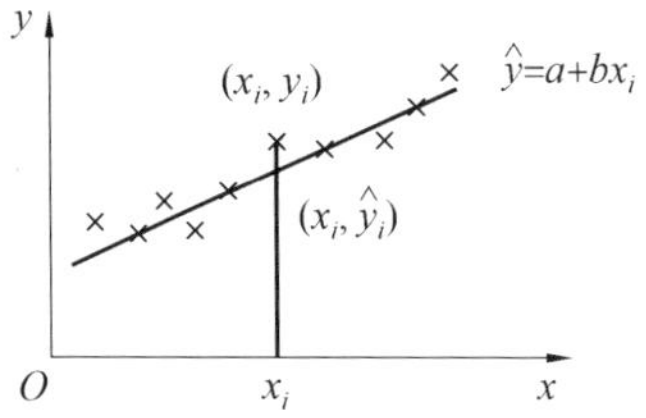

图 4.5　观测值分布

回归直线的方程 $\hat{y}=a+bx$，即为一元线性回归方程，其中 a 为常数项，b 为回归系数。离差平方和为

$$Q(a,b)=\sum_{i=1}^{n}\left[y_i-(a+bx_i)\right]^2 \tag{4.1}$$

Q 反映了全部观测值与直线 $\hat{y}=a+bx$ 的偏离程度。显然，Q 越小，直线与这 n 个点越

"接近",也就是求一对 a,b,使 $Q(a,b)$ 达到最小值。

如果直线与全部观测数据 y_i 的离差平方和比其他任何直线与全部观测数据的离差平方和更小,该直线就是代表 x 与 y 之间关系较为合理的一条直线,该直线就是 x 与 y 之间的回归直线。用最小二乘法拟合的直线来代表 x 与 y 之间的关系与实际数据的误差比其他任何直线都小。

利用求极值的原理,分别求 Q 对 a,b 的偏导数,并令其为零。

$$\begin{cases} \dfrac{\partial Q}{\partial a} = -2\sum\limits_{i=1}^{n}[y_i - (a + bx_i)] = 0 \\ \dfrac{\partial Q}{\partial b} = -2\sum\limits_{i=1}^{n}x_i[y_i - (a + bx_i)] = 0 \end{cases} \tag{4.2}$$

化简得

$$\begin{cases} \sum\limits_{i=1}^{n} y_i - na - b\sum\limits_{i=1}^{n} x_i = 0 \\ \sum\limits_{i=1}^{n} x_i y_i - a\sum\limits_{i=1}^{n} x_i - b\sum\limits_{i=1}^{n} x_i^2 = 0 \end{cases} \tag{4.3}$$

解方程组得

$$\begin{cases} \hat{a} = \dfrac{\sum\limits_{i=1}^{n} y_i - \hat{b}\sum\limits_{i=1}^{n} x_i}{n} \\ \hat{b} = \dfrac{\sum\limits_{i=1}^{n} x_i y_i - \dfrac{1}{n}\sum\limits_{i=1}^{n} x_i \sum\limits_{i=1}^{n} y_i}{\sum\limits_{i=1}^{n} x_i^2 - \dfrac{1}{n}\left(\sum\limits_{i=1}^{n} x_i\right)^2} \end{cases} \tag{4.4}$$

因为

$$\bar{x} = \frac{1}{n}\sum_{i=1}^{n} x_i, \bar{y} = \frac{1}{n}\sum_{i=1}^{n} y_i$$

将其代入公式(4.4)中,化简得

$$\begin{cases} \hat{a} = \bar{y} - \hat{b}\bar{x} \\ \hat{b} = \dfrac{\sum\limits_{i=1}^{n} x_i y_i - n\bar{x}\bar{y}}{\sum\limits_{i=1}^{n} x_i^2 - n\bar{x}^2} \end{cases} \tag{4.5}$$

若记

$$l_{xx} = \sum_{i=1}^{n} (x_i - \bar{x})^2 = \sum_{i=1}^{n} x_i^2 - n\bar{x}^2$$

$$l_{yy} = \sum_{i=1}^{n} (y_i - \bar{y})^2 = \sum_{i=1}^{n} y_i^2 - n\bar{y}^2$$

$$l_{xy} = \sum_{i=1}^{n} (x_i - \bar{x})(y_i - \bar{y}) = \sum_{i=1}^{n} x_i y_i - n\bar{x}\bar{y}$$

则有

$$\begin{cases}\hat{a}=\bar{y}-\hat{b}\bar{x}\\ \hat{b}=\dfrac{l_{xy}}{l_{xx}}\end{cases} \tag{4.6}$$

由 a,b 可确定直线

$$\hat{y}=\hat{a}+\hat{b}x \tag{4.7}$$

称为 Y 对 X 的回归直线。

二、一元线性回归方程的检验

当求出一元线性回归方程后,我们还需判断两个变量之间是否确实存在线性关系,也就是要对回归方程进行显著性检验。检验的方法一般有两种:方差检验法(F 检验法)和相关系数检验法。

本书第三章已经对方差分析进行了详细讲解,所以此处运用方差检验法进行回归方程的显著性检验。相关系数检验法可参阅相关书籍进行学习。

1. 假设条件及离差平方和分解

一元线性回归方程 $\hat{y}=a+bx$ 的显著性检验问题就是检验假设的问题。检验假设

$$H_0:b=0$$

是否成立的问题。

试验观测值之间的差异,可用观测值 y_i 与其平均值 $\bar{y}$ 的离差平方和来表示,称为总的离差平方和,记为

$$D_{总}=\sum_{i=1}^{n}(y_i-\bar{y})^2=l_{yy} \tag{4.8}$$

依据第三章方差分析原理,将其进行分解

$$\begin{aligned}D_{总}&=\sum_{i=1}^{n}(y_i-\bar{y})^2\\&=\sum_{i=1}^{n}[(y_i-\hat{y}_i)+(\hat{y}_i-\bar{y})]^2\\&=\sum_{i=1}^{n}(y_i-\hat{y}_i)^2+\sum_{i=1}^{n}(\hat{y}_i-\bar{y})^2+2\sum_{i=1}^{n}(y_i-\hat{y}_i)(\hat{y}_i-\bar{y})\end{aligned}$$

其中

$$2\sum_{i=1}^{n}(y_i-\hat{y}_i)(\hat{y}_i-\bar{y})=0$$

所以

$$D_{总}=\sum_{i=1}^{n}(y_i-\bar{y})^2=\sum_{i=1}^{n}(y_i-\hat{y}_i)^2+\sum_{i=1}^{n}(\hat{y}_i-\bar{y})^2$$

即

$$D_{总}=Q+U$$

其中

$$U=\sum_{i=1}^{n}(\hat{y}_i-\bar{y})^2=bl_{xy}=b^2l_{xx}=D_{回} \tag{4.9}$$

称为回归平方和。表示 $\hat{y}_1,\hat{y}_2,\cdots,\hat{y}_n$ 对平均值 $\bar{y}$ 的分散程度且由回归直线上它们所对应的 $x_1,x_2,\cdots,x_n$ 的变化所引起的。

$$Q=\sum_{i=1}^{n}(y_i-\hat{y}_i)^2=l_{yy}-bl_{xy}=D_{残} \tag{4.10}$$

称为残差平方和。是观测值与回归值的差异，具有相同的 x 值，因此是由其他因素或误差引起的。

2. 显著性检验

若 H_0 成立，可以证明 $D_{总}$，U，Q 都是 χ^2 的变量，其自由度分别为 $n-1,1,n-2$。于是，构造统计量

$$F=\frac{U}{Q/(n-2)} \tag{4.11}$$

表示由 x 引起的差异与误差差异的比较，且 $F\sim F_\alpha(1,n-2)$。若给定水平 α，就可以查出 F_α，然后比较 F 与 F_α 来判定 x 的重要性。若 $F>F_\alpha$，则拒绝原假设 H_0，即认为 x 与 y 之间存在线性关系，回归方程显著；若 $F\leqslant F_\alpha$，则接受原假设 H_0，回归方程不显著，即不能断定变量 x 和 y 之间存在线性关系，所求回归方程意义不大。此时，可以重新建立其他类型的回归模型进行相关计算，直至回归方程检验显著。

3. 方差分析表

根据一元线性回归方程的显著性检验过程，得到一元线性回归的方差分析表。如表 4.1 所示。

表 4.1 方差分析表

方差来源	离差平方和	自由度	平均离差平方和	F 值	显著性
回归	U	1	U		
残差	Q	$n-2$	$Q/(n-2)$	$F=\frac{U}{Q/(n-2)}$	
总和	$D_{总}$	$n-1$			

例 4.1 大豆栽培试验中，测得株龄 x(周) 与株高 y(cm) 的数据如下，试确定 x 与 y 之间的关系。

表 4.2 试验数据表

x_i	1	2	3	4	5
y_i	5	17	24	33	41

解 依据数据，做 X 与 Y 的散点图，由散点图可以看出 (x_i,y_i) 的分布大致呈一条直线，故设 Y 与 X 之间呈线性关系，令

$$\hat{y}=a+bx$$

根据公式(4.6) 求得回归系数 a 和 b。

为方便计算，列出如表 4.3 所示的数据计算表。

表 4.3　数据计算表

x	y	x^2	y^2	xy
1	5	1	25	5
2	11	4	289	34
3	24	9	576	72
4	33	16	1 089	132
5	41	25	1 681	205
$\sum x_i = 15$	$\sum y_i = 120$	$\sum x_i^2 = 55$	$\sum y_i^2 = 3\ 660$	$\sum x_i y_i = 448$

由表 4.3 可知，$\bar{x} = 3$，$\bar{y} = 24$。将计算所得数据代入公式(4.6)，即可得到 $b = 8.8$，$a = -2.4$。

即回归方程为

$$\hat{y} = -2.4 + 8.8x$$

对回归方程进行显著性检验，得到方差分析表，如表 4.4 所示。

表 4.4　方差分析表

方差来源	平方和	自由度	均方	F 值
回归	774.4	1	774.4	414.1
残差	5.6	3	1.87	
总和	780.0	4		

查 F 分布表，$F_{0.05}(1,3) = 10.1$，$F_{0.01}(1,3) = 34.1$，$F = 414.1 > F_{0.01}$，证明假设条件 $H_0: b = 0$ 不成立，即 x，y 之间的相关关系极显著。

三、预测与控制

求得 x，y 之间的回归方程后，若方程拟合良好，那么它在一定程度上反映了两变量之间的内在规律，可以利用方程进行预测和控制。

预测问题：对于任一给定的观测点 x_0，推断观察值 y_0 的范围。

控制问题：若要求 y 在(y_1, y_2)范围内取值，应将 x 控制在何范围内。

1. 预测问题

一元线性回归模型为

$$y = a + bx + \varepsilon$$

预测问题就是任意给定 x_0，推断 y_0 的值大致在什么范围内，可以将 $\hat{y} = \hat{a} + \hat{b}x_0$ 作为 $y_0 = a + bx_0 + \varepsilon_0$ 的一个点估计值，亦可以做一个区间估计，即在一定的信度 α 下，寻找一个小范围 $\delta(\delta > 0)$，使实际观测值以 $1 - \alpha$ 的概率，落入$(\hat{y}_0 - \delta, \hat{y}_0 + \delta)$内。

即

$$P\{\hat{y}_0 - \delta < y_0 < \hat{y}_0 + \delta\} = 1 - \alpha$$

或

$$P\{|y_0 - \hat{y}_0| < \delta\} = 1 - \alpha$$

已知$(y_0 - \hat{y}_0)$服从正态分布，且

$$E(y_0-\hat{y}_0)=E(y_0)-E(\hat{y}_0)=0$$

$$E(y_0-\hat{y}_0)^2=\sigma^2\left[1+\frac{1}{n}+\frac{(x_0-\bar{x})^2}{\sum_{i=1}^{n}(x_i-\bar{x})^2}\right]$$

即

$$(y_0-\hat{y}_0)\sim N\left(0,\sigma^2\left[1+\frac{1}{n}+\frac{(x_0-\bar{x})^2}{\sum_{i=1}^{n}(x_i-\bar{x})^2}\right]\right) \tag{4.12}$$

可以证明，$(y_0-\hat{y}_0)$ 与 Q 是相互独立的。

因而

$$\frac{(y_0-\hat{y}_0)^2}{\left(1+\frac{1}{n}+\frac{(x_0-\bar{x})^2}{\sum_{i=1}^{n}(x_i-\bar{x})^2}\right)\frac{Q}{n-2}}\sim F(1,n-2) \tag{4.13}$$

由此，可求出 y_0 的置信概率为

$$\delta=\sqrt{F_\alpha(1,n-2)\frac{Q}{n-2}\left[1+\frac{1}{n}+\frac{(x_0-\bar{x})^2}{\sum_{i=1}^{n}(x_i-\bar{x})^2}\right]} \tag{4.14}$$

$1-\alpha$ 的置信区间为$(\hat{y}_0-\delta<y_0<\hat{y}_0+\delta)$。

当 $x_0\to\bar{x}$，n 较大时，公式(4.14)可简化为

$$\delta=\sqrt{F_\alpha\frac{Q}{n-2}} \tag{4.15}$$

公式(4.15)说明，y 的置信区间不仅与 α，n 有关，而且与观测值 x_0 有关，当 x_0 靠近 $\bar{x}$ 时，δ 就小，区间就小；当 x_0 远离 $\bar{x}$ 时，δ 就大，区间也大。所以，$\delta=\delta(x_0)$ 是 x_0 的一个函数。做出 $y_1=\hat{y}-\delta$，$y_2=\hat{y}+\delta$ 的图形，可以发现 y_1，y_2 把回归直线夹在中间，两头呈喇叭状，如图4.6所示。

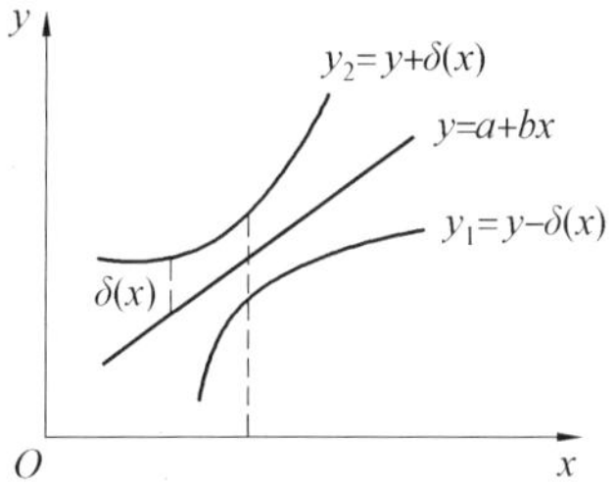

图 4.6　预测图

2. 控制问题

控制问题实际上是预测的反问题。若要求观测值 y 在(y_1,y_2)范围内取值，x 应控制在何值，即要寻找 x_1，x_2，使得

$$\begin{cases}\hat{y}-\delta(x_1)\geqslant y_1\\ \hat{y}+\delta(x_2)\leqslant y_2\end{cases} \tag{4.16}$$

成立即可。

当 x_0 取值在 $\bar{x}$ 附近，且 n 比较大时

$$1+\frac{1}{n}+\frac{(x_0-\bar{x})^2}{\sum_{i=1}^{n}(x_i-\bar{x})^2}\approx 1$$

$$\sigma^2\approx\hat{\sigma}^2\approx\frac{Q}{n-2} \tag{4.17}$$

所以

$$(y_0-\hat{y}_0)\sim N\left(0,\frac{Q}{n-2}\right) \tag{4.18}$$

则

$$\begin{aligned}P\{\hat{y}_0-2\hat{\sigma}<y_0<\hat{y}_0+2\hat{\sigma}\}=95\%\\P\{\hat{y}_0-3\hat{\sigma}<y_0<\hat{y}_0+3\hat{\sigma}\}=99\%\end{aligned} \tag{4.19}$$

实际应用中，将公式(4.19)转化为公式(4.20)，(4.21)来计算 x 的范围(x_1,x_2)。

$$\begin{cases}y_1=a-2\hat{\sigma}+bx_1\\y_2=a+2\hat{\sigma}+bx_2\end{cases} \tag{4.20}$$

$$\begin{cases}y_1=a-3\hat{\sigma}+bx_1\\y_2=a+3\hat{\sigma}+bx_2\end{cases} \tag{4.21}$$

例 4.2 在例题 4.1 中，取显著性水平 $\alpha=0.01$，当 $x_0=3.5$ 时，预测 y_0 的范围。若要求 y 的范围在 $y\in[30,35]$，试确定 x 应控制的范围。

解 预测的问题，就是计算 δ 的问题。

由例题 4.1 可知，$F_{0.01}(1,3)=414.1$，$Q=5.6$，利用公式(4.15)，计算出 δ 的大小。

$$\delta=\sqrt{F_\alpha\frac{Q}{n-2}}\approx 27.8$$

第三节 一元线性回归分析的 Design-Expert 软件应用

由回归分析的分析过程可知，方差分析与回归分析在进行一个具体的试验设计过程中是密不可分的。一般来说，一个试验既要进行方差分析，得到各因素对指标的影响是否显著、显著到何种程度，又要得到各因素与指标之间的回归方程。下面利用 Design-Expert 软件进行一元线性回归方程的建立及显著性检验。

例 4.3 表 4.5 是有关 15 个地区某种食物年需求量和地区人口增加量的资料。试确定二者之间的线性回归方程，并检验其显著性。

表 4.5 数据表

地区编号	人口增长量 x(千人)	年需求量 y(十吨)
1	274	162
2	180	120
3	375	223
4	205	131
5	86	67
6	265	169
7	98	81

续表 4.5

地区编号	人口增长量 x(千人)	年需求量 y(十吨)
8	330	192
9	195	116
10	53	55
11	430	252
12	372	234
13	236	144
14	157	103
15	370	212

1. 选取试验设计类型

首先,新建设计文件,一元线性回归分析对应的是单因素试验。因此,选取析因设计(Factorial Design)中的一般因子设计(General Factorial),如图 4.7 所示。

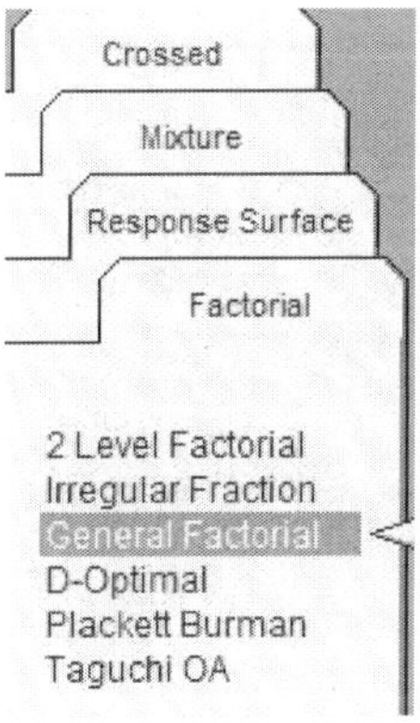

图 4.7 试验类型选取

2. 因子信息输入

填入因素信息,选择因子个数,一元线性回归分析的因子个数为一个。因子的水平数为 15。输入数据后点击继续(Continue),如图 4.8 所示。

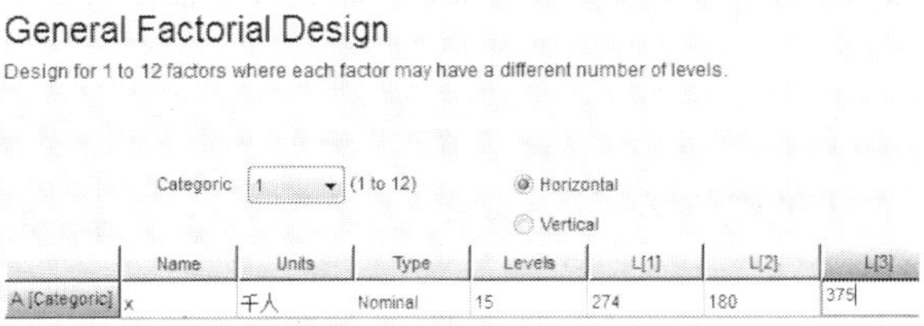

图 4.8 因子信息输入

选择试验重复次数为 1,点击继续,如图 4.9 所示。

3. 响应信息输入

选取响应(Responses)的个数并填写相关信息,点击继续,如图 4.10 所示。

4. 试验响应值输入

因子信息和响应信息输入后,便得到试验方案表,将试验所得响应值填入指标(Responses)列内,如图 4.11 所示。

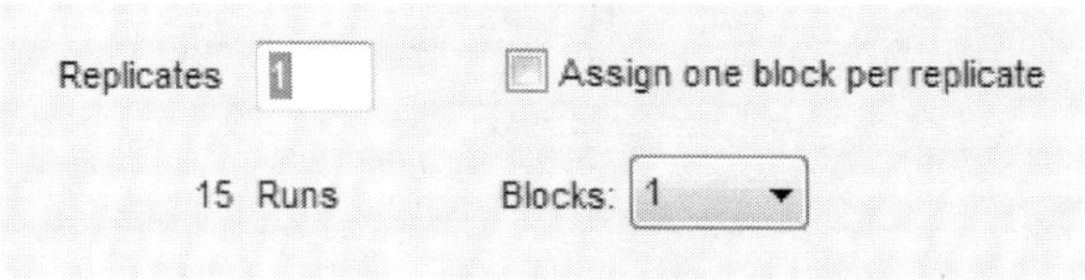

图 4.9　重复次数输入

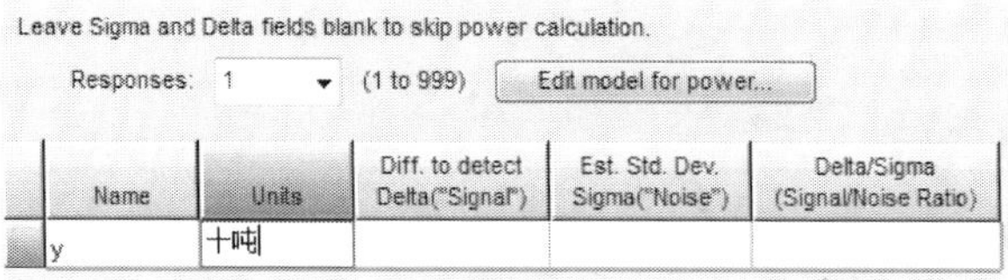

图 4.10　响应个数、名称、单位信息输入

Select	Std	Run	Factor 1 A:A	Response 1 R1
	1	13	274.00	162
	2	5	180.00	120
	3	12	375.00	223
	4	4	205.00	131
	5	10	86.00	67
	6	11	265.00	169
	7	15	98.00	81
	8	6	330.00	192
	9	8	195.00	116
	10	7	53.00	55
	11	14	430.00	252
	12	1	372.00	234
	13	9	236.00	144
	14	2	157.00	103
	15	3	370.00	212

图 4.11　响应值输入

5. *方差分析表*

单击“Analysis”，进行数据分析。单击“ANOVA”，显示方差分析表。由方差分析表可知，x 与 y 之间的关系极显著，如图 4.12 所示。

6. *回归方程*

R1＝

＋22.595 95

＋0.530 08　＊A

转化为回归方程

$$\hat{y}=22.596\,0+0.530\,1x$$

Response 1 R1

ANOVA for Response Surface Linear Model

Analysis of variance table [Partial sum of squares - Type III]

Source	Sum of Squares	df	Mean Square	F Value	p-value Prob > F	
Model	53692.57	1	53692.57	1296.53	< 0.0001	significant
A-A	*53692.57*	*1*	*53692.57*	*1296.53*	*< 0.0001*	
Residual	538.36	13	41.41			
Cor Total	54230.93	14				

图 4.12 方差分析表

第四节 多元线性回归分析

一、多元线性回归方程的建立

设要考察 m 个变量 $x_1, x_2, x_3, \cdots, x_m$ 与变量 y 之间的关系，一共做了 n 次试验，每次试验的数据为 $(y_i, x_{i1}, x_{i2}, \cdots, x_{im})$，$i=1,2,\cdots,n$。若 y 与 x 之间存在线性关系，则试验数据满足

$$y_i = \beta_0 + \beta_1 x_{i1} + \beta_2 x_{i2} + \cdots + \beta_m x_{im} + \varepsilon_i \tag{4.22}$$

其中，ε_i 相互独立且均服从 $N(0,\sigma^2)$ 分布，且要求 $m<n$。记

$$y=\begin{bmatrix} y_1 \\ y_2 \\ \vdots \\ y_n \end{bmatrix}, \beta=\begin{bmatrix} \beta_0 \\ \beta_1 \\ \vdots \\ \beta_m \end{bmatrix}, \varepsilon=\begin{bmatrix} \varepsilon_1 \\ \varepsilon_2 \\ \vdots \\ \varepsilon_n \end{bmatrix}, Z=\begin{bmatrix} 1 & x_{11} & x_{12} & \cdots & x_{1m} \\ 1 & x_{21} & x_{22} & \cdots & x_{2m} \\ \vdots & \vdots & \vdots & \cdots & \vdots \\ 1 & x_{n1} & x_{n2} & \cdots & x_{nm} \end{bmatrix}$$

则式(4.22) 可写为

$$y = Z\beta + \varepsilon$$

记

$$\hat{y} = \beta_0 + \beta_1 x_1 + \beta_2 x_2 + \cdots + \beta_m x_m \tag{4.23}$$

即为回归方程。

接下来要解决的问题与一元线性回归分析相同，即要求出 $\beta_0, \beta_1, \cdots, \beta_m$ 的估计值 $\hat{\beta}_0$，$\hat{\beta}_1, \cdots, \hat{\beta}_m$ 和误差的方差 $\hat{\sigma}^2$，然后对回归方程、回归系数进行检验，最后对试验结果进行预测和控制。

与一元线性回归分析相同，利用最小二乘法确定目标函数。即

$$Q(\hat{\beta}_0, \hat{\beta}_1, \cdots, \hat{\beta}_m) = \min Q(\beta_0, \beta_1, \cdots, \beta_m)$$

$$Q(\beta_0, \beta_1, \cdots, \beta_m) = \sum_{i=1}^{n} (y_i - \beta_0 - \beta_1 x_{i1} - \cdots - \beta_m x_{im})^2$$

根据多元函数求极值的原理，令

$$\begin{cases}\dfrac{\partial Q}{\partial \beta_0}=-2\sum\limits_{i=1}^{n}(y_i-\beta_0-\beta_1 x_{i1}-\cdots-\beta_m x_{im})=0\\ \dfrac{\partial Q}{\partial \beta_1}=-2\sum\limits_{i=1}^{n}(y_i-\beta_0-\beta_1 x_{i1}-\cdots-\beta_m x_{im})x_{i1}=0\\ \cdots\\ \dfrac{\partial Q}{\partial \beta_m}=-2\sum\limits_{i=1}^{n}(y_i-\beta_0-\beta_1 x_{i1}-\cdots-\beta_m x_{im})x_{im}=0\end{cases}$$

化简整理得

$$\begin{cases}n\beta_0+\sum\limits_{i=1}^{n}x_{i1}\beta_1+\sum\limits_{i=1}^{n}x_{i2}\beta_2+\cdots+\sum\limits_{i=1}^{n}x_{im}\beta_m=\sum\limits_{i=1}^{n}y_i\\ \sum\limits_{i=1}^{n}x_{i1}\beta_0+\sum\limits_{i=1}^{n}x_{i1}^2\beta_1+\sum\limits_{i=1}^{n}x_{i1}x_{i2}\beta_2+\cdots+\sum\limits_{i=1}^{n}x_{i1}x_{im}\beta_m=\sum\limits_{i=1}^{n}x_{i1}y_i\\ \cdots\\ \sum\limits_{i=1}^{n}x_{im}\beta_0+\sum\limits_{i=1}^{n}x_{im}x_{i1}\beta_1+\sum\limits_{i=1}^{n}x_{im}x_{i2}\beta_2+\cdots+\sum\limits_{i=1}^{n}x_{im}^2\beta_m=\sum\limits_{i=1}^{n}x_{im}y_i\end{cases} \tag{4.24}$$

方程组(4.24)称为正规方程组，用矩阵表示为

$$(Z^{\mathrm{T}}Z)\beta=Z^{\mathrm{T}}y \tag{4.25}$$

当$(Z^{\mathrm{T}}Z)$的逆矩阵$(Z^{\mathrm{T}}Z)^{-1}$存在时，系数向量β的最小二乘估计$\hat{\beta}$为

$$\hat{\beta}=(Z^{\mathrm{T}}Z)^{-1}Z^{\mathrm{T}}y \tag{4.26}$$

将$\hat{\beta}$代入式(4.23)中，得线性回归方程为

$$\hat{y}=\hat{\beta}_0+\hat{\beta}_1x_1+\hat{\beta}_2x_2+\cdots+\hat{\beta}_mx_m \tag{4.27}$$

继续求回归系数。将公式(4.24)中第一个方程两边同时除以n，移项整理得

$$\hat{\beta}_0=\bar{y}-\hat{\beta}_1\bar{x}_1-\hat{\beta}_2\bar{x}_2-\cdots-\hat{\beta}_m\bar{x}_m \tag{4.28}$$

其中

$$\bar{y}=\frac{1}{n}\sum_{i=1}^{n}y_i,\bar{x}_j=\frac{1}{n}\sum_{i=1}^{n}x_{ij},i=1,2,\cdots,n\quad j=1,2,\cdots,m$$

将(4.28)代入(4.24)方程组中的后m个方程中，整理得

$$\begin{cases}\hat{\beta}_1\sum\limits_{i=1}^{n}(x_{i1}-\bar{x}_1)x_{i1}+\hat{\beta}_2\sum\limits_{i=1}^{n}(x_{i2}-\bar{x}_2)x_{i1}+\cdots+\hat{\beta}_m\sum\limits_{i=1}^{n}(x_{im}-\bar{x}_m)x_{i1}=\sum\limits_{i=1}^{n}(y_i-\bar{y})x_{i1}\\ \hat{\beta}_1\sum\limits_{i=1}^{n}(x_{i1}-\bar{x}_1)x_{i2}+\hat{\beta}_2\sum\limits_{i=1}^{n}(x_{i2}-\bar{x}_2)x_{i2}+\cdots+\hat{\beta}_m\sum\limits_{i=1}^{n}(x_{im}-\bar{x}_m)x_{i2}=\sum\limits_{i=1}^{n}(y_i-\bar{y})x_{i2}\\ \cdots\\ \hat{\beta}_1\sum\limits_{i=1}^{n}(x_{i1}-\bar{x}_1)x_{im}+\hat{\beta}_2\sum\limits_{i=1}^{n}(x_{i2}-\bar{x}_2)x_{im}+\cdots+\hat{\beta}_m\sum\limits_{i=1}^{n}(x_{im}-\bar{x}_m)x_{im}=\sum\limits_{i=1}^{n}(y_i-\bar{y})x_{im}\end{cases} \tag{4.29}$$

令

$$l_{jk}=\sum_{i=1}^{n}(x_{ij}-\bar{x}_j)x_{ik}=\sum_{i=1}^{n}(x_{ij}-\bar{x}_j)(x_{ik}-\bar{x}_k)\quad l_{jk}=l_{kj}$$
$$l_{jy}=\sum_{i=1}^{n}(y_i-\bar{y})x_{ij}=\sum_{i=1}^{n}(y_i-\bar{y})(x_{ij}-\bar{x}_j)\quad j,k=1,2,\cdots,m \tag{4.30}$$

方程组(4.29)可简化为

$$\begin{cases}l_{11}\hat{\beta}_1+l_{12}\hat{\beta}_2+\cdots+l_{1m}\hat{\beta}_m=l_{1y}\\ l_{21}\hat{\beta}_1+l_{22}\hat{\beta}_2+\cdots+l_{2m}\hat{\beta}_m=l_{2y}\\ \cdots\\ l_{m1}\hat{\beta}_1+l_{m2}\hat{\beta}_2+\cdots+l_{mm}\hat{\beta}_m=l_{my}\end{cases} \tag{4.31}$$

记

$$L=\begin{pmatrix}l_{11}&l_{12}&\cdots&l_{1m}\\ l_{21}&l_{22}&\cdots&l_{2m}\\ \vdots&\vdots&&\vdots\\ l_{m1}&l_{m2}&\cdots&l_{mm}\end{pmatrix}$$

则当系数行列式$|L|\neq 0$时，方程组(4.31)有唯一解，利用克莱姆法则求解，解为

$$\hat{\beta}_j=\frac{|L_j|}{|L|}\qquad j=1,2,\cdots,m \tag{4.32}$$

$|L_j|$表示将系数行列式$|L|$的第j列换成常数向量$(l_{1y},l_{2y},\cdots,l_{my})^T$时的新行列式的值。

根据公式(4.28)和(4.32)，可得到回归方程

$$\hat{y}=\hat{\beta}_0+\hat{\beta}_1x_1+\hat{\beta}_2x_2+\cdots+\hat{\beta}_mx_m \tag{4.33}$$

记

$$Q=Q(\hat{\beta}_0,\hat{\beta}_1,\cdots,\hat{\beta}_m)=\sum_{i=1}^{n}(y_i-\hat{y}_i)^2 \tag{4.34}$$

可以证明$Q\sim\chi^2(n-m-1)$，由此可得σ^2的估计值为

$$\hat{\sigma}^2=\frac{Q}{n-m-1} \tag{4.35}$$

离差平方和Q实际上反映了试验误差造成的数据波动。

二、多元线性回归方程的显著性检验

回归平方和记为

$$U=\sum_{i=1}^{n}(\hat{y}_i-\bar{y})^2 \tag{4.36}$$

总数据变动平方和记为

$$l_{yy}=\sum_{i=1}^{n}(y_i-\bar{y})^2 \tag{4.37}$$

与一元线性回归分析同理，可以证明平方和分解公式

$$l_{yy}=U+Q \tag{4.38}$$

要判断y与$x_1,x_2,\cdots,x_m$之间是否存在线性关系，实际上相当于检验假设

$$H_0:\beta_1=\beta_2=\cdots=\beta_m=0$$

是否成立。

在假设 H_0 成立的条件下，可以证明统计量

$$F=\frac{U/m}{Q/(n-m-1)}\sim F(m,n-m-1) \tag{4.39}$$

对于给定的显著性水平 α，查 F 分布表，若 $F>F_\alpha(m,n-m-1)$，则有 $(1-\alpha)\times100\%$ 的概率认为线性关系(4.23)成立；若 $F\leqslant F_\alpha(m,n-m-1)$，则认为 y 与 $x_1,x_2,\cdots,x_m$ 之间无线性关系。

三、多元线性回归方程系数的显著性检验

在多元线性回归中，回归方程的显著性检验不再等价于回归系数的显著性检验。回归方程显著并不意味着每个自变量 $x_1,x_2,\cdots,x_m$ 对因变量 y 的影响都是重要的。所以，需考虑从回归方程中剔除次要的、可有可无的变量，重新建立更为简单的线性回归方程，以利于对 y 进行预测和控制。因此，需要对每个自变量进行考察。由于对一组给定的数据，l_{yy} 是已知的，并且

$$l_{yy}=U+Q$$

$Q\downarrow,U\uparrow;Q\uparrow,U\downarrow$。可见，要使 $U\uparrow$，就必须增加回归方程中自变量的个数，借以降低 Q 值。若去掉一个变量后，回归平方和减少的越大，则变量在回归方程中的作用越大，为重要变量；反之，则影响不大可以剔除。

在线性回归方程 $\hat{y}=\beta_0+\beta_1x_1+\beta_2x_2+\cdots+\beta_mx_m$ 中，把去掉一个变量后回归平方和减少的数值称为 y 对 x_i 的偏回归平方和，即

$$U_i=\frac{\beta_i^2}{C_{ii}} \tag{4.40}$$

式中　β_i——x_i 所对应的偏回归系数；

C_{ii}——正规方程系数矩阵的逆矩阵中主对角线上的第 i 个元素。

即

$$\begin{pmatrix} C_{11} & C_{12} & \cdots & C_{1m} \\ C_{21} & C_{22} & \cdots & C_{2m} \\ \vdots & \vdots & & \vdots \\ C_{m1} & C_{m2} & \cdots & C_{mm} \end{pmatrix}=\begin{pmatrix} l_{11} & l_{12} & \cdots & l_{1m} \\ l_{21} & l_{22} & \cdots & l_{2m} \\ \vdots & \vdots & & \vdots \\ l_{m1} & l_{m2} & \cdots & l_{mm} \end{pmatrix}^{-1} \tag{4.41}$$

偏回归平方和 U_i 可以衡量各个变量在回归中对 y 的影响程度的大小，以此来判断该变量的重要与否。U_i 越大，则 x_i 对 y 的影响越显著。显著到何程度，x_i 对 y 的影响才算显著？

用统计量

$$F_i=\frac{U_i/1}{Q/(n-m-1)}=\frac{\beta_i^2}{C_{ii}Q/(n-m-1)} \tag{4.42}$$

进行 F 检验 $F_i\sim F(1,n-m-1)$，若检验不显著的变量，则可剔除掉。

若去掉 x_i，则新回归方程中的系数 $\hat{\beta}_i^*$ 需要重新计算，公式为

$$\hat{\beta}_i^*=\hat{\beta}_i-\frac{C_{ij}}{C_{jj}}\hat{\beta}_j,\quad i\neq j \tag{4.43}$$

新回归方程为

$$\hat{y}=\hat{\beta}_0^*+\hat{\beta}_1^*x_1+\cdots+\hat{\beta}_{j-1}^*x_{j-1}+\hat{\beta}_{j+1}^*x_{j+1}+\cdots+\hat{\beta}_m^*x_m \tag{4.44}$$

再继续进行 F 检验，直到最终建立的回归方程既显著又仅含有重要的变量。

四、预测与控制

当所得回归方程和各回归系数经检验均呈显著时，就可以用它来进行预测和控制。

为利用回归方程进行预报和控制，需要求出在点$(x_{01},x_{02},\cdots x_{0m})$处的观测值 $y_0=\beta_0+\beta_1x_{01}+\beta_2x_{02}+\cdots+\beta_mx_{0m}+\varepsilon_0$ 与回归值 $\hat{y}_0=b_0+b_1x_{01}+b_2x_{02}+\cdots+b_mx_{0m}$ 之间的偏差 $y_0-\hat{y}_0$ 的分布，与一元线性回归类似，偏差 $y_0-\hat{y}_0$ 服从正态分布，且

$$y_0-\hat{y}_0\sim N\left(0,\sigma\sqrt{1+\frac{1}{n}+\sum_{i=1}^{m}\sum_{j=1}^{m}C_{ij}(x_{0i}-\bar{x}_i)(x_{0j}-\bar{x}_j)}\right)$$

式中　C_{ij}—— 相关矩阵 C 的元素。

当 n 比较大，x_{0i},x_{0j} 分别接近 $\bar{x}_i,\bar{x}_j$ 时，可近似认为，$y_0-\hat{y}_0\sim N(0,\sigma)$。因此，可用式(4.45)进行预测和控制。

$$\begin{aligned}&P\{\hat{y}_0-2\sigma<y_0<\hat{y}_0+2\sigma\}=0.95\\&P\{\hat{y}_0-3\sigma<y_0<\hat{y}_0+3\sigma\}=0.99\end{aligned}\tag{4.45}$$

在无重复试验的情况下，可由$\sqrt{Q/f_{剩}}$ 作为 $\hat{\sigma}$。

在超回归平面 $\hat{y}=b_0+b_1x_1+b_2x_2+\cdots+b_mx_m$ 的上、下分别作与之平行的两个平面

$$\begin{aligned}&\pi_1:y'=b_0+b_1x_1+b_2x_2+\cdots+b_mx_m-2\sqrt{Q/(n-m-1)}\\&\pi_2:y''=b_0+b_1x_1+b_2x_2+\cdots+b_mx_m+2\sqrt{Q/(n-m-1)}\end{aligned}\tag{4.46}$$

则全部观测数据将以 95% 的概率落入平面 π_1 与 π_2 之间。

为简化计算，通常采用如下变换：

$$\begin{cases}y'_i=\dfrac{y_i-c_0}{d_0} & i=1,2,\cdots,n\\ x'_{ji}=\dfrac{x_{ji}-c_j}{d_j} & j=1,2,\cdots,m\end{cases}\tag{4.47}$$

其中 $c_0,c_j,d_j\neq0$ 是适当选取的常数，然后对已经简化的数据 y'_i,x'_{ji}，按前面所述方法作回归分析，有如下关系式：

$$\begin{cases}\hat{\beta}_j=\dfrac{d_0}{d_j}\hat{\beta}'_j\\ \hat{\beta}_0=d_0\left(\hat{\beta}'_0-\displaystyle\sum_{j=1}^{m}\frac{c_j}{d_j}\hat{\beta}_j\right)+c_0\\ l_{yy}=d_0^2l'_{yy}\\ Q=d_0^2Q'\\ U=d_0^2U'\\ S_y=d_0S'_y\end{cases}\tag{4.48}$$

因

$$F=F',F_j=F'_j,R=R'\tag{4.49}$$

所以检验回归方程与回归系数的显著性与数据变换无关，所以只要用新数据建立回归方程及作回归方程、回归系数的检验即可。

例 4.4　铝合金化学铣切工艺中，为了便于生产操作，需要对腐蚀速度进行控制，因此

要考察腐蚀液温度、碱浓度、腐蚀液含铝量对腐蚀速度的影响。一共做了 44 次试验，所得数据如表 4.6 所示。

表 4.6　试验数据表

试验号	温度 x_1/℃	含铝量 x_2/(g/L)	碱浓度 x_3/(g/L)	腐蚀速度 y
1	73	12	200	0.024 0
2	73	21	200	0.023 5
3	75	30	200	0.024 0
4	75	36	200	0.024 5
5	75	42	200	0.019
6	75	48	200	0.018 5
7	79	12	200	0.032
8	79	21	200	0.030
9	79	30	200	0.029
10	79	36	200	0.027 5
11	79	42	200	0.025 0
12	79	48	200	0.022 5
13	83	12	200	0.037 0
14	83	21	200	0.036 0
15	83	30	200	0.035 5
16	83	36	200	0.032 5
17	83	42	200	0.030 5
18	83	48	200	0.027 0
19	87	12	200	0.044 0
20	87	21	200	0.042 5
21	87	30	200	0.042 0
22	87	36	200	0.039 0
23	87	42	200	0.036 0
24	87	48	200	0.032 5
25	77	19	150	0.023 0
26	77	19	175	0.025 0
27	77	19	200	0.026 5
28	77	19	225	0.028 5
29	77	19	250	0.029 0
30	81	27	150	0.028 5
31	81	27	175	0.029 5

续表 4.6

试验号	温度 x_1/℃	含铝量 x_2/(g/L)	碱浓度 x_3/(g/L)	腐蚀速度 y
32	81	27	200	0.031 0
33	81	27	225	0.031 5
34	81	27	250	0.032 0
35	85	35	150	0.034 5
36	85	35	175	0.035 5
37	85	35	200	0.037 0
38	85	35	225	0.039 0
39	85	35	250	0.040 5
40	89	43	150	0.037 5
41	89	43	175	0.038 0
42	89	43	200	0.040 0
43	89	43	225	0.043 0
44	89	43	250	0.045 0

解 (1) 建立回归方程

首先对变量 x_1, x_2, x_3 及 y 作线性变换，令

$$x'_1 = x_1 - 80, x'_2 = x_2 - 36, x'_3 = \frac{x_3 - 200}{25}, y' = \frac{y - 0.03}{0.000\ 5}$$

数据计算表如表 4.7 所示。

表 4.7 数据计算表

试验号	x'_1	x'_2	x'_3	y'	$x'_1 x'_2$	$x'_1 x'_3$	$x'_2 x'_3$
1	−7	−24	0	−12	168	0	0
2	−7	−15	0	−15	105	0	0
⋮	⋮	⋮	⋮	⋮	⋮	⋮	⋮
44	9	7	2	30	63	18	14
Σ	80	−208	0	173	470	0	0
试验号	$x'_1 y'$	$x'_2 y'$	$x'_3 y'$	x'^2_1	x'^2_2	x'^2_3	y'^2
1	84	288	0	49	576	0	144
2	105	325	0	49	325	0	325
⋮	⋮	⋮	⋮	⋮	⋮	⋮	⋮
44	270	210	60	81	49	4	900
Σ	2 899	−641	120	1 132	6 168	40	9 083

由表 4.7 可以算出：

$$l'_{yy}=\sum_{i=1}^{44}(y'_i-\bar{y}')^2=\sum_{i=1}^{44}y'^2_i-\frac{1}{44}\left(\sum_{i=1}^{44}y'_i\right)^2=8\ 403$$

$$l'_{1y}=\sum_{i=1}^{44}(x'_{i1}-\bar{x}'_1)(y'_i-\bar{y}')=\sum_{i=1}^{44}x'_{i1}y'_i-\frac{1}{44}\left(\sum_{i=1}^{44}x'_{i1}\right)\left(\sum_{i=1}^{44}y'_i\right)=2\ 584$$

$$l'_{2y}=\sum_{i=1}^{44}(x'_{i2}-\bar{x}'_2)(y'_i-\bar{y}')=\sum_{i=1}^{44}x'_{i2}y'_i-\frac{1}{44}\left(\sum_{i=1}^{44}x'_{i2}\right)\left(\sum_{i=1}^{44}y'_i\right)=177$$

$$l'_{3y}=\sum_{i=1}^{44}(x'_{i3}-\bar{x}'_3)(y'_i-\bar{y}')=\sum_{i=1}^{44}x'_{i3}y'_i-\frac{1}{44}\left(\sum_{i=1}^{44}x'_{i3}\right)\left(\sum_{i=1}^{44}y'_i\right)=120$$

$$l'_{11}=\sum_{i=1}^{44}(x'_{i1}-\bar{x}'_1)^2=\sum_{i=1}^{44}x'^2_{i1}-\frac{1}{44}\left(\sum_{i=1}^{44}x'_{i1}\right)^2=987$$

$$l'_{22}=\sum_{i=1}^{44}(x'_{i2}-\bar{x}'_2)^2=\sum_{i=1}^{44}x'^2_{i2}-\frac{1}{44}\left(\sum_{i=1}^{44}x'_{i2}\right)^2=5\ 185$$

$$l'_{33}=\sum_{i=1}^{44}(x'_{i3}-\bar{x}'_3)^2=\sum_{i=1}^{44}x'^2_{i3}-\frac{1}{44}\left(\sum_{i=1}^{44}x'_{i3}\right)^2=40$$

$$l'_{12}=\sum_{i=1}^{44}(x'_{i1}-\bar{x}'_1)(x'_{i2}-\bar{x}'_2)=\sum_{i=1}^{44}x'_{i1}x'_{i2}-\frac{1}{44}\left(\sum_{i=1}^{44}x'_{i1}\right)\left(\sum_{i=1}^{44}x'_{i2}\right)=848$$

$$l'_{13}=\sum_{i=1}^{44}(x'_{i1}-\bar{x}'_1)(x'_{i3}-\bar{x}'_3)=\sum_{i=1}^{44}x'_{i1}x'_{i3}-\frac{1}{44}\left(\sum_{i=1}^{44}x'_{i1}\right)\left(\sum_{i=1}^{44}x'_{i3}\right)=0$$

$$l'_{23}=\sum_{i=1}^{44}(x'_{i2}-\bar{x}'_2)(x'_{i3}-\bar{x}'_3)=\sum_{i=1}^{44}x'_{2i}x'_{3i}-\frac{1}{44}\left(\sum_{i=1}^{44}x'_{i2}\right)\left(\sum_{i=1}^{44}x'_{i3}\right)=0$$

于是

$$L'=\begin{vmatrix}987 & 848 & 0\\ 848 & 5\ 185 & 0\\ 0 & 0 & 40\end{vmatrix}$$

由公式(4.32)的克莱姆法则，求出

$$\hat{\beta}'_1=3.01,\quad \hat{\beta}'_2=-0.46,\quad \hat{\beta}'_3=3.00$$

然后求出

$$\hat{\beta}'_0=\bar{y}'-\sum_{i=1}^{3}\hat{\beta}'_i\bar{x}'_i=-3.72$$

于是得回归方程为

$$\hat{y}'=-3.72+3.01x'_1-0.46x'_2+3x'_3$$

根据公式(4.48)还原到原有数据，即有

$$\hat{\beta}_1=0.000\ 5\times 3.01=0.001\ 505$$

$$\hat{\beta}_2=-0.000\ 5\times 0.46=-0.000\ 23$$

$$\hat{\beta}_3=0.000\ 5\times\frac{3}{25}=0.000\ 06$$

$$\hat{\beta}_0=0.000\ 5\left(-3.72-3.01\times 80+36\times 0.46-\frac{255}{25}\times 3\right)+0.030=-0.095\ 98$$

所求回归方程为

$$\hat{y}=-0.095\ 98+0.001\ 505x_1-0.000\ 23x_2+0.000\ 06x_3$$

(2)检验回归方程显著性

$$U' = \sum_{i=1}^{44} (\hat{y}_i - \bar{y})^2 = 8\ 057$$

$$Q' = l'_{yy} - U' = 346$$

取 $\alpha = 0.01, n_1 = 3, n_2 = 44 - 3 - 1 = 40$，查 F 分布表得 $F_{0.01}(3,40) = 4.31$，而

$$F = \frac{U'/3}{Q'/40} = \frac{8\ 057/3}{346/40} = 311 \gg 4.31$$

所以回归方程高度显著。

(3)检验回归系数

取 $\alpha = 0.01$，查 F 分布表得 $F_{0.01}(1,40) = 7.31$，而

$$F_1 = \frac{\hat{\beta}'^2_1}{(Q'/40)(l'_{11}/L')} = 888 \gg 7.31$$

$$F_2 = \frac{\hat{\beta}'^2_2}{(Q'/40)(l'_{22}/L')} = 125 \gg 7.31$$

$$F_3 = \frac{\hat{\beta}'^2_3}{(Q'/40)(l'_{33}/L')} = 41.6 \gg 7.31$$

又

$$\frac{1}{n} + \frac{1}{L'} \sum_{i=1}^{3} \sum_{j=1}^{3} l'_{ij} \bar{x}'_i \bar{x}'_j = 0.024$$

由此算出

$$F_0 = \frac{\hat{\beta}'^2_0}{(Q'/40)\left(\frac{1}{44} + \frac{1}{L'} \sum_{i=1}^{3} \sum_{j=1}^{3} l'_{ij} \bar{x}'_i \bar{x}'_j\right)} = 64 \gg 7.31$$

所以一切回归系数都是显著的。

(4)预测和控制

由于 $S_y = 0.000\ 5\sqrt{Q'/40} = 0.000\ 5/2.94 = 0.001\ 47$，比如当 $x_{01} = 80$ ℃，$x_{02} = 35$ g/L，$x_{03} = 200$ g/L 时，腐蚀速度约在(0.028 37 ± 0.002 94) mm/min，即在 0.025 34 mm/min 与 0.031 31 mm/min 之间。这对我们根据腐蚀情况来决定腐蚀时间的长短是很有好处的。

第五节 多元线性回归分析的 Design-Expert 软件应用

一、选取试验设计类型及因子信息

选取命令“Response Surface”下“Historical Data”并选择因素数量，填写因素相关信息，单击 Continue 继续，如图 4.13 所示。

二、响应信息输入

选取指标个数(Responses)并填写相关信息，单击 Continue 继续，如图 4.14 所示。

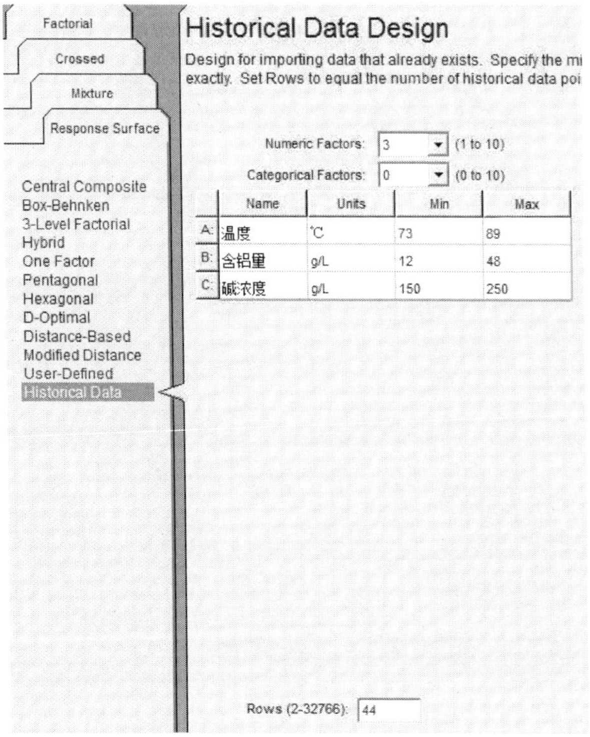

图 4.13　试验类型及因子信息

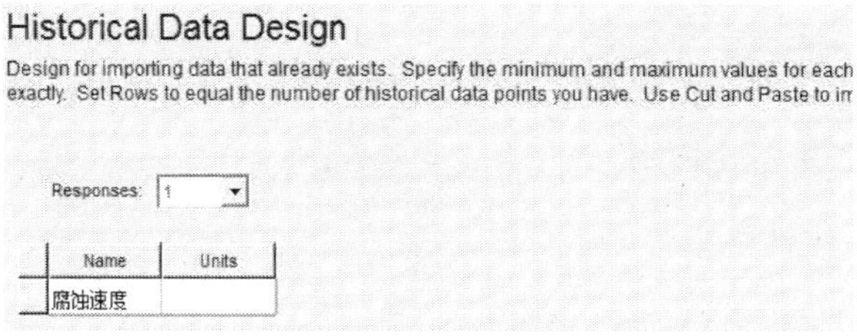

图 4.14　响应信息输入

三、试验响应值输入

试验数据表，Std 处单击鼠标右键，在弹出的列表中选择“Sort by Standard Order”排列试验顺序，将试验所得数据填入指标(Responses)列内，如图 4.15 所示。

四、方差分析表及回归方程

单击左侧栏中“Evaluation”，将“Model”栏下的“Order”选为“Main effects”，如图 4.16 所示。

单击“Analysis”下指标名称进行分析，如图 4.17 所示。

继续单击“ANOVA”，显示方差分析表与回归方程，如图 4.18，4.19 所示。

五、显示相关图形(响应曲面等)

单击 Model Graphs 查看相关曲线(可单击主菜单中 view-3D surface 将曲线切换为立

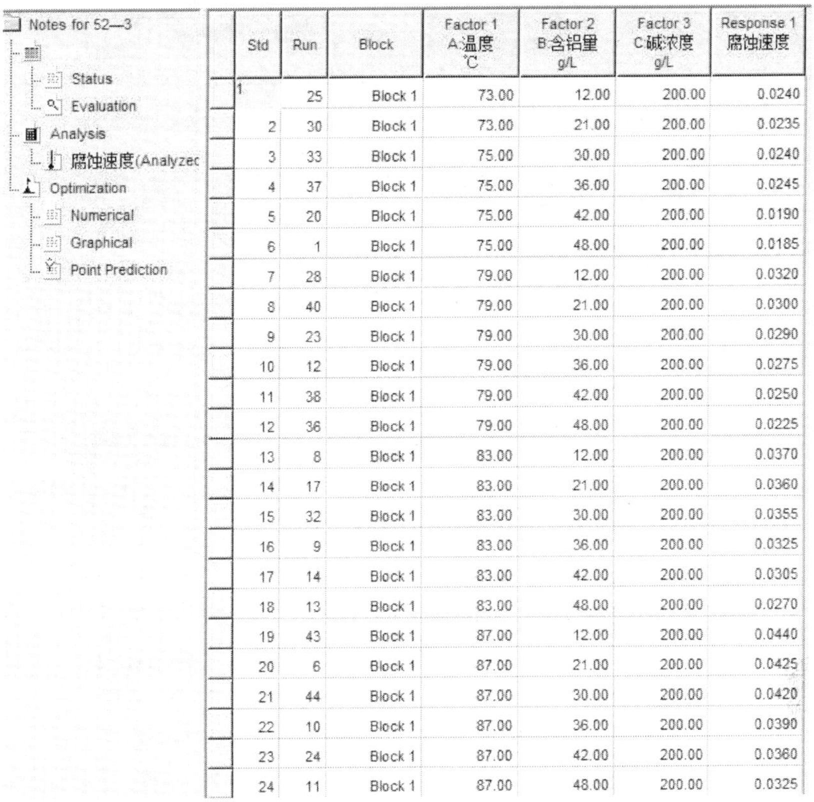

Std	Run	Block	Factor 1 A:温度 ℃	Factor 2 B:含铝量 g/L	Factor 3 C:碱浓度 g/L	Response 1 腐蚀速度
1	25	Block 1	73.00	12.00	200.00	0.0240
2	30	Block 1	73.00	21.00	200.00	0.0235
3	33	Block 1	75.00	30.00	200.00	0.0240
4	37	Block 1	75.00	36.00	200.00	0.0245
5	20	Block 1	75.00	42.00	200.00	0.0190
6	1	Block 1	75.00	48.00	200.00	0.0185
7	28	Block 1	79.00	12.00	200.00	0.0320
8	40	Block 1	79.00	21.00	200.00	0.0300
9	23	Block 1	79.00	30.00	200.00	0.0290
10	12	Block 1	79.00	36.00	200.00	0.0275
11	38	Block 1	79.00	42.00	200.00	0.0250
12	36	Block 1	79.00	48.00	200.00	0.0225
13	8	Block 1	83.00	12.00	200.00	0.0370
14	17	Block 1	83.00	21.00	200.00	0.0360
15	32	Block 1	83.00	30.00	200.00	0.0355
16	9	Block 1	83.00	36.00	200.00	0.0325
17	14	Block 1	83.00	42.00	200.00	0.0305
18	13	Block 1	83.00	48.00	200.00	0.0270
19	43	Block 1	87.00	12.00	200.00	0.0440
20	6	Block 1	87.00	21.00	200.00	0.0425
21	44	Block 1	87.00	30.00	200.00	0.0420
22	10	Block 1	87.00	36.00	200.00	0.0390
23	24	Block 1	87.00	42.00	200.00	0.0360
24	11	Block 1	87.00	48.00	200.00	0.0325

图 4.15　试验方案

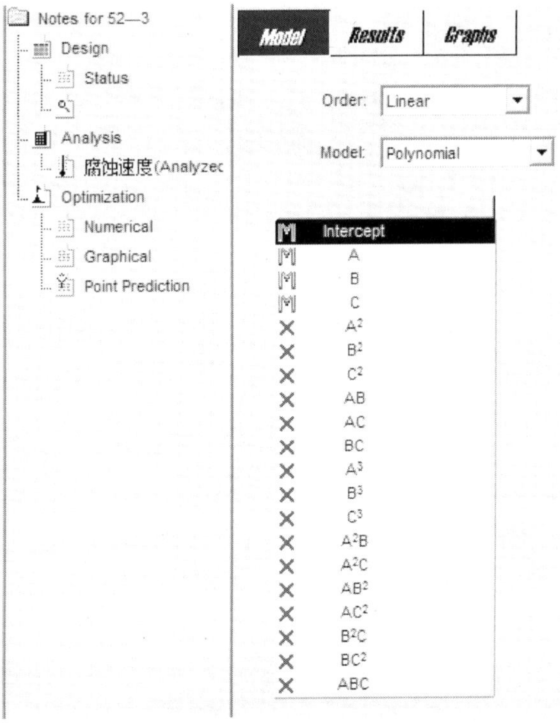

图 4.16　模型选择

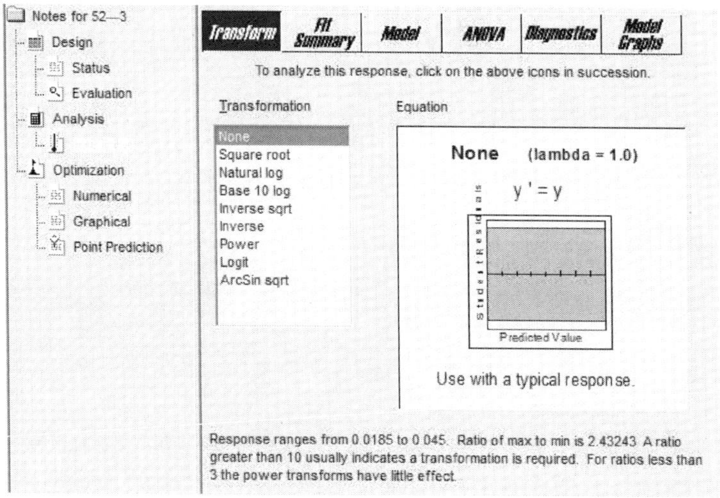

图 4.17　分析示意

Use your mouse to right click on individual cells for definitions.

Response: 腐蚀速度

ANOVA for Response Surface Linear Model

Analysis of variance table [Partial sum of squares]

Source		Sum of Squares	DF	Mean Square	F Value	Prob > F	
Model		1.972E-003	3	6.574E-004	278.02	< 0.0001	significant
	A	1.880E-003	1	1.880E-003	795.21	< 0.0001	
	B	2.251E-004	1	2.251E-004	95.19	< 0.0001	
	C	9.000E-005	1	9.000E-005	38.06	< 0.0001	
Residual		9.458E-005	40	2.365E-006			
Cor Total		2.067E-003	43				

图 4.18　方差分析表

Factor	Estimate	DF	Error	Low	High	VIF
Intercept	0.031	1	2.356E-004	0.031	0.032	
A-温度	0.012	1	4.225E-004	0.011	0.013	1.16
B-含铝量	-4.046E-003	1	4.147E-004	-4.884E-003	-3.208E-003	1.16
C-碱浓度	3.000E-003	1	4.863E-004	2.017E-003	3.983E-003	1.00

Final Equation in Terms of Coded Factors:

腐蚀速度 =
+0.031
+0.012 * A
-4.046E-003 * B
+3.000E-003 * C

Final Equation in Terms of Actual Factors:

腐蚀速度 =
-0.094809
+1.48926E-003 * 温度
-2.24757E-004 * 含铝量
+6.00000E-005 * 碱浓度

图 4.19　回归方程

体模式)，如图 4.20 所示。

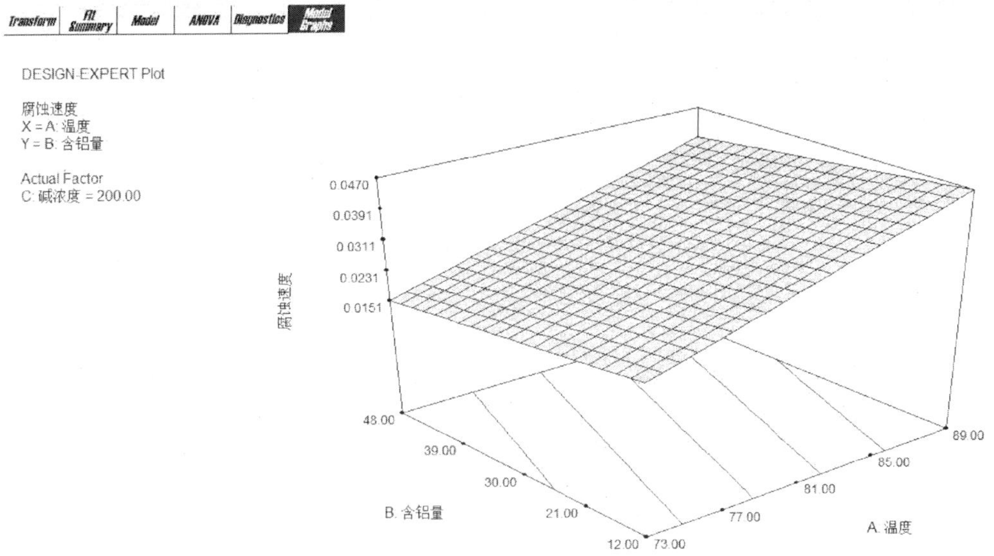

图 4.20　响应曲面图

第六节　一元非线性回归分析

当变量之间呈非线性关系时，就要选择恰当类型的曲线。一元情况下其散点图呈一条曲线，则选择恰当类型的曲线更符合实际情况，从而引出非线性回归。在大多数情况下，非线性回归可以通过某些简单的变换，转化为线性回归模型来求解。

一、"J"型曲线回归方程

若变量 x,y 的观测值 (x_i,y_i) 大致具有"J" 型图形趋势，如图 4.21 所示，则可认为 x,y 具有如下关系：

$$y=\beta_0 e^{\beta x+\varepsilon} \tag{4.50}$$

两边同时取对数，得

$$\ln y=\ln \beta_0+\beta x+\varepsilon \tag{4.51}$$

令

$$y'=\ln y, \beta'_0=\ln \beta_0 \tag{4.52}$$

则

$$y'=\beta'_0+\beta x+\varepsilon \tag{4.53}$$

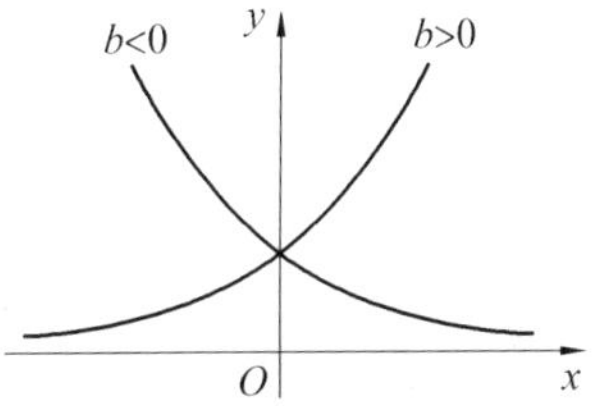

图 4.21　"J" 型曲线图

即将一元非线性转化成为一个一元线性回归问题。

例 4.5　一只红铃虫的产卵数与温度有关，表 4.8 为产卵数与温度的一组数据，为了根据温度来预报红铃虫的产卵数，需求出 y 与 x 的回归关系。

表 4.8　试验数据表

序号	温度 x/℃	产卵数 y/ 个
1	21	7
2	23	11
3	25	21
4	27	24
5	29	66
6	32	115
7	35	325

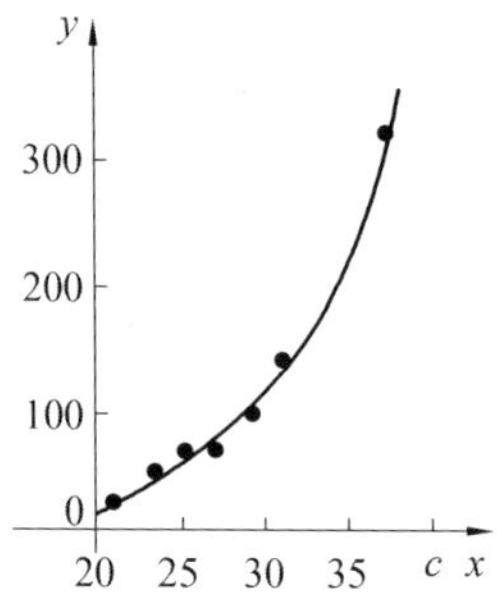

图 4.22　散点图

解　由图 4.22 的散点图可以看出，y 与 x 之间呈非线性关系，根据函数图像，可假定 y 与 x 之间存在下列关系式：

$$y_i = \beta_0 e^{\beta x_i + \varepsilon}, \quad i = 1,2,\cdots,7$$

上式两边取对数，令 $y'_i = \ln y_i$，$\beta'_0 = \ln \beta_0$，将非线性方程转化为线性方程。

根据表 4.8 中的数据，可以算出 y' 与 x 的回归方程，数据计算表如表 4.9 所示。

表 4.9　数据计算表

序号	x	y	$y' = \ln y$	x^2	y'^2	xy'
1	21	7	1.945 9	441	3.786 5	40.863 9
2	23	11	2.397 9	529	5.749 9	55.151 7
3	25	21	3.044 5	625	9.269 0	76.112 5
4	27	24	3.178 1	729	10.100 3	85.808 7
5	29	66	4.189 7	841	17.553 6	121.501 3
6	32	115	4.744 9	1 024	22.514 1	151.836 8
7	35	325	5.783 8	1 225	33.452 3	202.433 0
$\sum$	192		25.284 8	5 414	102.425 7	733.707 9

$$\sum x=192\quad \sum y'=25.2848\quad \sum x^2=5414\quad \sum y'^2=102.4257\quad \sum xy'=733.7079$$

$$\bar{x}=27.4\quad \bar{y}'=3.6121$$

$$\frac{1}{n}\left(\sum x\right)^2=5266.3\quad \frac{1}{n}\left(\sum y'\right)^2=91.3316\quad \frac{1}{n}\left(\sum x\right)\left(\sum y'\right)=693.5259$$

$$l_{xx}=147.7\quad l_{y'y'}=11.0941\quad l_{xy'}=40.1820$$

$$b=\frac{l_{xy'}}{l_{xx}}=\frac{40.1820}{147.7}=0.2721$$

$$a=\bar{y}'-b\bar{x}=3.6121-0.2721\times 27.4=-3.8434$$

所以

$$\ln\hat{y}=-3.8434+0.2721x$$

$$\hat{y}=e^{-3.8434+0.2721x}=0.0214e^{0.2721x}$$

回归方程检验，方差分析表如表 4.10 所示。

$$U=bl_{xy'}=0.2721\times 40.1820=10.9335$$

$$Q=l_{y'y'}-bl_{xy'}=11.0941-10.9335=0.1606$$

$$D_{总}=l_{y'y'}=11.0941$$

表 4.10　方差分析表

来源	平方和	自由度	均方	F 值	临界值
回归	10.933 5	1	10.933 5	340.61	$F_{0.01}=16.3$
剩余	0.160 6	5	0.032 1	340.61	$F_{0.01}=16.3$
总和	11.094 1	6			

查表 $F_{0.01}(1,5)=16.3$，$F>F_{0.01}$，回归方程极显著。

可利用 $\ln\hat{y}=-3.8434+0.2721x$ 进行预测。例如，今年红铃虫产卵期间平均气温为 30 ℃，于是 $y'_0=\ln\hat{y}_0=4.3196$，而 $\hat{\sigma}=\sqrt{Q/(n-2)}=\sqrt{0.1606/5}=0.18$，故

$$\hat{y}'_0-2\delta<y'<\hat{y}'_0+2\delta$$

$$3.9596<\ln\hat{y}<4.6796$$

即 $52<y<108$，于是有 95% 的概率预测：红铃虫产卵数在 52 ~ 108 之间。

二、"S" 型曲线回归方程

例 4.6　大豆生长规律试验。大豆生长过程中生物产量与生长时间的数据如表 4.11 所示，试建立干物重 ω 与时间 t 之间的回归方程。

表 4.11　试验数据表

序号	t/ 天	$\omega/\mathrm{g\cdot m^{-2}}$
1	0	4.7
2	12	11.8
3	35	88.8
4	48	264.6
5	90	1 032.0
6	108	1 100.0

解　由散点图 4.23 可以看出，大豆生长曲线呈“S”型，故其生长模型可采用 Logistic 模型，数据结构为

$$\omega_i = \frac{\omega_0}{1 + k e^{-\lambda t_i}} + \varepsilon_i,\ i = 1, 2, \cdots, n \qquad (4.54)$$

现由表中的数据求出 k 与 λ 的估计值。式中 ω_0 是一个常数，为最大生物量，此处 $\omega_0 = 1\ 108$。将此曲线化为线性回归，回归方程计算表如表 4.12 所示。

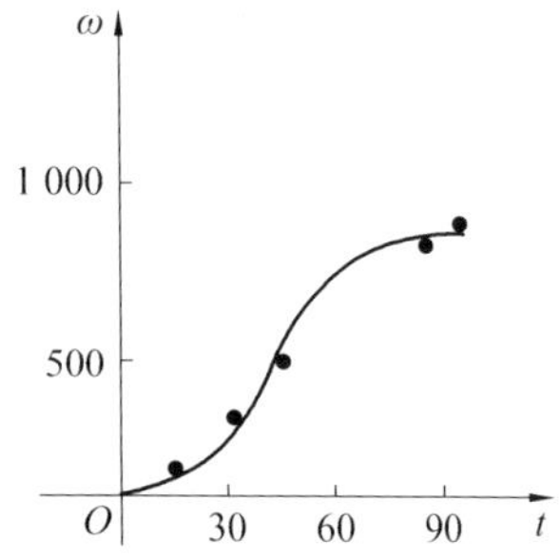

图 4.23　“S”型曲线图

令

$$\frac{\omega}{\omega_0} = \omega^*$$

有

$$\ln \frac{\omega^*}{1 - \omega^*} = \omega' = -\ln k + \lambda t$$

表 4.12　回归方程计算表

序号	t	ω	ω^*	ω'	t^2	ω'^2	$t\omega'$
1	0	4.7	0.004 24	−5.458 95	0	29.800 14	0
2	12	11.8	0.010 65	−4.531 92	144	20.538 30	−54.383 04
3	35	88.8	0.080 14	−2.440 46	1 225	5.955 84	−85.416 1
4	48	264.6	0.238 80	−1.159 25	2 304	1.343 86	−55.644
5	90	1 032.0	0.931 41	2.608 55	8 100	6.804 53	234.769 5
6	108	1 100.0	0.992 78	4.923 65	11 664	24.242 33	531.754 2
$\sum$	293			−6.058 38	23 437	88.685	571.080 5

$$\sum t = 293 \quad \sum \omega' = -6.058\ 35 \quad n = 6$$

$$\sum t^2 = 23\ 437 \quad \sum \omega'^2 = 88.685 \quad \sum t\omega' = 571.080\ 5 \quad \bar{t} = 48.833\ 3 \quad \bar{\omega}' = -1.009\ 73$$

$$\frac{1}{n}\left(\sum t\right)^2 = 14\ 308.167 \quad \frac{1}{n}\left(\sum \omega'\right)^2 = 6.117\ 33 \quad \frac{1}{n}\left(\sum t\right)\left(\sum \omega'\right) = -295.850\ 9$$

$$l_{tt} = 9\ 128.583\ 3 \quad l_{\omega'\omega'} = 82.567\ 7 \quad l_{t\omega'} = 866.931\ 4$$

$$b = \frac{l_{t\omega'}}{l_{tt}} = 0.094\ 97 \quad a = \bar{\omega}' - b\bar{t} = -5.647\ 4$$

所以

$$\omega' = -5.647\ 4 + 0.094\ 97t$$

即

$$\omega = \frac{1\ 108}{1 + 283.553\ 3e^{-0.094\ 74t}}$$

方差分析表如表 4.13 所示。

表 4.13　方差分析表

来源	平方和	自由度	均方	F 值
回归	$U=82.332$	1	82.332 5	1 400.2
剩余	$Q=0.235\ 2$	4	0.058 8	
总和	$D_{总}=82.567\ 7$	5		

查表得，$F_{0.05}(1,4)=7.71$，$F_{0.01}(1,4)=21.20$，F 值远远大于查得的值，所以回归方程极显著。

三、倒数型回归方程

若 x 与 y 之间的关系如图 4.24 所示，则

$$\frac{1}{y}=\alpha+\beta\frac{1}{x} \tag{4.55}$$

令

$$y'=\frac{1}{y},x'=\frac{1}{x} \tag{4.56}$$

则式(4.55) 可化为

$$y'=\alpha+\beta x' \tag{4.57}$$

转化为一元线性回归问题进行处理。

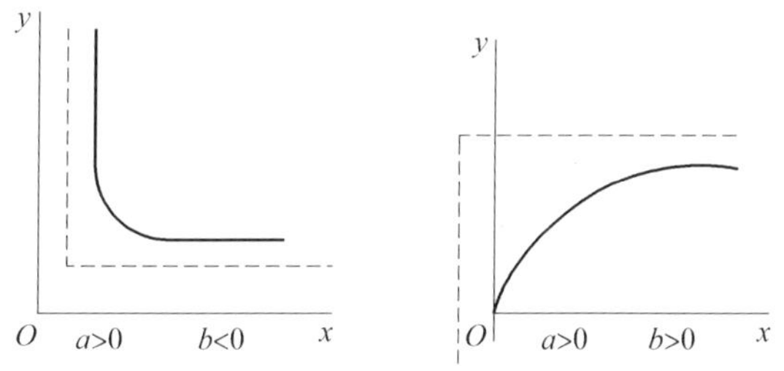

图 4.24　倒数型函数曲线

四、幂指数型回归方程

若已知两个变量 x 与 y 之间有如下关系，如图 4.25 所示，即

$$y=\alpha x^{\beta} \tag{4.58}$$

对式(4.58) 两边取对数，得

$$\ln y=\ln\alpha+\beta\ln x \tag{4.59}$$

令

$$y'=\ln y \quad x'=\ln x \tag{4.60}$$

则式(4.58) 可化为

$$y'=\ln\alpha+\beta x' \tag{4.61}$$

即转化为一元线性回归问题。

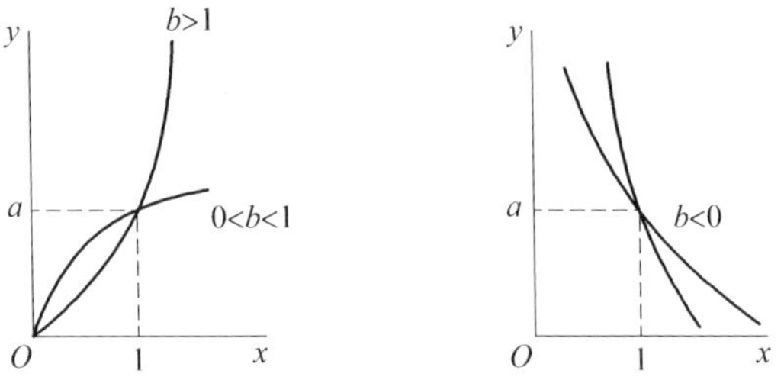

图 4.25　幂指数函数曲线

第七节　正交多项式回归分析

在非线性回归分析中，比较困难的是选择合适的曲线类型。若一时选择不到合适的曲线类型，可以用多项式去逼近，这就产生了多项式回归。

若两变量的关系如下：

$$y=\beta_0+\beta_1 x+\beta_2 x^2+\cdots+\beta_m x^m+\varepsilon \tag{4.62}$$

$\beta_0,\beta_1,\beta_2,\cdots,\beta_m$ 为未知系数，而在 $x_i(i=1,2,\cdots,n)$ 处，对 y 的观察误差是 $\varepsilon_i(i=1,2,\cdots,n)$，多项式回归模型为

$$y_i=\beta_0+\beta_1 x_i+\cdots+\beta_m x_i^m+\varepsilon_i \tag{4.63}$$

通过变换

$$x_1=x,x_2=x^2,\cdots,x_m=x^m \tag{4.64}$$

并把在 x_i 处对 y 的观察值看作在 $x_{i1},x_{i2},\cdots,x_{im}$ 处对 y 的观察值，则式(4.63) 转化为

$$y_i=\beta_0+\beta_1 x_{i1}+\beta_2 x_{i2}+\cdots+\beta_m x_{im}+\varepsilon_i \tag{4.65}$$

将其转化为 m 元线性方程处理。

多项式函数曲线如图 4.26 所示。

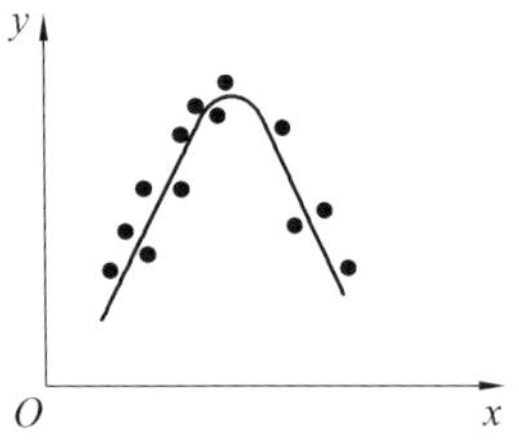

图 4.26　多项式函数曲线

多项式回归虽然是一种有效的统计方法，但这种方法存在着两个缺点：一是计算量较大，特别是当自变量个数较多，或者自变量幂较高时，计算量迅速增加；二是回归系数间存在着相关性，从而剔除一个变量后还必须重新计算求出回归系数。

当自变量 x 的取值是等间隔时，可以利用正交性原理有效地克服上述缺点。这种多项式回归方法就是正交多项式回归。

设 $\varphi_i(x)$ 是 x 的 i 次多项式，于是式(4.63) 变为

$$y=\beta_0\varphi_0(x)+\beta_1\varphi_1(x)+\cdots+\beta_m\varphi_m(x)+\varepsilon \tag{4.66}$$

且多项式满足下面两个条件($m<n$)：

$$\sum_{i=1}^{n}\varphi_k(x_i)=0, k=1,2,\cdots,m \tag{4.67}$$

$$\sum_{i=1}^{n}\varphi_k(x_i)\varphi_l(x_i)=0, k\neq l \tag{4.68}$$

就是说 $\varphi_0(x),\varphi_1(x),\cdots,\varphi_m(x)$ 是在 $x_1,x_2,\cdots,x_n$ 上的一组正交多项式。特别在点 1，2，…，n 处的正交多项式为

$$\varphi_0(x)=1$$

$$\varphi_1(x)=x-\bar{x}=x-\frac{n+1}{2}$$

$$\varphi_2(x)=(x-\bar{x})^2-\frac{n^2-1}{12}=\left(x-\frac{n+1}{2}\right)^2-\frac{n^2-1}{12}$$

$$\varphi_3(x)=(x-\bar{x})^3-\frac{3n^2-7}{20}(x-\bar{x})=\left(x-\frac{n+1}{2}\right)^3-\frac{3n^2-7}{20}\left(x-\frac{n+1}{2}\right)$$

$$\begin{aligned}\varphi_4(x)&=(x-\bar{x})^4-\frac{3n^2-13}{14}(x-\bar{x})^2+\frac{3(n^2-1)(n^2-9)}{560}\\&=\left(x-\frac{n+1}{2}\right)^4-\frac{3n^2-13}{14}\left(x-\frac{n+1}{2}\right)^2+\frac{3(n^2-1)(n^2-9)}{560}\end{aligned}$$

$$\begin{aligned}\varphi_5(x)&=(x-\bar{x})^5-\frac{5(n^2-7)}{18}(x-\bar{x})^3+\frac{15n^4-230n^2+407}{1\,008}(x-\bar{x})\\&=\left(x-\frac{n+1}{2}\right)^5-\frac{5(n^2-7)}{18}\left(x-\frac{n+1}{2}\right)^2+\frac{15n^4-230n^2+407}{1\,008}\times\left(x-\frac{n+1}{2}\right)\end{aligned}$$

$$\cdots$$

$$\varphi_{k+1}(x)=\varphi_1(x)\varphi_k(x)-\frac{k^2(n^2-k^2)}{4(4k^2-1)}\varphi_{k-1}(x) \tag{4.69}$$

附表四中列出了 $n\leqslant 11$ 的正交多项式表，供查阅在 n 个整数点上的值。不过，表中列出来的值并不是正交多项式的值，而是 $\lambda_k\varphi_k(i)$，λ_k 表示整数化系数。所以，从表中查出一个数后，再除以 λ_k，便求出了正交多项式的值，表中倒数第二列还列出了 $\sum_{i=1}^{n}\varphi_k^2(i)$ 的值，表的构造如表 4.14 所示。

表 4.14　正交多项式构造表

φ_1	φ_2	…	φ_m
$\lambda_1\varphi_1(1)$	$\lambda_2\varphi_2(1)$	…	$\lambda_m\varphi_m(1)$
$\lambda_1\varphi_1(2)$	$\lambda_2\varphi_2(2)$	…	$\lambda_m\varphi_m(2)$
⋮	⋮		⋮
$\lambda_1\varphi_1(n)$	$\lambda_2\varphi_2(n)$	…	$\lambda_m\varphi_m(n)$
$\sum_{i=1}^{n}\varphi_1^2(i)$	$\sum_{i=1}^{n}\varphi_2^2(i)$	…	$\sum_{i=1}^{n}\varphi_m^2(i)$
λ_1	λ_2	…	λ_m

一、回归方程的确定

回归系数的计算公式为

$$\hat{\beta}_0 = \frac{1}{n}\sum_{i=1}^{n} y_i = \bar{y}$$

$$\hat{\beta}_k = \frac{1}{\sum_{i=1}^{n}\varphi_k^2(i)}\sum_{i=1}^{n}\varphi_k(i)y_i \quad k = 1,2,\cdots,m \tag{4.70}$$

式中，$\varphi_k(i)$，$\sum_{i=1}^{n}\varphi_k^2(i)$ 均可由正交多项式表查出。

于是回归方程为

$$\hat{y} = \hat{\beta}_0 + \hat{\beta}_1\varphi_1(x) + \hat{\beta}_2\varphi_2(x) + \cdots + \hat{\beta}_m\varphi_m(x) \tag{4.71}$$

二、显著性检验

总变动平方和可分解为

$$l_{yy} = \sum_{i=1}^{n}(y_i - \bar{y})^2 = \sum_{i=1}^{n}(\hat{y}_i - \bar{y})^2 + \sum_{i=1}^{n}(y_i - \hat{y}_i)^2 \approx U + Q \tag{4.72}$$

其中，回归平方和 U 为

$$\begin{aligned} U &= \sum_{i=1}^{n}(\hat{y}_i - \bar{y})^2 = \sum_{i=1}^{n}[\hat{\beta}_0 + \hat{\beta}_1\varphi_1(i) + \cdots\hat{\beta}_m\varphi_m(i) - \bar{y}]^2 \\ &= \sum_{i=1}^{n}[\hat{\beta}_1\varphi_1(i) + \hat{\beta}_2\varphi_2(i) + \cdots + \hat{\beta}_m\varphi_m(i)]^2 \\ &= \sum_{i=1}^{n}[\hat{\beta}_1^2\varphi_1^2(i) + \hat{\beta}_2^2\varphi_2^2(i) + \cdots + \hat{\beta}_m^2\varphi_m^2(i)] \\ &= \sum_{i=1}^{n}\left[\sum_{k=1}^{m}\hat{\beta}_k^2\varphi_k^2(i)\right] = \sum_{k=1}^{m}\left[\sum_{i=1}^{n}\varphi_k^2(i)\right]\hat{\beta}_k^2 \end{aligned} \tag{4.73}$$

残差平方和 Q 为

$$Q = \sum_{i=1}^{n}(y_i - \hat{y}_i)^2 \tag{4.74}$$

记

$$\begin{aligned} S_{\hat{\beta}_k}^2 &= \sum_{i=1}^{n}\varphi_k^2(i)\hat{\beta}_k^2 = \sum_{i=1}^{n}\varphi_k^2(i)\left[\frac{1}{\sum_{i=1}^{n}\varphi_k^2(i)}\sum_{i=1}^{n}\varphi_k^2(i)y_i\right]^2 \\ &= \frac{1}{\sum_{i=1}^{n}\varphi_k^2(i)}\left[\sum_{i=1}^{n}\varphi_k(i)y_i\right]^2 \end{aligned} \tag{4.75}$$

称 $S_{\hat{\beta}_k}^2$ 为系数 β_k 的变动平方和，则有

$$U = \sum_{i=1}^{m} S_{\hat{\beta}_k}^2 \tag{4.76}$$

即回归平方和可分解为各系数的变动平方和之和。每一个 $S_{\hat{\beta}_k}^2$ 的自由度均为 1，U 的自由度为 m。

另一方面

$$l_{yy} = \sum_{i=1}^{n} y_i^2 - n\bar{y}^2 \tag{4.77}$$

由平方和分解公式得

$$Q=l_{yy}-U \tag{4.78}$$

于是可用统计量

$$F=\frac{U/m}{Q/(n-m-1)}\sim F(m,n-m-1) \tag{4.79}$$

来检验回归方程的显著性。

用统计量

$$F_{\hat{\beta}_k}=\frac{S_{\hat{\beta}_k}^2}{Q/(n-m-1)} \tag{4.80}$$

检验回归系数 β_k 的显著性。又用统计量

$$F_{\hat{\beta}_0}=\frac{n\bar{y}^2}{Q/(n-m-1)} \tag{4.81}$$

来检验常数项 β_0 的显著性。若某一项系数不显著，则可把这一项去掉。

用回归方程进行预测和控制，与一般一元线性回归分析方法相同。S_y 为

$$S_y=\sqrt{\frac{Q}{n-m-1}}$$

现在进一步讨论一般等距点上的正交多项式回归。

设有 n 个数 $x_1,x_2,\cdots,x_n$，如果任意相邻两个数之差都相等，就把他们叫作一般等距点。等距点的共同差数 $h=x_i-x_{i-1}$ 叫作间距。如果 n 个数 $1,2,\cdots,n$ 是间距为 1 的一组等距点，则称为标准等距点。以上所述方法就是如何在标准等距点上作正交多项式回归的问题。

要在一般等距点上作正交多项式回归，只要把间距为 h 的一般等距点，通过变换

$$x'=\frac{x+h-x_1}{h} \tag{4.82}$$

变为标准等距点，然后求出 y 与 x' 的正交多项式回归

$$\hat{y}=\hat{\beta}_0+\hat{\beta}_1\varphi_1(x')+\hat{\beta}_2\varphi_2(x')+\cdots+\hat{\beta}_m\varphi_m(x') \tag{4.83}$$

最后把式(4.82)代入式(4.83)得

$$\hat{y}=\hat{\beta}_0+\hat{\beta}_1\varphi_1\left(\frac{x+h-x_1}{h}\right)+\hat{\beta}_2\varphi_2\left(\frac{x+h-x_1}{h}\right)+\cdots+\hat{\beta}_m\varphi_m\left(\frac{x+h-x_1}{h}\right) \tag{4.84}$$

便为 y 对 x 的回归方程。

例 4.7 某化学反应中，不同时间测得反应生成浓度如表 4.15 所示。

表 4.15 试验数据表

x/min	0.5	2.5	4.5	6.5	8.5	10.5	12.5	14.5	16.5	18.5	20.5
$y/(10^{-4})$	0.06	0.20	0.44	0.75	1.18	1.71	2.33	3.12	3.96	4.97	6.17

试作 y 对 x 之间的五次正交多项式回归。

解 (1)先把一般等距点变为标准等距点。可令

$$x'=\frac{x+2-0.5}{2}$$

则对应数据如表 4.16 所示。

表 4.16 新试验数据表

x	1	2	3	4	5	6	7	8	9	10	11
y	0.06	0.20	0.44	0.75	1.18	1.71	2.33	3.12	3.96	4.97	6.17

(2)计算回归系数。按式(4.70)计算得

$$\hat{\beta}_0=\frac{1}{11}\times(0.06+0.20+0.44+\cdots+6.17)=2.262\ 7$$

$$\hat{\beta}_1=\frac{1}{110}\times[(-5)\times0.06+(-4)\times0.20+(-3)\times0.44+(-2)\times0.75+(-1)\times1.18+0\times1.71+2.33\times1+2\times3.12+3\times3.96+4\times4.97+5\times6.17]=0.600\ 727$$

$$\hat{\beta}_2=\frac{1}{858}\times[15\times0.06+6\times0.20+(-1)\times0.44+(-6)\times0.75+(-9)\times1.18+(-10)\times1.71+(-9)\times2.33+(-6)\times3.12+(-1)\times3.96+6\times4.97+15\times6.17]=0.056\ 131$$

$$\hat{\beta}_3=\frac{1}{\frac{30\ 888}{5}}\times\frac{1}{\frac{5}{6}}\times[(-30)\times0.06+6\times0.20+22\times0.44+23\times0.75+14\times1.18+0\times0.71+(-14)\times2.33+(-23)\times3.12+(-22)\times3.96+(-6)\times4.97+30\times6\ 017]=0.001\ 288$$

$$\hat{\beta}_4=\frac{1}{41\ 184}\times\frac{1}{1/12}\times[6\times0.06-6\times0.20-6\times0.44-1\times0.75+4\times1.18+6\times1.71+4\times2.33-1\times3.12-6\times4.97+6\times6.17]=0.000\ 114$$

$$\hat{\beta}_5=\frac{1}{249\ 600}\times\frac{1}{1/4}\times[(-3)\times0.06+6\times0.20+1\times0.44+(-4)\times0.75+(-4)\times1.18+0\times1.71+4\times2.33+4\times3.12+(-1)\times3.96+(-6)\times4.97+3\times6.17]=0.000\ 043$$

(3)显著性检验

按式(4.75),求出变动平方和为

$S_{\hat{\beta}_1}^2=39.696\ 0$ $S_{\hat{\beta}_2}^2=2.703\ 3$ $S_{\hat{\beta}_3}^2=0.010\ 2$ $S_{\hat{\beta}_4}^2=0.000\ 5$ $S_{\hat{\beta}_5}^2=0.000\ 5$

又由式(4.76),得

$$U=S_{\hat{\beta}_1}^2+S_{\hat{\beta}_2}^2+\cdots+S_{\hat{\beta}_5}^2=42.410\ 5$$

又

$$l_{yy}=42.411\ 6$$

求出

$$Q=l_{yy}-U=0.001\ 1$$

故有下列方差分析表,如表 4.17 所示。

表 4.17　方差分析表

方差来源	平方和	自由度	均方差	F 值
φ_1	39.696 0	1	39.696 0	180 436.36
φ_2	2.703 3	1	2.703 3	12 287.72
φ_3	0.010 2	1	0.010 2	46.26
φ_4	0.000 5	1	0.000 5	2.27
φ_5	0.000 5	1	0.000 5	2.27
Q	0.001 1	5	0.000 22	

查表得 $F_{0.05}(1,5)=6.61$，$F_{0.01}(1,5)=16.26$。由此可见，$\hat{\beta}_4$ 和 $\hat{\beta}_5$ 都不显著，故在求出的回归方程中应将 $\varphi_4(x')$ 和 $\varphi_5(x')$ 去掉，回归方程为

$$\hat{y}=2.262\,7+0.600\,727\times(x'-6)+0.056\,131\times[(x'-6)^2-10]+$$
$$0.001\,288\times\left[(x'-6)^3-\frac{89}{5}(x'-6)\right]$$

(4)计算

$$S_y=\sqrt{\frac{Q}{n-m-1}}=0.015$$

并在回归方程中把变量 x 变成 x'，得

$$\hat{y}=2.262\,7+0.600\,727\times\left(\frac{x+1.5}{2}-6\right)+0.005\,613\times\left[\left(\frac{x+1.5}{2}-6\right)^2-10\right]+$$
$$0.001\,288\times\left[\left(\frac{x+1.5}{2}-6\right)^3-\frac{89}{5}\times\left(\frac{x+1.5}{2}-6\right)\right]$$

习　　题

4－1　在钢线含碳量对于电阻的效应研究中，得到如表 4.18 所示的试验数据。求 y 对 x 的线性回归方程，并检验回归方程的显著性。

表 4.18　试验数据表

碳含量 x/%	0.10	0.30	0.40	0.55	0.70	0.80	0.95
电阻 y/μn	1.30	1.00	0.78	0.45	0.43	0.38	0.41

4－2　著名的玉米吸收土壤磷素的试验数据如表 4.19 所示。变量 x_1 为土壤内所含无机磷的数量，x_2 为土壤内溶于 K_2CO_3 溶液并受溴化物水解的有机磷数量，y 为 20 ℃生长温度下玉米吸磷量，已知 y 对 x_1，x_2 存在线性相关，求回归方程。

表 4.19　试验数据表

序号	x_1	x_2	y
1	0.4	53	64
2	0.4	23	60
3	3.1	19	71

续表 4.19

序号	x_1	x_2	y
4	0.6	34	61
5	4.7	24	54
6	1.7	65	77
7	9.4	44	81
8	10.1	31	93
9	11.6	29	93
10	12.6	58	51
11	10.9	37	76
12	23.1	46	96
13	23.1	50	77
14	21.6	44	93
15	23.1	56	95
16	1.9	36	54
17	26.8	58	168
18	29.9	51	99
$\sum$	215	758	1 463

4—3　若在习题 4—2 中，还测定了土壤中的第三性状，x 是土壤内溶于 K_2CO_3 溶液，但不溶于溴化物的有机磷，数据见表 4.20，求三元线性回归方程。

表 4.20　试验数据表

序号	x_1	x_2	x_3	y
1	0.4	53	158	64
2	0.4	23	163	60
3	3.1	19	37	71
4	0.6	34	157	61
5	4.7	24	59	54
6	1.7	65	123	77
7	9.4	44	46	81
8	10.1	31	117	93
9	11.6	29	173	93
10	12.6	58	112	51
11	10.9	37	111	76
12	23.1	46	114	96

续表 4.20

序号	x_1	x_2	x_3	y
13	23.1	50	134	77
14	21.6	44	73	93
15	23.1	56	168	95
16	1.9	36	143	54
17	26.8	58	202	168
18	29.9	51	124	99
$\sum$	215	758	2 214	1 463

4—4　已知某种材料在生产过程中的废品率 y 与它的某种化学成分 x 有关。表 4.21 记录了 8 组数据,试求 y 与 x 的正交多项式回归。

表 4.21　试验数据表

x/(0.01%)	34	36	38	40	42	44	46	48
y/(0.1%)	1.30	1.00	0.78	0.45	0.43	0.38	0.41	0.60

第五章 优 选 法

优选法的应用在我国从 20 世纪 70 年代初开始，首先由我国数学家华罗庚等推广并大量应用。优选法是根据生产和科研中的不同问题，利用数学原理，合理安排试验点，减少试验次数，以求迅速地找到最佳点的一类科学方法。优选法可以解决那些试验指标与因素间不能用数学形式表达，或虽有表达式但很复杂的问题。

第一节 单因素优选法

如果在试验中只有一个影响因素，或虽有多个影响因素，在安排试验时，只考虑一个对指标影响最大的因素，其他因素尽量保持不变的试验，即为单因素试验。

假定 $f(x)$ 是定义区间(a,b) 的单峰函数，但其表达式是未知的，只有从试验中才能得出在某一点 x_0 的数值 $f(x_0)$。应用单因素优选法，就是用尽量少的试验次数来确定 $f(x)$ 的最大值的近似位置。这里 $f(x)$ 是指试验结果，区间(a,b) 表示的是试验因素的取值范围。

一、多次调试法

如图 5.1 所示，选取一点 x_1 做试验得 $y_1=f(x_1)$，再取一点 x_2 做试验得 $y_2=f(x_2)$，假定 $x_2>x_1$，如果 $y_2>y_1$，则最大值肯定不在区间(a,x_1) 内，因此只需考虑在(x_1,b) 内求最大值的问题。再在(x_1,b) 内取一点 x_3，做试验得 $y_3=f(x_3)$，如果 $x_3>x_2$，而 $y_3<y_2$，则去掉(x_3,b)，再在(x_1,x_3) 中取一点 x_4，…，不断做下去，通过多次调试，范围越缩越小，总可以找到 $f(x)$ 的最大值。

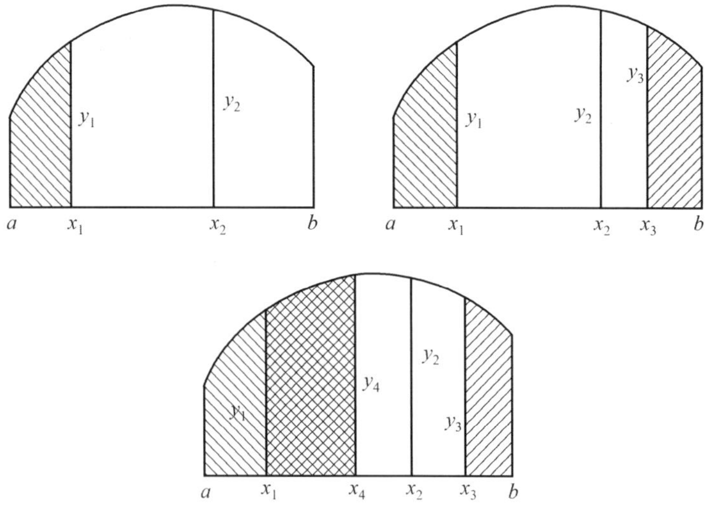

图 5.1 多次调试法图例

这种方法取点是相当任意的，只要取在上次剩下的范围内就行了。那么怎样取 x_1，x_2，…，可以最快地接近客观上存在的最高点呢？也就是怎样安排试验点的方法是最好的？下面介绍几种减少试验次数的试验方法。

二、黄金分割法

所谓黄金分割指的是把长为 L 的线段分为两部分，使其中一部分对于全部之比等于另一部分对于该部分之比，这个比例就是 $\omega=\frac{\sqrt{5}-1}{2}=0.618\ 033\ 988\ 7\cdots$，它的三位有效近似值是 0.618，所以黄金分割法又称为 0.618 法。

黄金分割法，是把第一个试验点安排在试验范围内距左端点 a 为区间全长的 0.618 处，如图 5.2 所示，即

$$x_1=a+(b-a)\times 0.618$$

得到试验结果 $y_1=f(x_1)$；再在 x_1 的对称点 x_2，即

$$x_2=b-(b-a)\times 0.618=a+(b-a)\times 0.382$$

处做一次试验，得到试验结果 $y_2=f(x_2)$；比较结果 $y_1=f(x_1)$ 及 $y_2=f(x_2)$ 哪个大，如果 $f(x_1)$ 大，就去掉 (a,x_2)，在留下的 (x_2,b) 内继续试验。若 $f(x_2)$ 大，则去掉 (x_1,b) 部分，在 (a,x_1) 内继续试验。若 $f(x_1)$ 与 $f(x_2)$ 效果相同，则去掉两端，在 (x_1,x_2) 内继续试验。

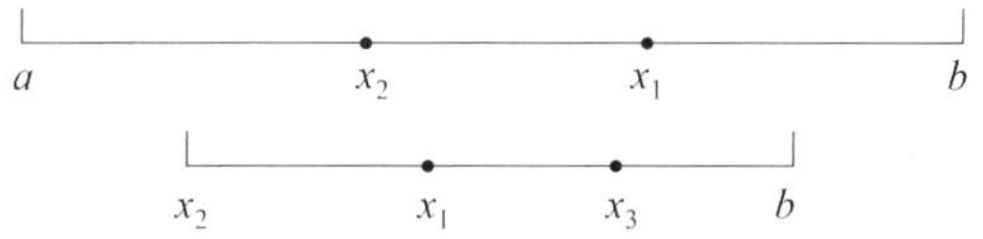

图 5.2　黄金分割示例

在黄金分割法中，不论是哪一步，所有相互比较的两个试验点都在所在区间的两个黄金分割点上，即 0.618 和 0.382 处，而且这两个点一定是相互对称的。

例 5.1　炼某种合金钢，需添加某种化学元素以增加强度。已知其加入范围是 1 000 g 和 2 000 g，求最佳加入量。

解　先在试验范围长度的 0.618 处做第(1)个试验点：

$$x_1=a+(b-a)\times 0.618=1\ 000+(2\ 000-1\ 000)\times 0.618=1\ 618\ \text{g}$$

第(2)个试验点：在第(1)个试验点的对称点，即 0.382 处做第二个试验，其加入量为

$$x_2=2\ 000-(2\ 000-1\ 000)\times 0.618=1\ 382\ \text{g}$$

比较(1)和(2)两点上所做试验结果，如果第(2)点比第(1)点好，则去掉 1 618 g 以上部分，然后在 1 000 g 与 1 618 g 之间，找 x_2 的对称点：

$$x_3=1\ 618-(1\ 618-1\ 000)\times 0.618=1\ 236\ \text{g}$$

如果仍然是第(2)点好，则去掉 1 236 g 以下的一段，在留下的部分(1 236～1 618)间继续找第(2)点的对称点(1 472 g)，做第四次试验。如果这一点比第(2)点好，则去掉 1 236～1 382 这一段，在留下的部分按同样方法继续做下去，直到找到最佳点。

三、对分法

每次试验点都取在试验范围的中点，即对分法(中点取点法)。对分法适用于预先已了解所考察因素对指标的影响规律，能从一个试验的结果直接分析出该因素的值是取大了或取小了的情况，即每做一次试验，根据结果就可确定下次试验方向的情况。

例如，称量质量为 20 ～ 60 g 的某种样品时，第一次砝码的质量为 40 g，如果砝码偏轻，则可判断样品的质量为 40 ～ 60 g，于是第二次砝码的质量为 50 g，如果砝码又偏轻，则可判断样品的质量为 50 ～ 60 g，接下来砝码的质量应为 55 g，如此称下去，直到天平平衡为准。称量过程如图 5.3 所示。

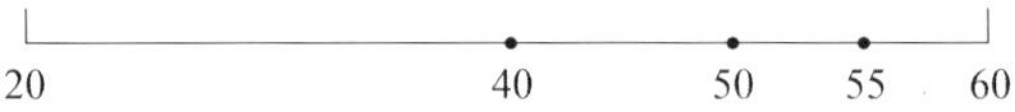

图 5.3　对分法图例

对分法的优点是每做一个试验就可去掉试验范围的一半，且取点方便，试验次数大大减小，故效果较好。但不是所有的问题都能用对分法，只有符合以下两个条件的时候，才能用对分法。

(1)要有一个标准(或具体指标)。对分法每次只有一个试验，如果没有一个标准，就无法鉴别试验结果是好是坏。在上述例子中，天平是否平衡就是一个标准。

(2)要预知该因素对指标的影响规律。也就是说，能够从一个试验的结果直接分析出该因素的值是取大了还是取小了，如果没有这一条件就不能确定舍去哪一段，保留哪一段，也就无从下手做下一次试验。上例中，可以根据天平倾斜的方向来判断是砝码重，还是样品重，进而可以判断样品的质量范围，即试验区间。

四、抛物线法

抛物线法是根据已得的三个试验数据，找到这三点的抛物线方程，然后求出该抛物线的极大值，作为下次试验的根据，具体方法如下：

(1)在三个试验点 x_1, x_2, x_3，且 $x_1 < x_2 < x_3$，分别得试验值 y_1, y_2, y_3，根据拉格朗日(Lagrange)插值法可以得到一个二次函数，即：

$$x = x_i y = y_1 \frac{(x - x_2)(x - x_3)}{(x_1 - x_2)(x_1 - x_3)} + y_2 \frac{(x - x_3)(x - x_1)}{(x_2 - x_3)(x_2 - x_1)} + y_3 \frac{(x - x_1)(x - x_2)}{(x_3 - x_1)(x_3 - x_2)}$$

此处，当 $x = x_i$ 时，$y = y_i (i = 1,2,3)$。该函数的图形是一条抛物线。

(2)设上述二次函数在 x_4 取得最大值，这时：

$$x_4 = \frac{1}{2} \frac{y_1(x_2^3 - x_3^2) + y_2(x_3^3 - x_1^2) + y_3(x_1^3 - x_2^2)}{y_1(x_2 - x_3) + y_2(x_3 - x_1) + y_3(x_1 - x_2)}$$

(3)在 $x = x_4$ 处做试验，得试验结果 y_4。如果假定 y_1, y_2, y_3, y_4 中的最大值是由 x'_i 给出的，除 x'_i 外，在 x_1, x_2, x_3 和 x_4 中取较靠近 x'_i 的左右两点，将这三点记为 x'_1, x'_2, x'_3，此处 $x'_1 < x'_2 < x'_3$，若在 x'_1, x'_2, x'_3 处的函数值分别为 y'_1, y'_2, y'_3，则根据这三点又可得到一条抛物线方程，如此继续下去，直到找到函数的极大点。

抛物线法的优点：

(1)抛物线法试验次数少。穷举法(在每个试验点上都做试验)需要做 n 次试验，对于同样的效果，黄金分割法只要 $\lg n$ 次就可以达到，而抛物线法只要 $\lg\lg n$ 次，且效果更好，原因是黄金分割法没有较多地利用函数的性质，做了两次试验，比一比大小，就把它舍掉了，抛物线法则对试验结果进行了数量方面的分析。

(2)抛物线法常常用在 0.618 法取得一些数据之后，效果更好；或在做完 0.618 法试验后，用最后三个数据按抛物线法求出函数的极大值 x_4，并计算这个抛物线在点 $x = x_4$ 处的数值，预先估计一下在点 x_4 处的试验结果，然后将这个数值与已经试验的最佳值作比较，以此

作为是否在点 x_4 处再做一次试验的依据。

例 5.2　在测定某离心泵效率 η 与流量 Q 之间关系曲线的试验中，已经测得三组试验如表 5.1 所示，如何利用抛物线法尽快找到最高效率点？

表 5.1　例 5.2 离心泵效率 η 与流量 Q 试验数据

流量 Q/(L/s)	8	20	32
效率 η/%	50	75	70

解　首先根据这三组数据，确定抛物线的极值点，即下一次试验点的位置。为了表示方便，流量用 x 表示，效率用 y 表示，于是

$$x_4 = \frac{1}{2}\,\frac{y_1(x_2^3 - x_3^2) + y_2(x_3^3 - x_1^2) + y_3(x_1^3 - x_2^2)}{y_1(x_2 - x_3) + y_2(x_3 - x_1) + y_3(x_1 - x_2)}$$

$$= \frac{0.5[50 \times (20^2 - 32^2) + 75 \times (32^2 - 8^2) + 70 \times (8^2 - 20^2)]}{50 \times (20 - 32) + 75(32 - 8) + 70 \times (8 - 20)} = 24$$

所以，接下来的试验应在流量为 24 L/s 处进行。试验结果表明，在该处离心泵效率 η=78%，该效率已经非常理想了，试验一次成功。

第二节　双因素优选法

双因素优选问题，是要迅速地找到二元函数 $z = f(x,y)$ 的最大值及其对应的最优点 (x,y) 的问题，x，y 代表试验结果的双因素。假定处理的是单峰问题，也就是把 x，y 平面作为水平面，试验结果 z 看成这一点的高度(试验结果)，这样的图形就是一座山，双因素优选法的几何意义就是找出该山峰的最高点。

如果在 x，y 平面上画出山峰的等高线(z 值相等的点构成的曲线在 $x \sim y$ 上的投影)，如图 5.4 所示，最里边的一圈等高线即为最佳点。

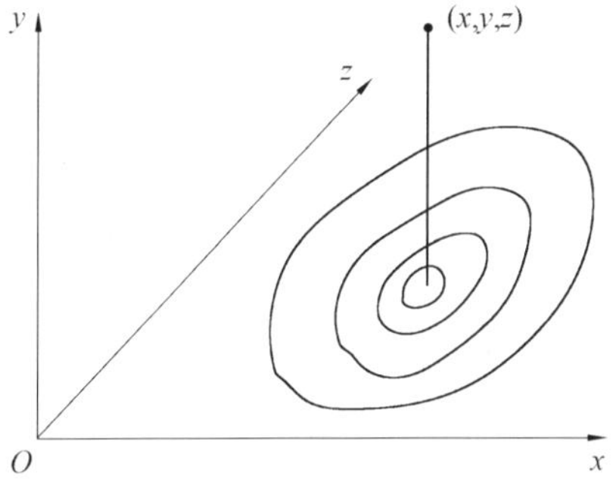

图 5.4　双因素优选法几何意义(单峰)

一、对开法

在直角坐标系统中画出一矩形代表优选范围：

$$a < x < b, c < y < d$$

优选方法：在中线 $x=(a+b)/2$ 上用单因素法找最大值，设最大值在 P 点。在中线 $y=(c+d)/2$ 上用单因素法找最大值，设为 Q 点。比较 P 和 Q 的结果，如果 Q 大，去掉 $x<(a+b)/2$ 部分，否则去掉另一半。再用同样的方法来处理余下的半个矩形，不断地去其一半，逐

步得到所需要的结果。优选过程如图 5.5 所示。

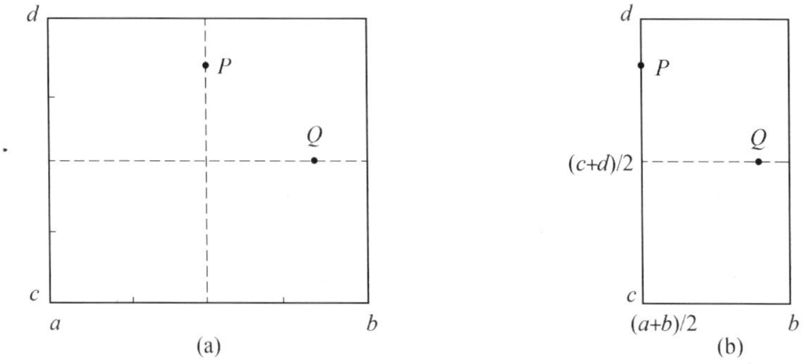

图 5.5　对开法图例

注意：如果 P、Q 两点的试验结果相等，说明 P 和 Q 两点位于同一条等高线上，可将图上的下半块和左半块都去掉，仅留下第一象限。所以当两点试验数据的可分辨性十分接近时，可直接丢掉试验范围的 3/4。

例 5.3　某炼油厂试制磺酸钡，其原料磺酸是磺化油经乙醇水溶液萃取出来的。试验目的是选择乙醇水溶液的合适浓度和用量，使分离出的磺酸最多。根据经验，乙醇水溶液的浓度变化范围为 50% ～ 90%（体积百分数），用量变化范围为 30% ～ 70%（质量百分数）。

解　用对开法优选，如图 5.6，先将乙醇用量固定在 50%，用 0.618 法，求得 A 点较好，即浓度为 80%；而后上下对折，将浓度固定在 70%，用 0.618 法优选，结果 B 点较好，如图 5.6(a)。比较 A 点与 B 点的试验结果，A 点比 B 点好，于是丢掉下半部分。在剩下的范围内再上下对折，将浓度固定于 80%，对用量进行优选，结果还是 A 点最好，如图 5.6(b)。于是 A 点即为所求。即乙醇水溶液浓度为 80%，用量为 50%。

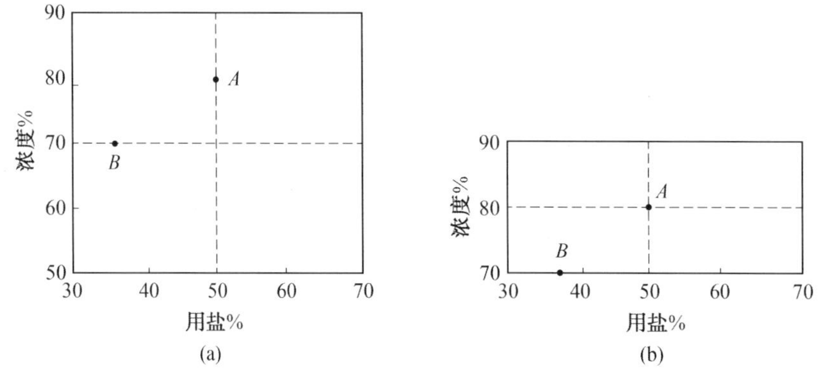

图 5.6　例 5.3 图例

二、旋升法

如图 5.7，在直角坐标系中画出一矩形代表优选范围：

$$a < x < b, c < y < d$$

优选方法：先在一条中线例如 $x=(a+b)/2$ 上，用单因素优选法求得最大值，假定为 P_1 点，过 P_1 点作水平线，在这条水平线上进行单因素优选，找到最大值，假定在 P_2 处取得最大值，如图 5.7(a) 所示，这时应去掉通过 P_1 点的直线所分开的不含 P_2 点的部分；又在通过 P_2 的垂线上找最大值，假定在 P_3 处取得，如图 5.7(b) 所示，此时应去掉 P_2 的上部分，继续做下去，直到找到最佳点。

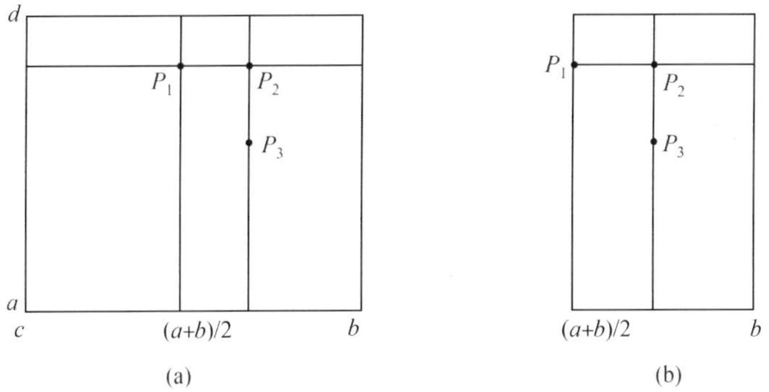

图 5.7　旋升法图例

在这个方法中，每一次单因素优选时，都是将另一因素固定在前一次优选所得最优点的水平上，故也称为"从好点出发法"。

另外，在这个方法中，哪些因素放在前面，哪些因素放在后面，对于优选的速度影响很大，一般按因素对试验结果影响的大小顺序，能较快得到满意的结果。

例 5.4　乳化油是线切割加工必需的冷却、润滑油。为了提高产量降低成本，利用优选法对乳化油的乳化工艺条件进行选择。根据分析，主要影响因素为温度与时间，其试验范围为：温度：55 ～ 75 ℃，时间：30 ～ 210 min。

解　(1)参照生产条件，先固定温度为 65 ℃，用单因素优选时间，得最优时间为 150 min，其收率为 41.6%。

(2)固定时间为 150 min，用单因素优选法优选温度，得最优温度为 67 ℃，其收率为 51.6%(去掉小于 65 ℃ 部分)。

(3)固定温度为 67 ℃，对时间进行单因素优选，得最优时间为 80 min，其收率为 56.9%(去掉 150 min 上半部)。

(4)再固定时间为 80 min，又对温度进行优选，这时温度的优选范围为 65 ～ 75 ℃，优选结果还是 67 ℃。到此试验结束，可以认为最好的工艺条件为：温度 67 ℃，时间 80 min，收率 56.9%。

优选过程如图 5.8 所示。

三、平行线法

在实际工作中常遇到两个因素的问题，且其中一个因素(例如 x) 易于调整，另一个(例如 y) 不易调整。比如一个是浓度，一个是流速，调整浓度就比调整流速困难。这种情形下则建议用"平行线法"。

优选方法：设 y 易于调整，先将 y 固定在范围(c,d) 的 0.618 处，即取

$$y = c + (d - c) \times 0.618$$

用单因素法找最大值，假定在 P 点取得这一值。再把 y 固定在(c,d) 的 0.382 处，即取

$$y = c + (d - c) \times 0.382$$

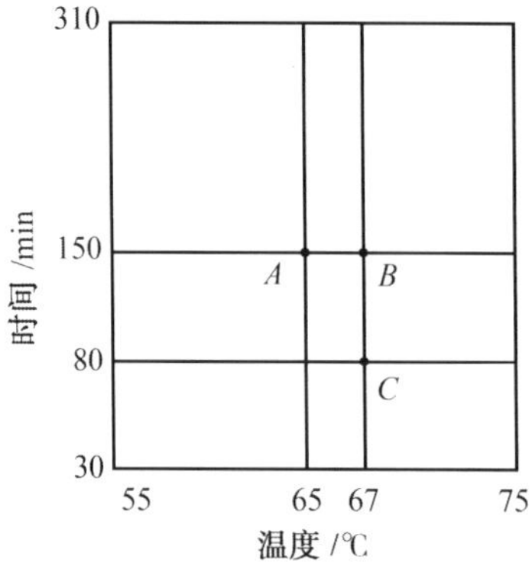

图 5.8 例 5.4 图例

用单因素法找最大值，假定在 Q 点取得这一值，比较 P，Q 的结果，如果 P 好，则去掉 Q 点下面部分，即去掉 $y \leqslant c + (d - c) \times 0.382$ 的部分（否则去掉 P 点上面的部分），再用同样的方法处理余下的部分，如此继续，如图 5.9 所示。

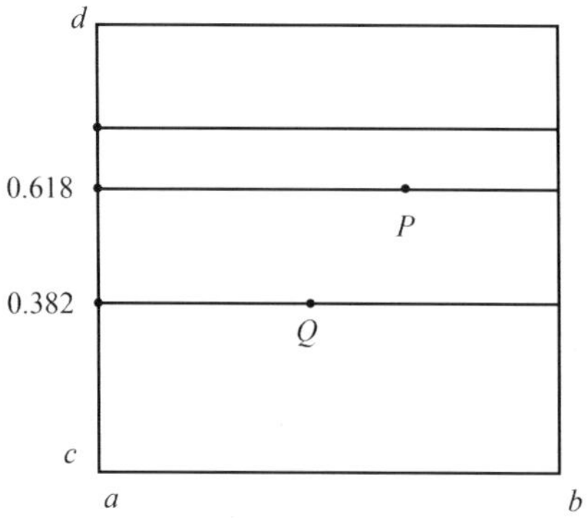

图 5.9 平行线法

注意，因素 y 的取点方法不一定要按 0.618 法，也可以固定在其他合适的地方。

习　题

5－1　在冰铜生产中，鼓风炉风压是影响冰铜产量的主要因素，根据生产经验确定风压优选范围为 50 ～ 70 mmHg。试通过 3 次试验，采用黄金分割法找出最佳风压。

5－2　在一定范围内钢的强度是碳含量的单调增加函数。试用试验设计方法，通过实验找到使钢的强度达到一定值以上的最低含碳量值。试分别说明如何用对分法和多次调试法安排试验。

5－3　燃油的乳化质量直接影响乳化燃烧的节能效果。为了使每台装置发挥出最大的节能潜力，若掺水三工况点分别取 0，5%，20%，对应锅炉效率为 70%，73%，71%，试用抛物线法确定乳化设备的最佳掺水比例。

5－4　在 C6140 车床上车削 φ400 长 1 200 mm 的轴，材料为 2Cr13 不锈钢，在选好车刀之后，优选切削速度 4.5 ～ 136 r/min（分七挡），转换成车床主轴转速。

5－5　用 C620 车床，切削速度 50 ～ 70 m/min，进给量 0.3 ～ 0.6 mm/r，刀具材料用 YG8，原来刀具车削时断屑困难，刀刃易磨损，生产率较低。试采用 0.618 法优选前角

(12° ～ 30°)、过渡刃长度(0.5 ～ 2 mm)。

5－6　在配置某种清洗液时,需要加入某种材料。经验表明,加入量大于130 mL肯定不好。用150 mL的锥形量杯计量加入量,该量杯的量程分为15格,每格代表10 mL。用试验法找出这种材料的最优加入量。(黄金分割法)

5－7　某产品的质量受反应温度和反应时间两个因素的影响,已知温度范围为20 ～ 100 ℃,时间范围为30 ～ 160 min,试选用一种双因素优选法进行优选,并简单说明可能的优选过程。假设产品质量是温度和时间的单峰函数。

第六章　正交试验设计

在实际问题中，作为试验对象的事物极其复杂，对影响试验指标的因素也有很多。在多因素、多水平试验中，如果对每个因素的每个水平都互相搭配进行全面试验，需要做的试验次数就会很多。应当在不影响试验效果的前提下，尽可能地减少试验次数，正交试验设计就是解决这个问题的有效方法。

正交试验设计简称正交设计（Orthogonal Design），它是部分因子设计（Fractional Factorial Design）的主要方法，是利用正交表（Orthogonal Table）科学地安排与分析多因素试验的方法，其基本思想是从全面试验中挑选出部分有代表的点进行试验，这些点具有"均衡分散"和"整齐可比"的特点。本章介绍正交设计的基本步骤、常用方法及数据处理方法。

第一节　正交表表头设计

正交表是正交设计中安排试验和分析试验结果的基本工具，它根据均衡分散的思想，运用组合数学理论在拉丁方和正交拉丁方的基础上构造的一种表格，已得到广泛应用。

一、正交表的分类与特点

1. 等水平正交表

如果正交表中各因素的水平数是相等的，就称为等水平正交表，可用符号 $L_n(r^m)$ 表示，其中，L 为正交表符号，是 Latin 的第一个字母；n 为正交表的行数，也是需要做的试验次数；r 为因素水平数，即 1 列中出现不同数字的个数；m 为正交表的列数，也是最多能安排的因素个数。例如正交表 $L_8(2^7)$ 总共有 8 行、7 列（见表 6.1），如果用它来安排正交试验，则最多可以安排 7 个 2 水平的因素，试验次数为 8，而 7 因素 2 水平的全面试验次数至少为 $2^7=128$ 次，显然正交试验能大大地减少试验次数。

表 6.1 和表 6.2 为常用的等水平正交表 $L_8(2^7)$ 与 $L_9(3^4)$。

表 6.1　正交表 $L_8(2^7)$

试验号	列号						
	1	2	3	4	5	6	7
1	1	1	1	1	1	1	1
2	1	1	1	2	2	2	2
3	1	2	2	1	1	2	2
4	1	2	2	2	2	1	1
5	2	1	2	1	2	1	2
6	2	1	2	2	1	2	1
7	2	2	1	1	2	2	1
8	2	2	1	2	1	1	2

表 6.2　正交表 $L_9(3^4)$

试验号	列号			
	1	2	3	4
1	1	1	1	1
2	1	2	2	2
3	1	3	3	3
4	2	1	2	3
5	2	2	3	1
6	2	3	1	2
7	3	1	3	2
8	3	2	1	3
9	3	3	2	1

还有部分等水平正交表，2 水平正交表：$L_4(2^3)$，$L_8(2^7)$，$L_{12}(2^{11})$，$L_{16}(2^{15})$，这几张表中的数字 2 表示各因素都是 2 水平的，试验要做的次数分别为 4,8,12,16，最多可安排的因素分别为 3,7,11,15；3 水平正交表：$L_9(3^4)$，$L_{18}(3^7)$，$L_{27}(3^{13})$；4 水平正交表：$L_{16}(4^5)$，$L_{32}(4^9)$，$L_{64}(4^{21})$，含义与上述类似。

从表 6.1 与表 6.2 中可以看出，等水平正交表都具有以下两个重要的性质。

(1)表中任意一列，不同的数字出现的次数相同，也就是说每个因素的每一个水平出现的次数是相同的。例如，在表 $L_8(2^7)$ 中不同数字(或称水平)只有“1”“2”两个，在每列中它们各出现 4 次；表 $L_9(3^4)$ 中，不同数字“1”“2”“3”在每列中各出现 3 次。

(2)表中任意两列，把同一行的两个数字看成有序数字对时，所有可能的数字对(或称水平搭配)出现的次数相同。这里所指的数字对实际上是每两个因素组成的全面试验方案，例如，在表 $L_8(2^7)$ 中的任意两列中，同一行的所有可能有序数字对为(1,1)，(1,2)，(2,1)，(2,2)，共 4 种，它们各出现 2 次；同样，表 $L_9(3^4)$ 的任意两列中，同一行的所有可能有序数字对为 9 种，它们各出现 1 次。

在用正交表来安排试验时，由于这两条性质使得各因素的各种水平的搭配是均衡的，这两个性质合称为“正交性”，这使试验点在试验范围内排列整齐、规律，也使试验点在试验范围内散布均匀，即“整齐可比、均衡分散”。

例 6.1　在电阻焊焊接工艺中为了提高焊接质量及节约电能，需要通过试验选择最好的焊接参数。经初步分析，主要有 3 个因素影响焊接质量，它们是电极压力、焊接电流和焊接时间，每个因素都考虑 3 个水平，因素水平如表 6.3 所示。问对这 3 个因素的 3 个水平如何安排，才能获得最好的焊接质量？

表 6.3　因素水平表

水平 \ 因素	电极压力 A/kN	焊接电流 B/kA	焊接时间 C/ 周
1	4.8	9	4
2	5.4	10	5
3	6.0	11	6

解 本题主要考察的是焊接质量,通常称它为试验指标。如何安排这三个焊接参数才能获得最好的焊接质量,这只有通过试验才能确定。显然,这是一个 3 因素 3 水平的问题,如果每个因素的每个水平都互相搭配着进行全面试验,必须做 $3^3=27$ 次试验,把所有可能的搭配试验编号写出,列在表 6.4 中。

表 6.4 全面试验方案

序号	*A*	*B*	*C*	序号	*A*	*B*	*C*
1	1(水平)	1(水平)	1(水平)	15	2	2	3
2	1	1	2	16	2	3	1
3	1	1	3	17	2	3	2
4	1	2	1	18	2	3	3
5	1	2	2	19	3	1	1
6	1	2	3	20	3	1	2
7	1	3	1	21	3	1	3
8	1	3	2	22	3	2	1
9	1	3	3	23	3	2	2
10	2	1	1	24	3	2	3
11	2	1	2	25	3	3	1
12	2	1	3	26	3	3	2
13	2	2	1	27	3	3	3
14	2	2	2				

进行 27 次试验要花很多时间,耗费不少的人力、物力,想减少试验次数,但又不能影响试验的效果,因此,不能随便地减少试验,应当把有代表性的搭配保留下来。为此,可以按 $L_9(3^4)$ 表中前 3 列的情况从 27 个试验中选出 9 个,它们的序号分别为 1,5,9,11,15,16,21,22,26,将这 9 个试验按新的编号 1 ~ 9 写出来,正好是正交表 $L_9(3^4)$ 的前 3 列,如表 6.5 所示。

表 6.5 新的试验方案

编号 \ 因素	*A*	*B*	*C*
1	1	1	1
2	1	2	2
3	1	3	3
4	2	1	2
5	2	2	3
6	2	3	1
7	3	1	3
8	3	2	1
9	3	3	2

由对正交表 $L_9(3^4)$ 的分析可知,这 9 个试验中各因素的每个水平的搭配都是均衡的,每个因素的每个水平都做了 3 次试验,每两个因素的每一种水平搭配都做了一次试验,从这

9 个试验的结果就可以分析清楚每个因素对试验指标的影响，虽然只做了 9 个试验，只占全部试验的 1/3，但是却能够了解到全面情况，可以说这 9 个试验代表了全部试验，这正体现了正交设计的优越性。

2. 混合水平正交表

混合水平正交表就是各因素的水平数不完全相同的正交表，因为在实际的科学实践中，有时由于试验条件限制，某因素不能多取水平，有时需要重点考察的因素可多取一些水平，而其他的水平数可适当减少，针对这些情况就产生了混合水平正交表，表 6.6 就是一个混合水平正交表，记作 $L_8(4^1\times2^4)$。

表 6.6　混合水平正交表 $L_8(4^1\times2^4)$

试验号	列号				
	1	2	3	4	5
1	1	1	1	1	1
2	1	2	2	2	2
3	2	1	1	2	2
4	2	2	2	1	1
5	3	1	2	1	2
6	3	2	1	2	1
7	4	1	2	2	1
8	4	2	1	1	2
	4 水平	2 水平			

混合水平正交表 $L_8(4^1\times2^4)$ 共有 8 行、5 列，用这个正交表安排试验，要做 8 次试验，最多可安排 5 个因素，其中 1 个是 4 水平因素，4 个是 2 水平因素。以 $L_8(4^1\times2^4)$ 为例，可以看出混合水平正交表也有两个重要性质。

(1)表中任意一列，不同数字出现次数相同。在表 $L_8(4^1\times2^4)$ 中，第 1 列有 1、2、3、4 四个数字，它们各出现 2 次；第 2 ～ 5 列，只有 1、2 两个数字，在每列中它们各出现 4 次。

(2)每两列，同行两个数字组成的各种不同的水平搭配出现的次数是相同的，但不同的两列间所组成的水平搭配种类及出现次数是不完全相同的。例如，在表 $L_8(4^1\times2^4)$ 中，第 1 列是 4 水平的列，它与其他任何一个 2 水平列所组成的同行数字对一共有 8 种：(1,1)，(1,2)，(2,1)，(2,2)，(3,1)，(3,2)，(4,1)，(4,2)，它们各出现 1 次；第 2 ～ 5 列都是 2 水平列，它们任意两列组成的同行数字对为(1,1)，(1,2)，(2,1)，(2,2) 共 4 种，它们各出现 2 次。

从这两个性质可以看出，用混合水平的正交表安排试验时，每个因素的各水平之间的搭配也是均衡的。

二、正交表表头设计

将试验因素安排到所选正交表相应列上的过程称作表头设计，各因素可依次或不依次放在正交表的各列上。

1. 只考察主效应，不考察交互作用的表头设计

正交表每一列的位置都是一样的，可以任意变换。因此，不考察交互作用的表头设计非常简单，将所有因素安排到任意列上即可。

表 6.7　$L_9(3^4)$ 表头设计

因素	A	空列	B	C
列号	1	2	3	4

表 6.7 中，将 A,B,C 三个因素分别排在 $L_9(3^4)$ 的第 1,3,4 列上，一个因素占有一列，因素排在哪一列上，有时是可以任意的，同时最好留有一个空白列，作为误差列。第一列安排 A，则第一列的 1,2,3 分别表示 A_1,A_2,A_3；同理，第三列的 1,2,3 分别表示 B_1,B_2,B_3；第四列的 1,2,3 分别表示 C_1,C_2,C_3。

2. 考察交互作用的表头设计

在多因素试验中，有些因素对试验指标的影响并不是独立的，往往有互相制约、互相联系的现象。这样，在处理多因素试验时，就需要在研究各因素水平的改变对试验指标的影响的同时，还要考察这些因素各水平间如何搭配的问题，这正是因素间的交互作用效应。

一个因素的水平好坏或好坏的程度受另一因素水平制约的情况，即称为因素 A 与 B 的交互作用，记为 $A\times B$ 或 AB。在正交试验中，由于正交表具有正交性，所以因素间的交互作用与主因素的性质是一样的，但在进行表头设计时，列的位置不能任意安排，必须严格按交互作用列表进行配列，当交互作用所在列确定之后，可以将交互作用与主因素同等对待，并作出方差分析。

交互作用表表示任意两列的交互作用所位于的列号。$L_8(2^7)$ 的交互作用表如表6.8所示。

表 6.8　$L_8(2^7)$ 的交互作用表

列号	1	2	3	4	5	6	7
	(1)	3	2	5	4	7	6
		(2)	1	6	7	4	5
			(3)	7	6	5	4
				(4)	1	2	3
					(5)	3	2
						(6)	1

从表 6.8 就可以查出正交表 $L_8(2^7)$ 中的任何两列的交互作用列。查法如下：表 6.8 中写了两种列号，第 1 种列号是带括号的从左往右看，第 2 种列号是不带括号的，从上往下看，表中交叉处的数字就是两列的交互作用列的列号。比如要查第 2 列和第 4 列的交互作用列，先找到(2)，从左往右查，再从表的最上端的列号中找到 4，从上往下查，两者交叉处的数字是 6，它表示第 2 列和第 4 列的交互作用列就是第 6 列。

设计表头时，先把存在交互作用的两个因素放到表头上，可以放在任意两列上，比如现在将因素 A 与 B 分别放在第 1 与第 2 列上。然后从交互作用表上查出这两列的交互作用列，查得 $L_8(2^7)$ 的第1、2列的交互列为第3列，则在第3列上标以 $A\times B$，第4列上放上 C，以

此类推，这便得出了如下表头设计，如表 6.9 所示。

表 6.9　混杂的 $L_8(2^7)$ 正交表表头设计

因素	A	B	$A\times B$ $C\times D$	C	$A\times C$ $B\times D$	$B\times C$ $A\times D$	D
列号	1	2	3	4	5	6	7

从表 6.9 中可以看出，第 3 列出现了 $A\times B$ 和 $C\times D$ 的重叠，第 5 列和第 6 列同样存在重叠的现象，这种在正交表的同一列中，安排了 2 个或 2 个以上的因素或交互作用的现象称为混杂，若存在混杂就无法确定同一列中的这些不同因素或交互作用对试验指标的作用效果。因此，避免混杂是表头设计的一个重要原则，也是表头设计选优的一个重要条件。为避免混杂，使表头设计更合理、更优，那些主要因素、重点考察的因素、涉及交互作用较多的因素，就应该优先安排，而另一些次要因素、涉及交互作用较少的因素和不涉及交互作用的因素，可放在后面安排，如果 $A\times D$，$B\times D$ 和 $C\times D$ 很小可以忽略，那么可以得到表 6.10 这样的表头设计方案，把它当作没有混杂现象，以便用较少次数的试验完成试验主要目标。

表 6.10　$L_8(2^7)$ 正交表表头设计

因素	A	B	$A\times B$	C	$A\times C$	$B\times C$	D
列号	1	2	3	4	5	6	7

第二节　正交试验设计的基本步骤与极差分析法

正交试验设计总的来说包括两部分：一是试验设计，二是数据处理。试验设计根据试验指标的个数可分为单指标试验设计与多指标试验设计，单指标试验设计选择合适的正交表安排试验，得出试验结果后，通常应用极差分析法来处理数据。多指标试验设计的分析方法在下一节中介绍。

例 6.2　某水泥厂为了提高水泥的强度，需要通过试验选择最好的生产方案，影响水泥强度的因素有 3 个，分别是生料中矿化剂用量、烧成温度、保温时间，因素间无交互作用。每个因素都考虑 3 个水平，具体情况如表 6.11 所示，试验考察的指标是 28 天的抗压强度(MPa)，分别是 44.1，45.3，46.7，48.2，46.2，47.0，45.3，43.2，46.3。试问如何安排试验才能获得最高的水泥抗压强度？

表 6.11　因素水平表

水平＼因素	矿化剂用量 /%	烧成温度 /℃	保温时间 /min
1	2	1 350	20
2	4	1 400	30
3	6	1 450	40

解　(1)明确试验目的，确定要考核的试验指标

任何一个试验都是为了解决某一个问题，或为了得到某些结论而进行的，所以任何一个正交试验都应该有一个明确的目的，这是正交试验设计的基础。试验指标是表示试验结果特性的值，如产品的产量、产品的纯度等，可以用它来衡量或考核试验效果。

本题中试验的目的是提高水泥的强度，试验的指标为水泥 28 天的抗压强度。

(2)根据试验目的，确定要考察的因素和各因素的水平

影响试验指标的因素很多，但由于试验条件所限，不可能全面考察，所以要通过对实际问题的具体分析并根据试验目的，选出主要因素，略去次要因素，这样可使因素个数少些。如果对问题不太了解，因素个数可适当地多取一些，经过对试验结果的初步分析，再选出主要因素。因素被确定后，随之确定各因素的水平数，确定因素的水平数时，一般尽可能使因素的水平数相等，以方便试验数据处理，最后列出因素水平表。

本题的因素水平表如表 6.11 所示。

(3)选用合适的正交表，进行表头设计

正交表的选择要依据试验的因素数和水平数。同水平的正交表不止一个，究竟选哪一个要看因素的个数。一般要求试验要考察的因素数小于等于正交表列数即可，若因素水平数与正交表对应的水平数一致，在满足上述条件的前提下，选择较小的表。例如，对于 4 因素 3 水平的试验，满足要求的表有 $L_9(3^4)$，$L_{27}(3^{13})$ 等，一般优先选择 $L_9(3^4)$，但是如果要求精度高，并且试验条件允许，可以选择较大的表。表头设计就是按照第一节所介绍的方法将试验因素安排到所选正交表相应的列中。

本题是一个 3 因素 3 水平的试验，且不考虑因素间的交互作用，所以要选一张列数大于 3 的表，而 $L_9(3^4)$ 是满足条件且最小的正交表，故选用正交表 $L_9(3^4)$ 来安排试验。按照前面介绍的方法得到表头设计，如表 6.12 所示。

表 6.12　表头设计

因素	A	B	C	空列
列号	1	2	3	4

(4)确定试验方案

根据正交表和表头设计确定每号试验的方案。

本题在完成表 6.12 的表头设计之后，只要把正交表 $L_9(3^4)$ 中各列上的数字 1、2、3 分别看成是该列所填因素在各个试验中的水平数，这样正交表的每一行就对应着一个试验方案，即各因素的水平组合，如表 6.13 所示。注意，空白列对试验方案没有影响。

表 6.13　试验方案

试验号	因素				试验方案
	A	B	C		
1	1	1	1	1	$A_1B_1C_1$
2	1	2	2	2	$A_1B_2C_2$
3	1	3	3	3	$A_1B_3C_3$
4	2	1	2	3	$A_2B_1C_2$
5	2	2	3	1	$A_2B_2C_3$
6	2	3	1	2	$A_2B_3C_1$
7	3	1	3	2	$A_3B_1C_3$
8	3	2	1	3	$A_3B_2C_1$
9	3	3	2	1	$A_3B_3C_2$

表 6.13 中，对于第 2 号试验，试验方案为 $A_1B_2C_2$，它表示试验条件为：矿化剂用量 2%，烧成温度 1 400 ℃，保温时间 30 min。

(5)按规定的方案做试验，得到试验结果

本题按正交表的各试验号中规定的水平进行试验，总共要做 9 个试验，将试验结果(指标) 填写在表的最后一列中，如表 6.14 所示。

表 6.14　试验方案及试验结果

编号＼因素	矿化剂用量 A/%	烧成温度 B/℃	保温时间 C/min	考察指标 抗压强度 /MPa
1	2	1 350	20	44.1
2	2	1 400	30	45.3
3	2	1 450	40	46.7
4	4	1 350	30	48.2
5	4	1 400	40	46.2
6	4	1 450	20	47.0
7	6	1 350	40	45.3
8	6	1 400	20	43.2
9	6	1 450	30	46.3

按照上述试验方案进行试验的过程中，应该注意以下几点：第一，每一号试验方案都从不同角度提供有用信息，必须严格按照规定的方案完成每一号试验；第二，试验进行的次序可按抽签方法随机决定，没有必要完全按照正交表上试验号码的顺序进行；第三，试验条件要严格控制，尤其是在水平的数值相差不大时。例如在本例中，因素 C 的 $C_1=20$ min，$C_2=30$ min，$C_3=40$ min，在以 $C_2=30$ min 为条件的某一个试验中，就必须严格认真地让 $C_2=30$ min，若粗心造成 $C_2=35$ min，那就将使试验失去正交设计的特点，使后续的结果分析失去了必要的前提条件，因而得不到正确的结论。

(6)对试验结果进行分析，得出合理的结论

对正交试验结果的分析，通常采用两种方法：一种是极差分析法或称直观分析法，这种方法比较简单，计算量不大，是一种很实用的分析方法；另一种是方差分析法。通过对试验结果分析可以得到因素主次顺序、优方案等有用信息。

①计算极差，确定因素的主次顺序

表 6.15 中，水平和 K_i：表示任一列上水平号为 i 时(本例中 $i=1,2$ 或 3)，所对应的试验结果之和。例如，在 B 因素所在的第 2 列上，第 1，4，7 号试验中 B 取 B_1 水平，所以 K_1 为第 1，4，7 号试验结果之和，即 $K_1=44.1+48.2+45.3=137.6$；第 2，5，8 号试验中 B 取 B_2 水平，所以 K_2 为第 2，5，8 号试验结果之和，即 $K_2=45.3+46.2+43.2=134.7$；第 3，6，9 号试验中 B 取 B_3 水平，所以 K_3 为第 3，6，9 号试验结果之和，即 $K_3=46.7+47.0+46.3=140$。同理可以计算出其他列中的 K_i，结果如表 6.15 所示。

极差 R：在任一列上 $R=\max\{K_1,K_2,K_3\}-\min\{K_1,K_2,K_3\}$。例如，在第 1 列上，最大的 K_i 为 $K_2=141.4$，最小的 K_i 为 $K_3=134.8$，所以 $R=141.4-134.8=6.6$。

通常，各列的极差是不相等的，这说明各因素的水平改变对试验结果的影响是不相同的，极差越大，表示该列因素的数值在试验范围内的变化会导致试验指标在数值上有更大的变化，所以极差最大的那一列，就是因素的水平对试验结果影响最大的因素，也就是最主

要的因素。在本例中,由于 $R_A > R_C > R_B$,所以各因素从主到次的顺序为:A(矿化剂用量),C(保温时间),B(烧成温度)。

表 6.15 试验结果分析

试验号 \ 因素	矿化剂用量 A/%	烧成温度 B/℃	保温时间 C/min	考察指标 抗压强度 /MPa
1	1	1	1	44.1
2	1	2	2	45.3
3	1	3	3	46.7
4	2	1	2	48.2
5	2	2	3	46.2
6	2	3	1	47.0
7	3	1	3	45.3
8	3	2	1	43.2
9	3	3	2	46.3
K_1	136.1	137.6	134.3	
K_2	141.4	134.7	139.8	
K_3	134.8	140	138.2	
R	6.6	5.3	5.5	
优方案	A_2	B_3	C_2	

②优方案的确定

优方案是指在所做的试验范围内,各因素较优的水平组合。各因素优水平的确定与试验指标有关,若指标越大越好,则应选取使指标大的水平,即各列 K_i 中最大的那个值对应的水平,反之,若指标越小越好,则应选取使指标小的那个水平。

在本例中,试验指标是水泥抗压强度,指标越大越好,所以应挑选每个因素的 K_1,K_2,K_3 中量大的值对应的那个水平,显然,对于 A 因素来说,2 水平是最好的,对于 B 因素来说,3 水平最好,对于 C 因素来说,2 水平最好。所以优方案为 $A_2B_3C_2$,即矿化剂用量 4%,烧成温度 1 450 ℃,保温时间 30 min。但是此方案并不包含在正交表中已做过的 9 个试验方案中,这正体现了正交试验设计的优越性。

(7)进行验证试验,作进一步的分析

优方案是通过统计分析得出的,还需要进行试验验证,以保证优方案与实际一致,否则还需要进行新的正交试验。

本题中,将优方案 $A_2B_3C_2$ 与正交表中最好的第 4 号试验 $A_2B_1C_2$ 作对比试验,若方案 $A_2B_3C_2$ 比第 4 号试验的试验结果更好,通常就可以认为 $A_2B_3C_2$ 是真正的优方案,否则第 4 号试验 $A_2B_1C_2$ 就是所需的优方案。若出现后一种情况,一般来说可能是没有考虑交互作用或者试验误差较大所引起的,需要作进一步的研究,可能还有提高试验指标的潜力。

本题优方案是在给定的因素和水平的条件下得到的,若不限定给定的水平,有可能得到更好的试验方案,所以当所选的因素和水平不恰当时,该优方案也有可能达不到试验的目的,不是真正意义上的优方案,这时就应该对所选的因素和水平进行适当的调整,以找到新的更优方案。

例 6.3 某产品的产量取决于3个因素，每个因素都有两个水平，具体数值如表6.16所示。考虑每两个因素之间的交互作用，试验指标为产量(kg)，越高越好，分别是65,73,72,75,70,74,60,71，试安排试验，并分析试验结果，找出最好的方案。

表 6.16 因素水平表

水平 \ 因素	A	B	C
1	60	1.2	20%
2	80	1.5	30%

解 这是一个3因素2水平的试验，3个因素要占3列，它们之间的交互作用又占3列，共占6列，3个因素的交互作用$A\times B\times C$一般很小，这里不考虑。可以用含有交互作用的正交表$L_8(2^7)$来安排试验，若将A,B分别放在第1、2列，从表6.8查出$A\times B$应在第3列，因此因素C就不能放在第3列，否则就要和$A\times B$混杂。现将C放在第4列，由表6.8查出$A\times C$应在第5列，$B\times C$应在第6列，第7列为空白列。按这种方法安排设计表头并列出试验方案，把交互作用当成新的因素看待，用极差分析法进行分析，整个分析过程如表6.17所示。

表 6.17 试验方案及数据分析

试验号 \ 因素	1	2	3	4	5	6	7	产量
	A	B	$A\times B$	C	$A\times C$	$B\times C$		
1	1	1	1	1	1	1	1	65
2	1	1	1	2	2	2	2	73
3	1	2	2	1	1	2	2	72
4	1	2	2	2	2	1	1	75
5	2	1	2	1	2	1	2	70
6	2	1	2	2	1	2	1	74
7	2	2	1	1	2	2	1	60
8	2	2	1	2	1	1	2	71
K_1	285	282	269	267	282	281		
K_2	275	278	291	293	278	279		
R	10	4	22	26	4	2		
优方案	A_1	B_1	2水平	C_2	1水平	1水平		

从极差大小可以看出，对试验结果影响最大的因素是C，以2水平为好，其次是$A\times B$，以2水平为好，第3是因素A，以1水平为好，第4是因素B及$A\times C$，都以1水平为好，最后是$B\times C$，以1水平为好。

有交互作用的试验，选取水平时要区分两类因素：(1) 不涉及交互作用的因素或交互作用影响较小的因素，它们水平的选取和以前一样，选取较好指标值所对应水平。(2) 有交互作用的因素，它们水平的选取不能单独考虑，而要列出二元表，根据各种情况，选取对指标影响较好的水平组合。本例中，对A和B的交互作用列出搭配表，如表6.18所示。

表 6.18 因素 A、B 交互作用搭配表

$B \backslash A$	A_1	A_2
B_1	$\frac{65+73}{2}=69$	$\frac{70+74}{2}=72$
B_2	$\frac{72+75}{2}=73.5$	$\frac{60+71}{2}=65.5$

表 6.18 中可以看出 A_1B_2 搭配较好，所以优方案为 $A_1B_2C_2$，从试验结果也可以看出，这个方案确实是 8 个试验中最好的一个试验。

第三节 多指标试验分析方法

在例题 6.2,6.3 中，衡量试验效果的指标只有一个，称为单指标试验，考察起来比较容易，但在实际问题和科学试验中，衡量试验结果好坏的指标可能不止一个，这就是多指标的试验问题。多指标问题的复杂性表现在指标之间可能出现相互矛盾的现象，对一个指标好的水平组合对另一个指标来讲可能是不好的，这时就需要兼顾各个指标，寻找使得每个指标都尽可能好的生产条件。此外由于某些情况下指标间的矛盾性，又带来了方案间的不可比较性，从而使寻找满意方案也会遇到一些困难。为解决这些困难，需要建立一些综合评价的准则，经常采用的两种方法是综合平衡法和综合评分法。

一、综合平衡法

综合平衡法的基本做法是：

(1)对各个指标进行分析，与单指标的分析方法相同，找出各个指标的较优生产条件；

(2)将各个指标的较优生产条件综合平衡，找出兼顾每个指标都尽可能好的条件。

综合平衡法的一般原则是：

(1)一个因素对某个指标是主要因素，但对另外的指标则可能是次要因素，那么在确定该因素的优水平时，应首先选取作为主要因素时的优水平；

(2)若某因素对各指标的影响程度相差不大，这时可按“少数服从多数”的原则，选取出现次数较多的优水平；

(3)当因素各水平相差不大时，可依据降低消耗、提高效率的原则选取合适的水平；

(4)若各试验指标的重要程度不同，则在确定因素优水平时应首先满足相对重要的指标。

例 6.4 为提高某产品质量，要对生产该产品的原料进行配方试验。要检验 3 项指标：抗压强度、落下强度和裂纹度，前两个指标越大越好，第 3 个指标越小越好。根据以往的经验，配方中有 3 个重要因素：水分、粒度和碱度，它们各有 3 个水平，具体数据如表 6.19 所示。试进行试验分析，找出最好的配方方案。

解 这是 3 因素 3 水平的问题，应当选用正交表 $L_9(3^4)$ 来安排试验，把 3 个因素依次放在表 $L_9(3^4)$ 的前 3 列，得出一张具体的试验方案表，按照这个方案进行试验，测出需要检验的指标的结果，列在表 6.20 中，然后用极差分析法对每个指标分别进行计算分析。

表 6.19　因素水平表

水平＼因素	水分 A/%	粒度 B/%	碱度 C
1	8	4	1.1
2	9	6	1.3
3	7	8	1.5

表 6.20　试验方案及结果分析

试验号＼因素	1 A	2 B	3 C	各指标的试验结果 抗压强度/(kg/个)	落下强度/(0.5 m/次)	裂纹度
1	1	1	1	11.5	1.1	3
2	1	2	2	4.5	3.6	4
3	1	3	3	11.0	4.6	4
4	2	1	2	7.0	1.1	3
5	2	2	3	8.0	1.6	2
6	2	3	1	18.5	15.1	0
7	3	1	3	9.0	1.1	3
8	3	2	1	8.0	1.6	2
9	3	3			20.2	1

抗压强度	列号 1 A	2 B	3 C
K_1	27.0	27.5	38.0
K_2	33.5	20.5	24.9
K_3	30.4	42.9	28.0
R	6.5	22.4	13.1
优方案	A_2	B_3	C_1

裂纹度	列号 1 A	2 B	3 C
K_1	11	9	5
K_2	5	8	8
K_3	6	5	9
R	6	4	4
优方案	A_2	B_3	C_1

落下强度	列号 1 A	2 B	3 C
K_1	9.3	3.3	20.8
K_2	17.8	9.8	24.9
K_3	25.9	39.9	7.3
R	16.6	36.6	17.6
优方案	A_3	B_3	C_2

用和例 6.2 完全一样的方法，对 3 个指标分别进行计算分析，得出 3 个好的方案：对抗压强度是 $A_2B_3C_1$，对落下强度是 $A_3B_3C_2$，而对裂纹度是 $A_2B_3C_1$，这 3 个方案不完全相同，对一个指标是好方案，而对另一个指标却不一定是好方案，最终的任务是找出对各个指标都较好的一个共同方案，下面对每个因素进行逐一分析。

水分 A：对于指标裂纹度来讲，A 的极差最大，是影响最大的因素，取 A_2 最好，但对抗压强度和落下强度来讲，A 的极差都是最小的，是影响最小的因素，对抗压强度来讲，取 A_2 最好，对落下强度来讲，取 A_3 最好，根据综合平衡法的第一个原则，选取 A_2。

粒度 B：对抗压强度和落下强度来讲，B 的极差都是最大的，是影响最大的因素，以 B_3 为最好，对裂纹度来讲，B 的极差不是最大，即不是影响最大的因素，但也是以取 B_3 为最好。总的来说，对 3 个指标来讲，B 都是以取 B_3 为最好。

碱度 C：对 3 个指标来说，C 的极差都不是最大的，都不是影响最大的因素，是较次要的因素，对抗压强度和裂纹度来讲，C 取 C_1 最好，对落下强度来讲，C 取 C_2 最好，这时可根据“少数服从多数”的原则，C 取 C_1 为最好。

通过各因素对各指标影响的综合分析，得出较好的试验方案是 $A_2B_3C_1$。

对多指标的问题，要做到真正好的综合平衡，有时是很困难的，这是综合平衡法的缺点。下面要介绍的综合评分法，在一定程度上可以克服综合平衡法的缺点。

二、综合评分法

综合评分法是根据各个指标的重要程度，对得出的试验结果进行分析，给每一个试验评出一个分数，作为这个试验的总指标，然后根据这个总指标，利用单指标试验结果的极差分析法作进一步的分析，确定较好的试验方案。显然，这个方法的关键在于评分的标准要合理，下面介绍几种评分方法。

(1)对每号试验结果的各个指标综合评价，直接给出每一号试验结果的综合分数。

(2)先对每号试验的每个指标按一定的评分标准评出分数，若各指标的重要性是一样的，可以将同一号试验中各指标的分数的总和作为该号试验的总分数。

(3)先对每号试验的每个指标按一定的评分标准评出分数，若各指标的重要性不相同，此时要先确定各指标相对重要性的权数，然后求加权和作为该号试验总分数。

例 6.5　某光学厂进行反光镜加工工艺试验，以提高其光洁度合格率和缩短工时，选取的因素水平如表 6.21 所示。不考虑因素间的交互作用，需要考察的指标有两项：光洁度合格率 Y，越高越好；工作时间 Z，越短越好。试进行试验分析，找出最好的工艺条件。

表 6.21　因素水平表

因素水平	抛光液含量 A/%	抛光模新旧 B	玻璃 C	抛光模硬度 D
1	99	新	退修料	正常
2	45	旧	新料	偏硬

解　本题为 4 因素 2 水平试验，可以选用 $L_8(2^7)$ 正交表来安排该试验，试验方案、结果和分别对两项指标所做的计算与分析列于表 6.22 中。

当采用综合平衡法时：因素 A 对工作时间是主要因素，对合格率是次要因素，所以取 A_1；因素 B 对合格率是主要因素，对工作时间是次要因素，且两个水平的作用相近，所以取 B_1；因素 C 在两项指标中都是 C_1 好，所以取 C_1；因素 D 对合格率是较主要的因素，对工作时间是较次要的因素，所以应取 D_2，最后得到的较优生产条件为 $A_1B_1C_1D_2$。

若采用综合评分法：首先对每项指标单独评分。对合格率，规定合格率为 93% 者评分为 9.3，合格率为 91% 者评为 9.1 分，其余类推。对工作时间，规定时间最少者(3 h) 评为 10 分，多 1 小时扣一分，时间最多者评为 0 分。通常合格率是一项重要指标，工作时间是一项次要指标，最后以“加权”方式得到综合评分：

$$综合评分 = 2 \times 合格率得分 + 工作时间得分$$

表 6.22　试验方案及结果分析

因素 \ 试验号		D	B	A	C	指标	
		1	2	4	7	合格率 Y/%	工作时间 Z/h
1		1	1	1	1	93	4
2		1	1	2	2	91	10
3		1	1	1	2	29	6
4		2	2	2	1	56	6
5		1	2	2	2	71	4
6		2	1	1	1	73	11
7		2	1	2	1	83	3
8		2	2	1	1	84	14
		2	2	2	2		
合格率	K_1	269	328	276	305	因素主次：*BDCA* 较优生产条件：$B_1D_2C_1A_2$	
	K_2	311	252	304	275		
	R	42	76	28	30		
工作时间	K_1	26	29	17	24	因素主次：*ACDB* 较优生产条件：$A_1C_1D_1B_{1,2}$	
	K_2	32	29	41	34		
	R	6	0	24	10		

例如，第 *l* 号试验综合评分为 $2\times9.3+9=27.6$，全部综合评分和以综合评分为数据的计算、分析列于表 6.23 中。

表 6.23　试验方案及结果分析

因素 \ 试验号	D	B	A	C	指标		综合评分
	1	2	4	7	合格率 Y/%	工作时间 Z/h	
1	1	1	1	1	93	4	27.6
2	1	1	2	2	91	10	21.2
3	1	2	1	2	29	6	12.8
4	1	2	2	1	56	6	18.2
5	2	1	1	2	71	4	23.2
6	2	1	2	1	73	11	16.6
7	2	2	1	1	83	3	26.6
8	2	2	2	2	84	14	16.8
K_1	79.8	88.6	90.2	89	因素主次：$A>C>B>D$ 较优生产条件：$A_1B_1C_1D_2$		
K_2	83.2	74.4	72.8	74			
R	3.4	14.2	17.4	15			

从上表的极差可以看出：因素的主次为 *ACBD*，较优生产条件 $A_1B_1C_1D_2$，此结论与综合平衡法的结论一致。

第四节 正交试验设计的方差分析法

前面介绍了多因素正交试验设计结果的极差分析法，极差分析法具有简单直观、计算量小等优点，但极差分析不能估计试验中以及试验结果测定中必然存在的误差大小，不能区分因素各水平所对应的试验结果间的差异究竟是真正由于因素水平不同所引起的，还是由于试验的误差所造成的，因而不能知道分析的精度，如果对试验结果进行方差分析，就能弥补极差分析法的不足。

一、方差分析的基本步骤与格式

方差分析法是将因素水平（或交互作用）的变化所引起的试验结果间的差异与误差波动所引起的试验结果间的差异区分开来的一种数学方法。

如果用正交表安排 m 个因素的试验，试验总次数为 n，设试验结果为 $y_i(i=1,2,\cdots,n)$。方差分析的基本步骤如下。

1. 计算离差平方和

(1)总离差平方和 S_T^2，设

$$S_T^2=\sum_{i=1}^{n}(y_i-\bar{y})^2=\sum_{i=1}^{n}y_i^2-\frac{1}{n}\left(\sum_{i=1}^{n}y_i\right)^2=Q-P \tag{6.1}$$

其中

$$\bar{y}=\frac{1}{n}\sum_{i=1}^{n}y_i,\quad Q=\sum_{i=1}^{n}y_i^2,\quad T=\sum_{i=1}^{n}y_i,\quad P=\frac{1}{n}\left(\sum_{i=1}^{n}y_i\right)^2=\frac{T^2}{n}$$

S_T^2 即为总离差平方和，它反映了试验结果的总差异，它越大，则说明各试验结果之间的差异越大，试验的结果之所以会有差异，一是由因素水平的变化所引起，二是因为有试验误差，因此差异是不可避免的。

(2)各因素引起的离差平方和 。若将因素 A 安排在正交表的第 j $(j=1,2,\cdots,m)$ 列上，且称 S_j^2 为第 j 列所引起的离差平方和，于是有

$$S_j^2=\frac{r}{n}\left(\sum_{i=1}^{r}K_i^2\right)-\frac{T^2}{n}=\frac{r}{n}\left(\sum_{i=1}^{r}K_i^2\right)-P \tag{6.2}$$

此离差平方和反映了因素 A 的水平变化时所引起的试验结果的差异，即因素 A 对试验结果的影响。另外，总离差平方和还可以分解成各列离差平方和之和，即

$$S_T^2=\sum_{j=1}^{m}S_j^2 \tag{6.3}$$

(3)试验误差的离差平方和。为了方差分析的方便，在进行表头设计时一般要求留有空列，即误差列。所以误差的离差平方和为所有空列所对应离差平方和之和，即

$$S_e^2=\sum S_{\text{空列}}^2 \tag{6.4}$$

(4)交互作用的离差平方和。由于交互作用在正交设计时作为新的因素看待，所以在正交表中占有相应的列，也会引起离差平方和。如果交互作用只占有一列，则其离差平方和等于所在列的离差平方和 S_j^2；如果交互作用占有多列，则其离差平方和等于所占多列离差平方和之和。例如，设交互作用 $A\times B$ 在正交表中占有两列，则

$$S_{A\times B}^2=S_{(A\times B)_1}^2+S_{(A\times B)_2}^2 \tag{6.5}$$

2.计算自由度

(1)总自由度

$$f_T = \text{试验总次数} - 1 = n - 1 \tag{6.6}$$

(2)各因素的自由度

$$f_j = \text{第 } j \text{ 列因素} - 1 = r - 1 \tag{6.7}$$

(3)两因素交互作用的自由度

$$f_{A\times B} = f_A \times f_B \tag{6.8}$$

即等于交互的两因素自由度之积。

(4)误差的自由度

$$f_e = \sum f_{\text{空列}} \tag{6.9}$$

误差的自由度也可由总自由度减去各因素自由度与交互作用自由度之和来求得。

3.计算平均离差平方和(均方)

4.计算 F 值

5.显著性检验

最后将方差分析结果列在方差分析表中。分析过程与第三章中方差分析的过程类似。

二、2 水平正交试验的方差分析

在进行正交设计的方差分析之前,引入正交表的列变动离差平方和的概念。如下式所示:

$$S_j^2 = \frac{\sum(\text{第 } j \text{ 列相同水平数据和的平方})}{\text{第 } j \text{ 列的水平重复数}} - \frac{T^2}{n}$$

式中 n—— 数据总个数;

T—— 数据总和。

2 水平的正交试验的方差分析比较简单,正交表中任一列(第 j 列) 对应的离差平方和的计算可以进行如下简化:

$$S_j^2 = \frac{1}{n}(K_1 - K_2)^2 \tag{6.10}$$

例 6.6 某厂拟采用化学吸收法,用填料塔吸收废气中的 SO_2,为了使废气中 SO_2 的浓度达到排放标准,通过正交试验对吸收工艺条件进行了摸索,试验的因素与水平如表 6.24 所示。需要考虑交互作用 $A\times B$,$B\times C$。如果将 A,B,C 放在正交表 $L_8(2^7)$ 的 1,2,4 列,试验结果(SO_2 摩尔分数 /%) 依次为:0.15,0.25,0.03,0.02,0.09,0.16,0.19,0.08。试进行方差分析。($a=0.05$)

表 6.24 因素水平表

因素 / 水平	碱浓度 A/%	操作温度 B/℃	填料种类 C
1	5	40	甲
2	10	20	乙

解 (1)根据已知条件及 $L_8(2^7)$ 的交互作用表,列出试验方案及试验结果,见表 6.25。

表 6.25 试验结果及分析

试验号	A 1	B 2	$A\times B$ 3	C 4	空列 5	$B\times C$ 6	空列 7	SO_2 摩尔分数×100
1	1	1	1	1	1	1	1	15
2	1	1	1	2	2	2	2	25
3	1	2	2	1	1	2	2	3
4	1	2	2	2	2	1	1	2
5	2	1	2	1	2	1	2	9
6	2	1	2	2	1	2	1	16
7	2	2	1	1	2	2	1	19
8	2	2	1	2	1	1	2	8
K_1	45	65	67	46	42	34	52	
K_2	52	32	30	51	55	63	45	
R	7	33	37	5	13	29	7	
S_j^2	6.125	136.125	171.125	3.125	21.125	105.125	6.125	

(2)计算离差平方和

总离差平方和：

$$Q=\sum_{i=1}^{n} y_i^2=1\ 625 \quad T=\sum_{i=1}^{n} y_i=97 \quad P=\frac{1}{n}\left(\sum_{i=1}^{n} y_i\right)^2=\frac{T^2}{n}=\frac{97^2}{8}=1\ 176.125$$

$$S_T^2=Q-P=1\ 625-1\ 176.125=448.875$$

因素与交互作用的离差平方和可由公式(6.10)求得：

$$S_A^2=S_1^2=\frac{1}{n}(K_1-K_2)^2=\frac{1}{8}(45-52)^2=6.125$$

$$S_B^2=S_2^2=\frac{1}{n}(K_1-K_2)^2=\frac{1}{8}(65-32)^2=136.125$$

$$S_{A\times B}^2=S_3^2=\frac{1}{n}(K_1-K_2)^2=\frac{1}{8}(67-30)^2=171.125$$

$$S_c^2=S_4^2=\frac{1}{n}(K_1-K_2)^2=\frac{1}{8}(46-51)^2=3.125$$

$$S_{B\times C}^2=S_6^2=\frac{1}{n}(K_1-K_2)^2=\frac{1}{8}(34-63)^2=105.125$$

$$S_5^2=\frac{1}{n}(K_1-K_2)^2=\frac{1}{8}(42-55)^2=21.125$$

$$S_7^2=\frac{1}{n}(K_1-K_2)^2=\frac{1}{8}(52-45)^2=6.125$$

误差平方和：

$$S_e^2=S_5^2+S_7^2=21.125+6.125=27.250$$

(3)计算自由度

总自由度：$f_T=n-1=8-1=7$

各因素自由度：$f_A=f_B=f_C=r-1=2-1=1$

交互自由度：$f_{A\times B}=f_A\times f_B=1\times 1=1 \qquad f_{B\times C}=f_B\times f_C=f_6=1$

误差自由度：$f_e = f_5 + f_7 = 1 + 1 = 2$

(4)计算均方

由于各因素和交互作用的自由度为1，所以它们的均方应该等于它们各自的离差平方和，即：

$$\bar{S}_A^2 = S_A^2 = 6.125$$

$$\bar{S}_B^2 = S_B^2 = 136.125$$

$$\bar{S}_{A\times B}^2 = S_{A\times B}^2 = 171.125$$

$$\bar{S}_C^2 = S_C^2 = 3.125$$

$$\bar{S}_{B\times C}^2 = S_{B\times C}^2 = 105.125$$

但误差的均方为：

$$\bar{S}_e^2 = \frac{S_e^2}{f_e} = \frac{27.250}{2} = 13.625$$

由上述结果可知，$\bar{S}_A^2 < \bar{S}_e^2$，$\bar{S}_C^2 < \bar{S}_e^2$，这说明因素$A$，$C$对试验结果的影响较小，为次要因素，可以将它们都归入误差，这样误差的离差平方和、自由度和均方都会随之发生变化，即

新误差平方和：$S_e^{2\Delta} = S_e^2 + S_A^2 + S_C^2 = 27.250 + 6.125 + 3.125 = 36.500$

新误差的自由度：$f_e^{\Delta} = f_e + f_A + f_C = 2 + 1 + 1 = 4$

新误差均方：$\bar{S}_e^{2\Delta} = \dfrac{S_e^{2\Delta}}{f_e^{\Delta}} = \dfrac{36.500}{4} = 9.125$

(5)计算F值

$$F_B = \frac{136.125}{9.125} = 14.92,\quad F_{A\times B} = \frac{171.125}{9.125} = 18.75,\quad F_{B\times C} = \frac{105.125}{9.125} = 11.52$$

由于因素A，C已经并入误差，所以就不需要计算它们对应的F值。

(6)F检验

查得临界值$F_{0.05}(1,4) = 7.71$，F_B，$F_{A\times B}$，$F_{B\times C}$都大于7.71，所以对于给定显著性水平$\alpha = 0.05$，因素B和交互作用$A\times B$，$B\times C$对试验结果都有显著影响。最后将分析结果列于方差分析表6.26中。

表6.26　方差分析表

方差来源	离差平方和	自由度	平均离差平方和	F值	显著性
B	136.125	1	136.126	14.92	*
$A\times B$	171.125	1	171.125	18.75	*
$B\times C$	105.125	1	105.125	11.52	*
误差e^{Δ}	36.500	4	9.125		
总和	448.125	7			

从表6.26中F值的大小也可以看出因素的主次顺序为$A\times B$，B，$B\times C$，这与极差分析结果是一致的。

(7)优方案的确定

交互作用$A\times B$，$B\times C$都对试验指标有显著影响，所以因素A，B，C优水平的确定应依

据A,B水平搭配(表6.27)和B,C水平搭配(表6.28)。由于指标(废气中SO_2摩尔分率)是越小越好,所以因素A,B优水平搭配为A_1B_2,因素B,C优水平搭配为B_2C_2。于是,最后确定的优方案为$A_1B_2C_2$,即碱浓度5%,操作温度20 ℃,填料选择乙。

表 6.27　因素 A,B 水平搭配表

因素	A_1	A_2
B_1	(15+25)/2=20.0	(9+16)/2=12.5
B_2	(3+2)/2=2.5	(19+8)/2=13.5

表 6.28　因素 B,C 水平搭配表

因素	C_1	C_2
B_1	(15+9)/2=12.0	(25+16)/2=20.5
B_2	(3+19)/2=11.0	(2+8)/2=5.0

三、3 水平正交试验的方差分析

对于3水平正交试验的方差分析,因$r=3$,所以任意一列(第j列)的离差平方和为

$$S_j^2=\frac{3}{n}\left(\sum_{i=1}^{3}K_i^2\right)-P \tag{6.16}$$

例 6.7　为了提高某种产品的得率,考察A,B,C,D四个因素,每个因素取3个水平,并且考虑交互作用$A\times B$,$A\times C$,$A\times D$,试通过正交试验设计确定较好的试验方案。

解　(1) 试验设计

本试验要考虑4个因素和3种交互作用,且每种交互作用占两列,这样因素和交互作用在正交表中总共占有10列,所以应该选择正交表$L_{27}(3^{13})$。根据$L_{27}(3^{13})$的交互作用表进行表头设计(如表6.29所示,第11、12、13列为空列,未在表中列出),然后进行试验,得到试验结果$y_i(i=1,2,\cdots,27)$。

(2)计算离差平方和

$$T=\sum_{i=1}^{27}y_i=0.422+0.354+\cdots+0.353=10.003$$

$$Q=\sum_{27=1}^{27}y_i^2=0.422^2+0.354^2+\cdots+0.353^2=4.607$$

$$P=\frac{T^2}{n}=\frac{10.003^2}{27}=3.706$$

$$S_T^2=Q-P=4.607-3.706=0.901$$

$$S_A^2=\frac{3}{n}\left(\sum_{i=1}^{3}K_i^2\right)-P=\frac{1}{9}(4.113^2+1.919^2+3.971^2)-3.706=0.335$$

$$S_B^2=\frac{1}{9}(2.487^2+4.041^2+3.475^2)-3.706=0.137$$

$$S_{(A\times B)_1}^2=\frac{1}{9}(3.403^2+3.529^2+3.071^2)-3.706=0.012$$

$$S_{(A\times B)_2}^2=\frac{1}{9}(3.897^2+2.754^2+3.352^2)-3.706=0.072$$

表 6.29　试验设计及结果

试验号	1	2	3	4	5	6	7	8	9	10	得率
	A	B	$(A\times B)_1$	$(A\times B)_2$	C	$(A\times C)_1$	$(A\times C)_2$	$(A\times D)_2$	D	$(A\times D)_1$	$y_i/\%$
1	1	1	1	1	1	1	1	1	1	1	0.422
2	1	1	1	1	2	2	2	2	2	2	0.354
3	1	1	1	1	3	3	3	3	3	3	0.523
4	1	2	2	2	1	1	1	2	2	2	0.576
5	1	2	2	2	2	2	2	3	3	3	0.514
6	1	2	2	2	3	3	3	1	1	1	0.388
7	1	3	3	3	1	1	1	3	3	3	0.619
8	1	3	3	3	2	2	2	1	1	1	0.436
9	1	3	3	3	3	3	3	2	2	2	0.281
10	2	1	2	3	1	2	3	1	2	3	0.153
11	2	1	2	3	2	3	1	2	3	1	0.158
12	2	1	2	3	3	1	2	3	1	2	0.117
13	2	2	3	1	1	2	3	2	3	1	0.387
14	2	2	3	1	2	3	1	3	1	2	0.306
15	2	2	3	1	3	1	2	1	2	3	0.282
16	2	3	1	2	1	2	3	3	1	2	0.134
17	2	3	1	2	2	3	1	1	2	3	0.163
18	2	3	1	2	3	1	2	2	3	1	0.219
19	3	1	3	2	1	3	2	1	3	2	0.511
20	3	1	3	2	2	1	3	2	1	3	0.184
21	3	1	3	2	3	2	1	3	2	1	0.065
22	3	2	1	3	1	3	2	2	1	3	0.733
23	3	2	1	3	2	1	3	3	2	1	0.488
24	3	2	1	3	3	2	1	1	3	2	0.367
25	3	3	2	1	1	3	2	3	2	1	0.554
26	3	3	2	1	2	1	3	1	3	2	0.716
27	3	3	2	1	3	2	1	2	1	3	0.353
K_1	4.113	2.487	3.403	3.897	4.089	3.623	3.029	3.438	3.073	3.117	
K_2	1.919	4.041	3.529	2.754	3.319	2.736	3.720	3.254	2.916	3.362	
K_3	3.971	3.475	3.352	3.352	2.595	3.617	3.254	3.320	4.014	3.524	

$$S_c^2 = \frac{1}{9}(4.089^2 + 3.319^2 + 2.595^2) - 3.706 = 0.124$$

$$S^2_{(A\times C)_1} = \frac{1}{9}(3.623^2 + 2.763^2 + 3.617^2) - 3.706 = 0.054$$

$$S^2_{(A\times C)_2} = \frac{1}{9}(3.029^2 + 3.732^2 + 3.254^2) - 3.706 = 0.028$$

$$S^2_{(A\times D)_2} = \frac{1}{9}(3.438^2 + 3.245^2 + 3.320^2) - 3.706 = 0.002$$

$$S_D^2=\frac{1}{9}(3.073^2+2.916^2+4.014^2)-3.706=0.078$$

$$S_{(A\times D)_1}^2=\frac{1}{9}(3.117^2+3.362^2+3.524^2)-3.706=0.009$$

$$S_{(A\times B)}^2=S_{(A\times B)_1}^2+S_{(A\times B)_2}^2=0.012+0.072=0.083$$

$$S_{(A\times C)}^2=S_{(A\times C)_1}^2+S_{(A\times C)_2}^2=0.054+0.028=0.082$$

$$S_{(A\times D)}^2=S_{(A\times D)_1}^2+S_{(A\times D)_2}^2=0.009+0.002=0.011$$

误差的离差平方和可用总离差平方和减去因素及交互作用的离差平方和。

$$S_e^2=S_T^2-(S_A^2+S_B^2+S_{(A\times B)}^2+S_C^2+S_{(A\times C)}^2+S_D^2+S_{(A\times D)}^2)=0.050$$

(3)计算自由度

总自由度：$f_T=n-1=27-1=26$

各因素自由度：$f_A=f_B=f_C=f_D=r-1=3-1=2$

交互作用自由度：$f_{A\times B}=f_A\times f_B=2\times 2=4\quad f_{A\times C}=f_{A\times D}=4$

误差自由度：$f_e=f_T-(f_A+f_B+f_{A\times B}+f_C+f_{A\times C}+f_D+f_{A\times D})=6$

(4)计算均方

各因素和交互作用的均方

$$\bar{S}_A^2=\frac{S_A^2}{f_A}=\frac{0.335}{2}=0.168,\bar{S}_B^2=\frac{S_B^2}{f_B}=\frac{0.137}{2}=0.068,\bar{S}_{A\times B}^2=\frac{S_{A\times B}^2}{f_{A\times B}}=\frac{0.084}{4}=0.021$$

$$\bar{S}_C^2=\frac{S_C^2}{f_C}=\frac{0.124}{2}=0.062,\bar{S}_{A\times C}^2=\frac{S_{A\times C}^2}{f_{A\times C}}=\frac{0.082}{4}=0.020,\bar{S}_D^2=\frac{S_D^2}{f_D}=\frac{0.078}{2}=0.039$$

$$\bar{S}_{A\times D}^2=\frac{S_{A\times D}^2}{f_{A\times D}}=\frac{0.011}{4}=0.003$$

但误差的均方为

$$\bar{S}_e^2=\frac{S_e^2}{f_e}=\frac{0.050}{6}=0.008$$

由上述计算结果可知，$\bar{S}_{A\times D}^2<\bar{S}_e^2$，说明了交互作用 $A\times D$ 对试验结果的影响较小，可以将它归入误差，重新计算。

新误差离差平方和：$S_e^{2\Delta}=S_e^2+S_{A\times D}^2=0.050+0.011=0.061$

新误差自由度：$f_e^{\Delta}=f_e+f_{A\times D}=6+4=10$

新误差均方：$\bar{S}_e^{2\Delta}=\frac{S_e^{2\Delta}}{f_e^{\Delta}}=\frac{0.061}{10}=0.006$

(5)计算 F 值

$$F_A=\frac{0.168}{0.006}=28.00,\quad F_B=\frac{0.068}{0.006}=11.33,\quad F_{A\times B}=\frac{0.021}{0.006}=3.50$$

$$F_C=\frac{0.062}{0.006}=10.33,\quad F_{A\times C}=\frac{0.020}{0.006}=3.33,\quad F_D=\frac{0.039}{0.006}=6.50$$

(6) F 检验

查得临界值 $F_{0.05}(2,10)=4.10$，$F_{0.01}(2,10)=10.04$，$F_{0.05}(4,10)=3.48$，$F_{0.01}(4,10)=5.99$，所以对于给定显著性水平 $\alpha=0.05$，因素 A，B，C 对试验结果有非常显著的影响，因素 D 和交互作用 $A\times B$ 对试验结果有显著影响，交互作用 $A\times C$ 对试验结果没有显著影响。最后将分析结果列于方差分析表 6.30 中。

表 6.30 方差分析表

方差来源	离差平方和	自由度	平均离差平方和	F 值	显著性
A	0.335	2	0.168	28.00	* *
B	0.137	2	0.628	11.33	* *
$A\times B$	0.084	4	0.021	3.50	*
C	0.124	2	0.062	10.33	* *
$A\times C$	0.082	4	0.020	3.33	
D	0.078	2	0.039	6.50	*
误差 e^{Δ}	0.061	10	0.006		
总和	0.901	26			

(7)优方案的确定

由于试验指标是产品得率，越大越好，从表 6.29 可以看出，在不考虑交互作用的情况下，优方案应取各因素最大K值所对应的水平，即$A_1B_2C_1D_3$。从方差分析知，交互作用$A\times C$，$A\times D$对试验结果无显著影响，交互作用$A\times B$对试验结果的影响程度也不及A，B，C，所以确定A，B，C，D优水平时可以不考虑交互作用，即优方案为$A_1B_2C_1D_3$。

第五节 正交试验设计的常用灵活应用方法

实际应用中遇到具体问题时，必须针对不同问题采取不同的试验设计方法，灵活地应用正交试验设计。

一、并列法

当试验因素的水平数不同时，可以将原来已知的 2 水平、3 水平等相同水平正交表加以适当的改造，得到新的混合水平的正交表，这种方法称为并列法。

例如$L_8(2^7)$，$L_{16}(2^{15})$，$L_{27}(3^{13})$等正交表，都可以把任意两列放在一起，进行并列，以得到一张新的混合水平的正交表。$L_8(4^1\times 2^4)$表就是由$L_8(2^7)$改造而来，具体步骤如下：

表 6.31 正交表 $L_8(2^7)$

试验号	列号						
	1	2	3	4	5	6	7
1	1	1	1	1	1	1	1
2	1	1	1	2	2	2	2
3	1	2	2	1	1	2	2
4	1	2	2	2	2	1	1
5	2	1	2	1	2	1	2
6	2	1	2	2	1	2	1
7	2	2	1	1	2	2	1
8	2	2	1	2	1	1	2

(1)首先从 $L_8(2^7)$ 中随便选两列，例如 1、2 列，这两列同横行组成的 8 个数对，恰好有 4 种不同搭配并且各出现两次，把每种搭配用一个数字来表示，规则是(1,1) → 1，(1,2) → 2，(2,1) → 3，(2,2) → 4。

(2)把 1,2 列合起来形成一个具有 4 水平的新列，再将 1,2 列的交互作用列第 3 列从正交表中去除，因为它已不能再安排任何因素，这样就等于将 1,2,3 列合并成新的一个 4 水平列，如表 6.32 所示。

表 6.32　$L_8(4^1 \times 2^4)$ 正交表

试验号＼列号	1 2 3	4	5	6	7
1	1	1	1	1	1
2	1	2	2	2	2
3	2	1	1	2	2
4	2	2	2	1	1
5	3	1	2	1	2
6	3	2	1	2	1
7	4	1	2	2	1
8	4	2	1	1	2

不难看出，表 6.32 具有下列两个特征：

(1)任意一列中各水平出现的次数相同；

(2)任意两列中各横行的有序数对出现的次数相同。

所以，新的表 $L_8(4^1 \times 2^4)$ 仍然是一张正交表，它仍然具有正交表均衡分散、整齐可比的性质。

同样的道理，根据试验需要把 2 水平正交表 $L_{16}(2^{15})$ 的几列并成 4 水平列，得到一系列 2 水平与 4 水平混合的正交表，如 $L_{16}(4^1 \times 2^{12})$，$L_{16}(4^2 \times 2^9)$ 等。用并列后的正交表安排试验，试验结果的分析与一般正交表相同。

例 6.8　聚氨酯合成橡胶的试验中，要考察 A,B,C,D 对抗张强度的影响，其中因素 A 取 4 水平，因素 B,C,D 均取 2 水平，还需要考察交互作用 $A \times B$，$A \times C$。

解　(1)试验设计

本试验要考察 1 个 4 水平因素和 3 个 2 水平因素，自由度计算如下：

$$f_A = 4 - 1 = 3,\ f_B = f_C = f_D = 2 - 1 = 1$$

$$f_{A\times B} = f_{A\times C} = (4-1)\times(2-1) = 3,\quad f_{总} = 3 + 3\times 1 + 2\times 3 = 12$$

故可以选用 $L_{16}(2^{15})$ 改造得到的 $L_{16}(4^1 \times 2^{12})$ 混合正交表安排试验，改造的方法与前面介绍的方法类似，将正交表 $L_{16}(2^{15})$ 的 1,2 两列及其交互作用列第 3 列合并成一个 4 水平列。因素 A 为 4 水平，应放在表的 4 水平列上；再将因素 B 置于余下的列上，如置于第 4 列。因素 A 与 B 的交互作用的自由度为 3，应占三列：即 A 在 $L_{16}(2^{15})$ 所占的三列与 B 所在列的交互列，由交互作用表查得为第 5,6,7 列，那么这三列为交互作用 $A\times B$ 所占据；可将 C 置于余下的 8 列中的任一列，如置于第 8 列，同理，$A\times C$ 位于第 9,10,11 列上；最后将因素 D 置于留下列的任一列上，如置于第 12 列，表头设计如表 6.33 所示。

表 6.33　表头设计

表头设计	A	B	$A\times B$	C	$A\times C$	D				
列号	1 2 3	4	5 6 7	8	9 10 11	12	13	14	15	

(2)方差分析

$L_{16}(4^1\times 2^{12})$仍然是完全正交表,且仍具有离差平方和分解式:$S_T^2=S_1^2+S_2^2+\cdots+S_{15}^2$,可以用改造前的$L_{16}(2^{15})$计算各列离差平方和。按表头设计有

$$S_A^2=S_1^2+S_2^2+S_3^2, f_A=3$$

$$S_{A\times B}^2=S_5^2+S_6^2+S_7^2, f_{A\times B}=3$$

$$S_{A\times C}^2=S_9^2+S_{10}^2+S_{11}^2, f_{A\times C}=3$$

二、拟水平法

拟水平法是用水平数多的正交表安排水平数少的因素的一种设计方法,基本思想是对水平数较少的因素虚拟一些水平,使之能排在多水平列上。例如,2 水平因素可用拟水平法来安排在正交表的 3 水平列上,3 水平因素可用拟水平法来安排在正交表的 4 水平列上等等。因此,它是解决水平数不同的多因素试验的一种方法。

例 6.9　假设某一试验,指标只有一个,它的数值越大越好,要考察四个因素 A,B,C,D,其中因素 C 是 2 水平的,其余 3 个因素都是 3 水平的,具体数值如表 6.34 所示,按正交表 $L_9(3^4)$ 安排实验,试验结果按试验序号依次为 2.05,2.04,2.24,1.30,1.50,1.35,1.26,2.00,1.97,对试验结果进行分析,找出最好的试验方案。

表 6.34　因素水平表

水平 \ 因素	A	B	C	D
1	0.6	13	3	20
2	0.35	17	4	25
3	0.1	21		30

解　(1)试验设计

本题是 1 个 2 水平因素与 3 个 3 水平因素混合的试验,没有合适的混合水平正交表,这类问题可假设因素 C 也有 3 个水平,那么这个问题就变成 4 因素 3 水平的问题,可以选正交表 $L_9(3^4)$ 来安排试验,但是实际上因素 C 只有 2 个水平,不能随便安排第 3 个水平,这时,可从前两个水平中选出一个水平让它重复一次作为第 3 个水平,这就叫作虚拟水平。通常要根据实际经验,选取一个比较好的水平,假如本题第 2 水平比第 1 水平好,就选第 2 水平作为第 3 水平,这样因素水平表 6.34 就变为表 6.35。

表 6.35　拟水平因素水平表

水平 \ 因素	A	B	C	D
1	0.6	13	3	20
2	0.35	17	4	25
3	0.1	21	4	30

接下来就可以按等水平正交表 $L_9(3^4)$ 安排试验，列出试验方案，得出试验结果并进行分析，如表 6.36 所示。

表 6.36　试验方案及结果分析

试验号＼因素	1 A	2 B	3 C	实际列	4 D	试验结果
1	1	1	1	1	1	2.05
2	1	2	2	2	2	2.04
3	1	3	3	2	3	2.24
4	2	1	2	2	3	1.30
5	2	2	3	2	1	1.50
6	2	3	1	1	2	1.35
7	3	1	3	2	2	1.26
8	3	2	1	1	3	2.00
9	3	3	3	2	1	1.97
K_1	6.33	4.610		5.40	5.52	
K_2	4.15	5.540		10.31	4.65	
K_3	5.23	5.560			5.54	
R	2.18	0.95		4.91	0.89	
优方案	A_1	B_3		C_2	D_3	

需要注意的是，因素 C 的"第 3 水平"实际上就是第 2 水平，把正交表中的第 3 列的 C 因素的水平安排重写一次，两边用虚线标出，对应的列在右边，这一列是真正的水平安排。由于这一列没有第 3 水平，因此在求和时并无 K_3。

从表 6.36 中的极差可以看出，因素 A 对试验的影响最大，取第 1 水平为好；其次是因素 B 取第 3 水平为好；再次是因素 D，取第 3 水平为好；因素 C 的影响最小，取第 2 水平为好，所以，这个试验的优方案应当是 $A_1B_3C_2D_3$，正好是第 3 个方案，从试验结果看，效果最好的也是第 3 号试验，因此我们选出的优方案是合乎实际的。

从上述例题可以看出拟水平法有如下特点：

①每个水平的试验次数不一样。对于因素 C 来说，1 水平试验次数是 3 次，而 2 水平试验次数是 6 次。

②虽然拟水平法扩大了正交表的使用范围，但是，正交表经过拟水平改造后不再是一张正交表了，它失去了各因素的各水平之间的均衡搭配的性质，这是和并列法所不同的。

(2)方差分析

拟水平法的方差分析与一般的方差分析没有本质的区别，只是在计算拟水平列时要注意各水平重复的次数不同，注意具有拟水平因素的离差平方和，自由度的计算，以及误差的离差平方和及自由度的计算。

三、赋闲列法

赋闲列法也是在一张等水平正交表上安排若干个水平数不等的因素的一种方法，这种方法通常用来解决把水平数较多的因素安排到水平数较少的正交表中的问题，例如在 2 水平正交表中同时安排若干个 2 水平与 3 水平因素的方法。

例 6.10　在一个提高某种农药收率的试验中，因素水平情况如表 6.37 所示。

表 6.37　因素水平表

因素 / 水平	保湿温度 A/℃	某成分含量 B/%	保温时间 C/h
1	2	12.5	65
2	1.5	7.5	75
3	1		

解　(1)试验设计

此例是 1 个 3 水平因素和 2 个 2 水平因素的试验，要想把 3 水平的因素安排到 2 水平正交表中，可以用赋闲列法安排试验。

三个因素的自由度之和为：$f_A+f_B+f_C=2+1+1=4$，所以首先选用正交表 $L_8(2^7)$ 安排试验。3 水平因素的自由度为 $3-1=2$，故在 2 水平正交表中应占两列，因此可任取两列安排 3 水平因素 A，但这两列的交互作用列不能安排新的因素或交互作用，也不能用来估计误差，称该列为赋闲列。

如将第 2,3 两列取来安排因素 A，则其交互列第 1 列为赋闲列。第 2,3 两列有四个数对，类似于并列法的四个数对的改造原则：(1,1) → 1、(1,2) → 2、(2,1) → 3、(2,2) → 2，这样就用原来的两个 2 水平列构造了一个 3 水平列。用赋闲列法在 2 水平正交表中安排 3 水平因素时，通常将第一列取为赋闲列，再取两列，使得它们的交互列正好是第一列，并把赋闲列的"1"对应的行称为上半表，"2"对应的行称为下半表。按赋闲列法安排的试验也不再具有正交性，但是上半表与下半表分别满足正交性，并且在上半表与下半表中有一个共同的水平，即 2 水平。

按照上述原理，本例的表头设计如表 6.38 所示。

表 6.38　表头设计

因素	赋闲	A	B	C			
列号	1	2	3	4	5	6	7

如果有多个 3 水平因素时，为了节约试验次数，可以将赋闲列都置于同一列，譬如有 2 个 3 水平因素，则可取 2、3 两列安排一个 3 水平因素，再取 4、5 两列安排另一个 3 水平因素，因为这两列的交互列也是第一列。

(2)方差分析

① 按 2 水平正交表 $L_8(2^7)$ 计算每一列的离差平方和

$$S_A^2=S_2^2+S_3^2, f_A=2 \quad S_B^2=S_4^2, f_B=1 \quad S_C^2=S_5^2, f_C=1$$

② 赋闲列不能安排新的因素也不能估计误差

第一列赋闲列 S_1^2 中除了误差外，还是 2、3 列的交互作用列，所以其中还含有因素 A 的部分效应。因此该列既不能用来估计误差也不能安排新的因素或交互作用，只能作为空列。

③ 误差的离差平方和由空白列的离差平方和相加而得

$$S_e^2=S_6^2+S_7^2, f_e=2$$

第六节　直和法和直积法

一、直和法

在实际生产中经常会遇到试验因素多而水平数又不等的大型的试验，这时如果把全部因素安排在一张正交表上，那么试验次数较多，试验的周期也会很长，在试验过程中也不能及时处理出现的问题。遇到这种情况可以分阶段进行试验，即先把一部分因素和水平安排在第一张正交表上进行试验，如果试验结果不能达到要求，再充分利用第一阶段试验结果提供的信息，在第二张正交表上安排下一阶段的试验，最后再对两张正交表上试验的结果进行综合分析得出结论，把这种方法叫作直和法。

例 6.11　泡沫聚乙烯电线的制造工艺研究，因素与水平如表 6.39 所示。试验指标是电线的某种性能，数值越大越好。因素间交互作用除 $A\times B$ 必须考察外，其余交互作用均可忽略。

表 6.39　泡沫聚乙烯电线制造工艺试验因素水平表

水平＼因素	螺杆的转数 A	螺杆的类型 B	发泡剂用量 C	螺杆直径 D	机身温度 E/℃	长径比 F	螺杆与套筒间隔 G	电线的牵引速度 H
1	20	甲	较少	现在的	140	2	现在的	20
2	26	乙	较多	稍细的	155	3	较大	25
3	32				170			30

本例是一个 8 因素试验，A,E,H 是 3 水平因素，其余 5 个是 2 水平因素，需要考察的因素与交互作用自由度总和是：

$$\sum f_{因}=3\times(3-1)+5\times(2-1)+(2-1)\times(2-1)=12$$

可以考虑在 $L_{16}(2^{15})$ 上用赋闲列法来安排试验，但为了充分利用已做过试验获得的信息，还是采用直和法较好。其中 $A\times B$ 需考察，要把它们全部安排在一张 $L_8(2^7)$ 上是不可能的，可以采用三种方法把全部因素安排在两张 $L_8(2^7)$ 正交表中分批做试验。

(1)减因素。由于因素较多，一张小的正交表安排不下，所以在第一张正交表中把某些因素固定在某一个水平上不变，到第二批试验时再比较它们各个水平，这就是减因素。例如，在本例中，因素数超过正交表 $L_8(2^7)$ 的列数，肯定排不下，可在第一批试验时把因素 G 先固定在 1 水平上，这样在第一张 $L_8(2^7)$ 上安排试验时可少考虑一个因素 G。

(2)减水平。对于一些水平数较多的因素，在第一张正交表上比较全部水平有困难，可以在第一张正交表上先比较一部分水平，经过分析，把其中的最好水平挑出来，和剩下的水平一起排在第二张正交表中进行比较，称为减水平。例如，本例中 A,E,H 都是三水平因素，在第一张 $L_8(2^7)$ 中，只安排它们的前两个水平，那么，在第一张 $L_8(2^7)$ 中，它们变成了 3 个 2 水平因素 $\underline{A}(A_1,A_2)$，$\underline{E}(E_1,E_2)$，$\underline{H}(H_1,H_2)$。

(3)复合因素。本例中，根据经验可知 C_2 不劣于 C_1，D_2 不劣于 D_1，所需考察的仅仅是 C_2 是否显著比 C_1 好，D_2 是否显著比 D_1 好。这时在第一张正交表上，可以只考虑 C 和 D 的复合因素 (CD)，它的两个水平分别是 C_1D_1 和 C_2D_2，(CD) 可以排到第一张正交表 $L_8(2^7)$

中。如果经过统计分析发现(CD)不显著,那么由于C,D两个水平的趋势已知,它们又没有交互作用,则可以断言C,D均不显著,第二批试验就不必考虑这两个因素了;反之,如果(CD)显著,这一定是C,D至少有一个显著,可在第二批试验时安排C,D的另一个复合因素(CD),它的第一水平是C_1D_2,第二水平是C_2D_1,最后对两批试验进行总的分析时,仍可判断C,D各自的显著性。

经过上述三种方法处理后,第一批试验需考查6个2水平因素,可选用$L_8(2^7)$正交表。为获得可靠的试验结果,每号实验做三次,第一批试验因素水平表见表6.40。

表6.40　第一批试验设计因素水平表

水平\因素	$\underline{A}$	B	CD	$\underline{E}$	F	G	$\underline{H}$
1	20	甲	C_1D_1	130	50	固定	30
2	26	乙	C_2D_2	150	65		25

根据第一批试验的结果可以进行第二批试验的设计,两批试验进行完毕之后,可对全部试验结果作统一的分析。应用直和法进行试验设计,不仅可以减少试验次数,缩短试验周期,而且可在试验过程中及时发现和处理问题。

二、直积法

在冶金、化工、建筑等工业试验设计中,所考察的因素通常可分为两类:一类是配方因素,如原材料条件、配料比例等;二类是工艺因素,如操作方法、加工条件、时间、变化特性等。试验的目的往往既要寻求好的配方,又要寻求适合于这种好的配方的工艺条件,因此,总希望要较多地考察这两类因素间的交互作用,这时常采用直积法。

例6.12　某化工产品提高收率的试验中,考察5个因素,A,B,C均为3水平因素,D,E均为2水平因素,因素水平表如6.41所示。显然A,B,C与D,E是两种性质不同的因素,前三者是配方因素,后两者是工艺因素。两类因素各自内部的交互作用可以忽略,但它们之间的交互作用$A\times D$,$A\times E$,$B\times D$,$B\times E$需加以研究。

表6.41　因素水平表

水平\因素	两种原料总量A	两种原料的克分子比B	催化剂种类C	反应时间D	反应温度E
1	A_1	1∶1	甲	短	E_1
2	A_2	1∶1.5	乙	长	E_2
3	A_3	1∶2	丙		

解　这类问题通常要按照因素的性质分开做试验,先选择安排配方因素的正交表,称为内侧正交表或内表,将A,B,C3个3水平的配方因素安排在正交表$L_9(3^4)$中,其表头设计与前面介绍的表头设计方法没有区别,如表6.42所示,按照该方案进行试验后会得到9个半成品。

表 6.42　内表表头设计

因素	A	B	C	
列号	1	2	3	4

再选择安排工艺因素的正交表，称为外侧正交表或外表，将 D，E2 个 2 水平的因素安排在 $L_4(2^3)$ 表中，其表头设计见表 6.43。

表 6.43　外表表头设计

因素	D		E
列号	1	2	3

进行试验时，让前面得到的 9 个半成品都按这个表头设计规定的工艺条件做 4 次试验，这样，一共做 $9\times 4=36$ 个工艺条件试验。试验数据可用表 6.44 的形式列出。

表 6.44　试验方案及数据

					试验号				因素	
					1	2	3	4	水平	
水平	因素				1	1	2	2	1	D
	A	B	C		1	2	1	2	2	E
试验号	1	2	3	4	1	2	2	1	3	
1	1	1	1	1	y_{11}	y_{12}	y_{13}	y_{14}		
2	1	2	2	2	y_{21}	y_{22}	y_{23}	y_{24}		
3	1	3	3	3	y_{31}	y_{32}	y_{33}	y_{34}		
4	2	1	2	3	y_{41}	y_{42}	y_{43}	y_{44}		
5	2	2	3	1	y_{51}	y_{52}	y_{53}	y_{54}		
6	2	3	1	2	y_{61}	y_{62}	y_{63}	y_{64}		
7	3	1	3	2	y_{71}	y_{72}	y_{73}	y_{74}		
8	3	2	1	3	y_{81}	y_{82}	y_{83}	y_{84}		
9	3	3	2	1	y_{91}	y_{92}	y_{93}	y_{94}		

表中，y_{11} 代表 $L_9(3^4)$ 的第 1 号条件下的半成品在 $L_4(2^3)$ 的第 1 号条件下试验的数据，即 $A_1B_1C_1D_1E_1$ 下的试验结果，又如 y_{43} 代表 $L_9(3^4)$ 的第 4 号条件下的半成品在 $L_4(2^3)$ 的第 3 号条件下试验的数据，即 $A_2B_1C_2D_2E_1$ 下的试验结果，其余类推。

上述这种对试验的安排方法称为直积法，其特点是先把两种不同种类的因素单独安排试验，然后再把这两类因素组合试验，两类因素的组合简易，每个配方因素的水平组合与每一工艺因素的水平组合相配合。因而，可以分析因素间的交互作用，在操作上也比较简单易行。

第七节　Design-Expert 在正交试验设计中的应用

例 6.13　因素水平编码表如表 6.45 所示。并考察 AB，AD，BD 和 AI 的交互作用。

表 6.45　因素水平编码表

水平 \ 因素	Brand A	Current B/amps	Method C	Drying D	Thickness E/mm
1	J100	150	weaving	none	8
2	B17	130	single	1day	12

水平 \ 因素	Angle F/degrees	Stand－off G/mm	Preheat H	Material I	
1	70	1.5	none	SS41	
2	60	3.0	150 deg C	SB35	

1. 选取试验设计类型

选取正交设计命令(Taguchi OA)，根据因素及水平的个数，并在 Design Designation 栏中选择 $L_{16}(2^{15})$ 正交表，点击 continue，继续，如图 6.1 所示。

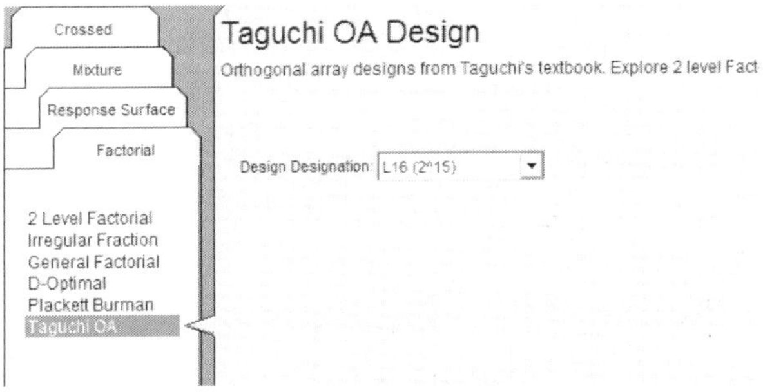

图 6.1　试验类型选取

2. 响应信息输入

填入指标信息，点击 continue，如图 6.2 所示。

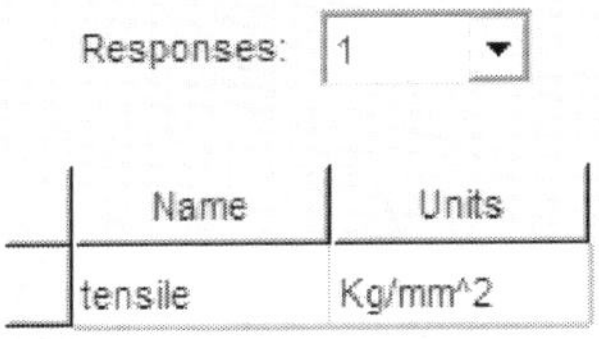

图 6.2　指标信息输入

3. 试验响应值输入

试验数据表，Std 处单击鼠标右键，在弹出的列表中选择“Sort by Standard Order”排列试验顺序，将试验所得数据填入指标(Responses)列内，如图 6.3 所示。

4. 模型处理

单击左侧栏中“Evaluation”，将“Model”栏下的“Order”选为“2FI”，如图 6.4 所示。

单击“Analysis”下指标名称进行分析，单击右边栏“Effects”观察数据分析后因素是否在模型中有意义，如图 6.5 所示。

5. 方程分析表

继续单击“ANOVA”，显示方差分析表，如图 6.6 所示。

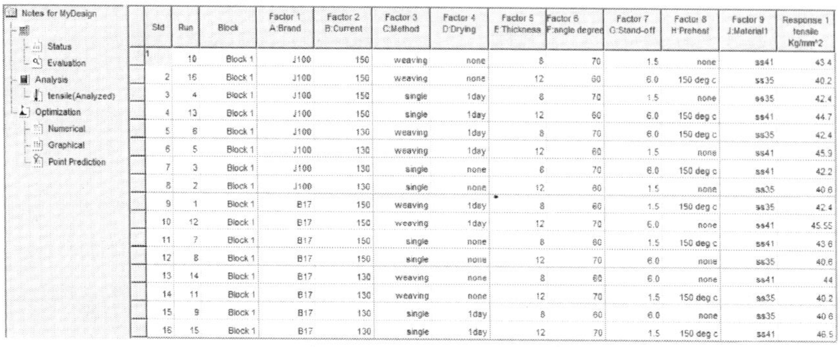

Std	Run	Block	Factor 1 A:Brand	Factor 2 B:Current	Factor 3 C:Method	Factor 4 D:Drying	Factor 5 E:Thickness	Factor 6 F:angle degree	Factor 7 G:Stand-off	Factor 8 H:Preheat	Factor 9 J:Material1	Response 1 tensile Kg/mm^2
1	10	Block 1	J100	150	weaving	none	8	70	1.5	none	ss41	43.4
2	16	Block 1	J100	150	weaving	none	12	60	6.0	150 deg c	ss35	40.2
3	4	Block 1	J100	150	single	1day	8	70	1.5	none	ss35	42.4
4	13	Block 1	J100	150	single	1day	12	60	6.0	150 deg c	ss41	44.7
5	6	Block 1	J100	130	weaving	1day	8	70	6.0	150 deg c	ss35	42.4
6	5	Block 1	J100	130	weaving	1day	12	60	1.5	none	ss41	45.9
7	3	Block 1	J100	130	single	none	8	70	6.0	150 deg c	ss41	42.2
8	2	Block 1	J100	130	single	none	12	60	1.5	none	ss35	40.6
9	1	Block 1	B17	150	weaving	1day	8	60	1.5	150 deg c	ss35	42.4
10	12	Block 1	B17	150	weaving	1day	12	70	6.0	none	ss41	45.55
11	7	Block 1	B17	150	single	none	8	60	1.5	150 deg c	ss41	43.6
12	8	Block 1	B17	150	single	none	12	70	6.0	none	ss35	40.6
13	14	Block 1	B17	130	weaving	none	8	60	6.0	none	ss41	44
14	11	Block 1	B17	130	weaving	none	12	70	1.5	150 deg c	ss35	40.2
15	9	Block 1	B17	130	single	1day	8	60	6.0	none	ss35	40.6
16	15	Block 1	B17	130	single	1day	12	70	1.5	150 deg c	ss41	46.5

图 6.3　响应值输入

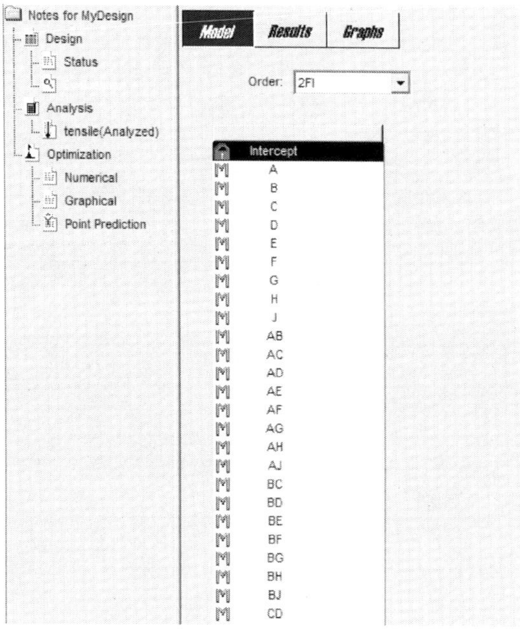

图 6.4　模型处理

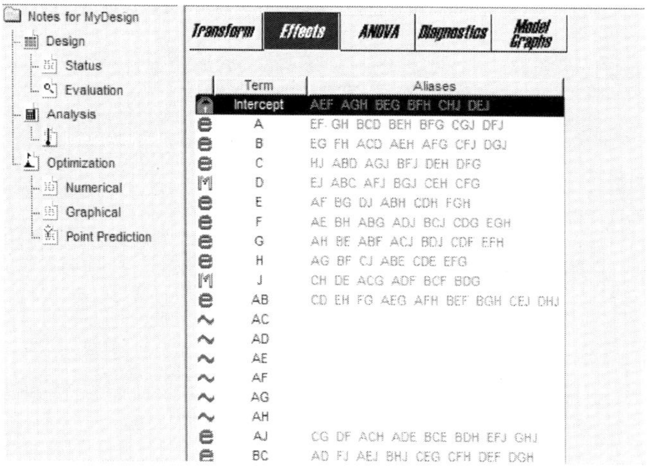

图 6.5　模型处理

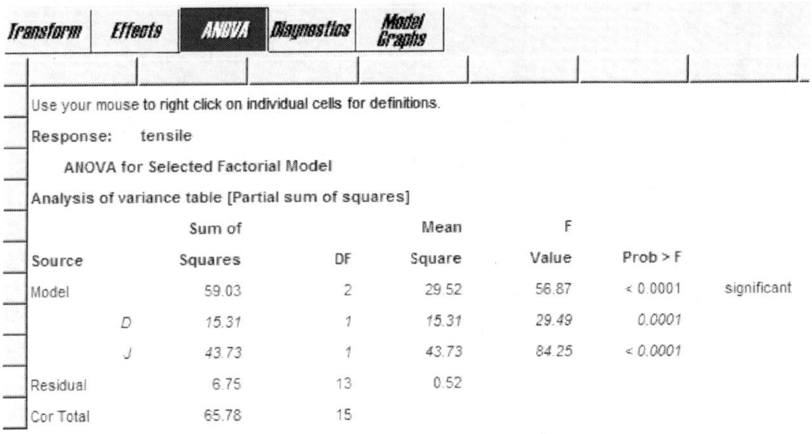

Use your mouse to right click on individual cells for definitions.

Response:　tensile

ANOVA for Selected Factorial Model

Analysis of variance table [Partial sum of squares]

Source		Sum of Squares	DF	Mean Square	F Value	Prob > F	
Model		59.03	2	29.52	56.87	< 0.0001	significant
	D	*15.31*	*1*	*15.31*	*29.49*	*0.0001*	
	J	*43.73*	*1*	*43.73*	*84.25*	*< 0.0001*	
Residual		6.75	13	0.52			
Cor Total		65.78	15				

图 6.6　方差分析表

6. 关系图

单击 Model Graphs 查看显著因素与指标关系图。

习　　题

6—1　正交试验设计的基本思想？

6—2　正交试验设计的基本步骤？

6—3　为提高某产物的产率，考察温度、反应时间、压力和溶液浓度 4 个因素的影响，每个因素取 3 个水平，不考虑因素间的交互作用，因素水平如表 6.46 所示（其中因素 A 的 3 个水平作了随机处理）。得到试验结果依次为 28.0，33.0，40.5，36.5，14.5，32.0，33.0，45.5，32.5，用极差法分析试验结果并找出较优试验方案。

表 6.46　因素水平表

因素 水平	温度/℃ *A*	时间/h *B*	压力/MPa *C*	浓度/mol·L^{-1} *D*
1	140	1.5	0.20	0.50
2	120	2.0	0.25	0.70
3	130	2.5	0.30	1.00

6—4　为提高植物生长调节剂九二零的效价，选择了 *A*、*B*、*C*、*D* 四种因素，每种因素取 2 个水平，除考察因素 *A*，*B*，*C*，*D* 外还要考察 *A* 与 *B*，*A* 与 *C* 及 *B* 与 *C* 之间的交互作用。在选用 $L_8(2^7)$ 表所做的 8 次试验中，所得结果分别为 2.05，2.24，2.44，1.10，1.50，1.35，1.26，2.00。用极差法确定因素的主次顺序并找出较优试验方案。

第七章　回归正交试验设计

正交试验设计能利用较少的试验次数获得较好的试验结果，但它确定的优方案只能限制在已定的水平上，而不是一定试验范围内的最优方案；回归分析是一种有效的数据处理方法，通过所建立的回归方程，可以对试验结果进行预测和优化，但回归分析往往只能对试验数据进行被动的处理分析，不涉及对试验设计的要求。回归正交设计，是把正交试验设计、回归数据处理和回归精度的优势统一起来的一种回归设计与分析方法，可以在因素的试验范围内选择适当的试验点，用较少的试验建立一个精度高、统计性质好的回归方程，并能解决试验优化问题。

第一节　一次回归正交试验设计

一次回归正交设计就是利用回归正交设计原理，建立试验指标 y 与 m 个试验因素 x_1，x_2，…，x_m 之间的一次回归方程：

$$\hat{y}=a+\sum_{j=1}^{m}b_jx_j+\sum_{k<j}b_{kj}x_kx_j,\quad k=1,2,\cdots,m-1(j\neq k) \tag{7.1}$$

若不考虑交互作用，则为多元线性回归方程：

$$\hat{y}=a+b_1x_1+b_2x_2+\cdots+b_mx_m \tag{7.2}$$

一、一次回归正交试验设计的基本方法

一次回归正交试验设计方法是按照一次回归正交表来安排试验的，根据试验数据建立线性回归方程。安排试验时把正交表中的“1”和“2”分别改为“+1”和“−1”，以使正交表中的任意两列对应元素之积的和等于零，使系数矩阵和相关矩阵为对角矩阵，从而使所求得的回归系数互不相关，这样可使回归分析计算和显著性检验过程大大简化。具体设计步骤如下。

1.确定因素的变化范围

根据试验目的选择 m 个与研究指标 y 有关的因素 $x_j(j=1,2,\cdots,m)$，确定每个因素 x_j 的取值范围。设因素 x_j 的变化范围为$[x_{j1},x_{j2}]$，x_{j1} 和 x_{j2} 分别为因素 x_j 的下水平和上水平，x_{j0} 为 x_j 的零水平

$$x_{j0}=\frac{x_{j1}+x_{j2}}{2} \tag{7.3}$$

上水平与零水平之差称为因素 x_j 的变化间距，用 Δ_j 表示，即

$$\Delta_j=x_{j2}-x_{j0} \tag{7.4}$$

或

$$\Delta_j=\frac{x_{j2}-x_{j1}}{2} \tag{7.5}$$

2.因素水平的编码

编码的目的是要把实际试验水平 x_{j1}，x_{j0} 和 x_{j2} 进行“正交性”变换，以便获得一次回归

正交表。

编码，就是把 x_j 的各水平变为 z_j 的各水平，即对 x_j 进行线性变换：

$$z_j = \frac{x_j - x_{j0}}{\Delta_j} \tag{7.6}$$

式(7.6)中，z_j 是因素 x_j 的编码，称为规范变量。x_j 为自然变量。z_j 和 x_j 是一一对应的。显然，x_{j1}，x_{j0} 和 x_{j2} 的编码分别是 -1，0 和 1，即 $z_{j1}=-1$，$z_{j0}=0$，$z_{j2}=1$。因素水平的编码结果可表示成表 7.1。

表 7.1　因素水平编码表

规范变量 z_j	自然变量 x_j				规范变量 z_j	自然变量 x_j			
	x_1	x_2	…	x_m		x_1	x_2	…	x_m
下水平(−1)	x_{11}	x_{21}	…	x_{m1}	零水平(0)	x_{10}	x_{20}	…	x_{m0}
上水平(1)	x_{12}	x_{22}	…	x_{m2}	变化间距 Δ_j	Δ_1	Δ_2	…	Δ_m

对因素 x_j 的各水平进行编码，是为了使每个因素的每个水平在编码空间是“平等”的，即规范变量 z_j 的取值范围都在[−1,1]内变化，不会受到自然变量 x_j 的单位和取值大小的影响。所以编码能将试验结果 y 与因素 $x_j(j=1,2,\cdots,m)$ 各水平之间的回归问题，转换成试验结果 y 与编码值 z_j 之间的回归问题，从而大大简化回归计算量。

3. 一次回归正交设计表

一次回归正交设计选用二水平正交表，所选用的正交表应能容纳下所研究因素的个数。二水平正交表确定后，用“−1”代换正交表中的“2”，使正交表中的数字分别为“−1”和“+1”。例如正交表 $L_8(2^7)$ 经过变换后得到回归正交设计表，如表 7.2 所示。

表 7.2　一次回归正交设计表

试验号	列号							试验号	列号						
	1	2	3	4	5	6	7		1	2	3	4	5	6	7
1	1	1	1	1	1	1	1	5	−1	1	−1	1	−1	1	−1
2	1	1	1	−1	−1	−1	−1	6	−1	1	−1	−1	1	−1	1
3	1	−1	−1	1	1	−1	−1	7	−1	−1	1	1	−1	−1	1
4	1	−1	−1	−1	−1	1	1	8	−1	−1	1	−1	1	1	−1

代换后，正交表中的编码不仅表示因素的不同水平，也表示因素水平值的大小。回归正交设计表的特点：

(1)任一列编码的和为 0，即

$$\sum_{i=1}^{n} z_{ji} = 0 \tag{7.7}$$

所以有

$$\bar{z}_j = 0, \quad j=1,2,\cdots,m \tag{7.8}$$

(2)任两列编码的乘积之和等于零，即

$$\sum_{i=1}^{n} z_{ji} z_{ki} = 0,\ k=1,2,\cdots,m-1(j \neq k) \tag{7.9}$$

这些特点说明转换后的正交表同样具有正交性，可使回归计算大大简化。

4. 试验方案的确定

表头设计：在确定试验方案之前，要将规范变量 z_j 安排在一次回归正交表相应的列中，并把每一因素的上水平和下水平与正交表中的"1"和"-1"相对应。

如考虑三个因素 x_1，x_2，x_3，选用 $L_8(2^7)$ 进行试验设计，根据正交表 $L_8(2^7)$ 的表头设计表，应将 x_1，x_2，x_3 分别安排在第 1，2 和 4 列，即 z_1，z_2，z_3 安排在表 7.2 第 1，2 和 4 列上。如果考虑交互作用 x_1x_2，x_1x_3，可参考正交表 $L_8(2^7)$ 的交互作用表，将 z_1z_2 和 z_1z_3 分别安排在表 7.2 的第 3，5 列上，表头设计结果见表 7.3。每号试验的方案由 z_1，z_2，z_3 对应的水平确定，这与正交试验是一致的。

从表 7.3 可以看出，第 3 列的编码等于第 1，2 列编码的乘积，同样第 5 列的编码等于第 1，4 列编码的乘积，即交互作用列的编码等于表中对应两因素列编码的乘积，所以用回归正交表安排交互作用时，可以不参考正交表的交互作用表，直接根据这一规律写出交互作用列的编码，这比原正交表的使用更方便。

表 7.3　三因素一次回归正交表

试验号	1	2	3	4	5	试验号	1	2	3	4	5
	z_1	z_2	z_1z_2	z_3	z_1z_3		z_1	z_2	z_1z_2	z_3	z_1z_3
1	1	1	1	1	1	6	-1	1	-1	-1	1
2	1	1	1	-1	-1	7	-1	-1	1	1	-1
3	1	-1	-1	1	1	8	-1	-1	1	-1	1
4	1	-1	-1	-1	-1	9	0	0	0	0	0
5	-1	1	-1	1	-1	10	0	0	0	0	0

表 7.3 中的第 9，10 号试验称为零水平试验或中心试验。安排零水平试验的目的是为了进行更精确的统计分析，得到精度较高的回归方程。

二、一次回归方程的建立

建立回归方程，关键是确定回归系数。设总试验次数为 n，其中包括 m_c 次二水平试验（原正交表所规定的试验）和 m_0 次零水平试验，即

$$n = m_c + m_0 \tag{7.10}$$

如果试验结果为 $y_i(i=1,2,\cdots,n)$，根据最小二乘法原理和回归正交表的两个特点，可以得到一次回归方程系数的计算公式如下：

$$a = \frac{1}{n}\sum_{i=1}^{n} y_i = \bar{y} \tag{7.11}$$

$$b_j = \frac{\sum_{i=1}^{n} z_{ji} y_i}{m_c}, \quad j = 1,2,\cdots,m \tag{7.12}$$

$$b_{kj} = \frac{\sum_{i=1}^{n} (z_j z_k)_i y_i}{m_c}, \quad j > k, k = 1,2,\cdots,m-1 \tag{7.13}$$

式中　z_{ji}—— 表示 z_j 列各水平的编码；

$(z_jz_k)_i$—— 表示 z_jz_k 列各水平的编码。

需指出，如果一次回归方程中含有交互作用项 $z_jz_k(j>k)$，则回归方程不是线性的，但

交互作用项的回归系数的计算和检验与线性项 z_j 是相同的，这是因为交互作用对试验结果也有影响，可以被看作是影响因素。

通过上述方法确定偏回归系数后，可直接根据它们绝对值的大小来判断各因素和交互作用的相对重要性，而不用转换成标准回归系数。因为在回归正交设计中，所有因素的水平都经过了无因次的编码变换，它们在所研究的范围内都是“平等”的，因而所求得的回归系数不受因素的单位和取值的影响，直接反映了该因素作用的大小。另外，回归系数的符号反映了因素对试验指标影响的正负。

三、回归方程及偏回归系数的方差分析

1. 无零水平试验时

首先计算各种平方和及自由度。总平方和为

$$S_T^2 = \sum_{i=1}^{n} (y_i - \bar{y})^2 = \sum_{i=1}^{n} y_i^2 - \frac{1}{n} \left(\sum_{i=1}^{n} y_i\right)^2 \tag{7.14}$$

其自由度为 $f_T = n - 1$。

根据式 $R = \sqrt{s_R^2 / s_T^2}$ 和式(7.12)，推导出一次项偏回归平方和为

$$S_j^2 = m_c b_j^2, \quad j = 1, 2, \cdots, m \tag{7.15}$$

同理可得交互项偏回归平方和

$$S_{k\times j}^2 = m_c b_{kj}^2, \quad j > k, k = 1, 2, \cdots, m - 1 \tag{7.16}$$

各种偏回归平方和的自由度都为 1。

一次项偏回归平方和与交互项偏回归平方和的总和就是回归平方和

$$S_R^2 = \sum S_{一次项}^2 + \sum S_{交互项}^2 \tag{7.17}$$

所以回归平方和的自由度也是各偏回归平方和的自由度之和

$$f_R = \sum f_{一次项} + \sum f_{交互项} \tag{7.18}$$

则残差平方和为

$$S_e^2 = S_T^2 - S_R^2 \tag{7.19}$$

残差自由度为

$$f_e = f_T - f_R \tag{7.20}$$

如果考虑了所有的一次项和交互项，则可参照表 7.4 进行方差分析。

表 7.4　一次回归正交设计的方差分析表

差异项	S_i^2	f	MS	F
z_1	S_1^2	1	S_1^2	S_1^2/MS_e
z_2	S_2^2	1	S_2^2	S_2^2/MS_e
⋮	⋮	⋮	⋮	⋮
z_m	S_m^2	1	S_m^2	S_m^2/MS_e
$z_1 z_3$	$S_{1\times 3}^2$	1	$S_{1\times 3}^2$	$S_{1\times 3}^2/MS_e$
$z_2 z_3$	$S_{2\times 3}^2$	1	$S_{2\times 3}^2$	$S_{2\times 3}^2/MS_e$
⋮	⋮	⋮	⋮	⋮
$z_{(m-1)} z_m$	$S_{(m-1)\times m}^2$	1	$S_{(m-1)\times m}^2$	$S_{(m-1)\times m}^2/MS_e$
回归	S_R^2	$m(m+1)/2$	$MS_R = S_R^2/f_R$	MS_R/MS_e
残差	S_e^2	$n - m(m+1)/2 - 1$	$MS_e = S_e^2/f_e$	
总和	S_T^2	$n-1$		

实际做试验时，往往只需要考虑几个交互作用，或不考虑交互作用，所以在计算回归和残差自由度时应与实际情况相符。如果不考虑交互作用，$f_R=m$，$f_e=n-m-1$。值得注意的是，无论是否考虑交互作用，都不影响偏回归系数的计算公式。

偏回归系数显著性检验：判断因素或交互作用对试验的影响程度；经检验不显著的因素或交互作用，可将其从回归方程中剔除，而不会影响到其他回归系数的值，也不需要重新建立回归方程。但应对回归方程再次进行检验，将被剔除变量的偏回归平方和、自由度并入到残差平方和与自由度中，然后再进行相关的分析计算。

2. 有零水平试验时

如果零水平试验的次数 $m_0 \geqslant 2$，则可进行回归方程的失拟性检验。失拟性检验也称拟合度检验，其作用是检验一次回归方程在整个研究范围内的拟合情况。

设 m_0 次零水平试验结果为 $y_{01}, y_{02}, \cdots, y_{0m}$，根据 m_0 次重复试验，可计算出重复试验误差为

$$S_{e1}^2=\sum_{i=1}^{m}(y_{0i}-\bar{y})^2=\sum_{i=1}^{m}y_{0i}^2-\frac{1}{m_0}(\sum_{i=1}^{m}y_{0i})^2 \tag{7.21}$$

试验误差对应的自由度为

$$f_{e1}=m_0-1 \tag{7.22}$$

由式 $a=\frac{1}{n}\sum_{i=1}^{n}y_i=\bar{y}$ 可知，只有回归系数 α 与零水平试验次数 m_0 有关，其他各偏回归系数都只与 2 水平试验次数 m_c 有关，所以增加零水平试验后回归平方和 S_R^2 没有变化，于是定义失拟平方和为

$$S_{Lf}^2=S_T^2-S_R^2-S_{e1}^2 \tag{7.23}$$

或

$$S_{Lf}^2=S_e^2-S_{e1}^2 \tag{7.24}$$

失拟平方和表示了回归方程未能拟合的部分，包括未考虑的其他因素及各 x_j 的高次项等所引起的差异。它对应的自由度为

$$f_{Lf}=f_e-f_{e1} \tag{7.25}$$

所以有

$$S_T^2=S_R^2+S_e^2=S_R^2+S_{Lf}^2+S_{e1}^2 \tag{7.26}$$

$$f_T=f_R+f_e=f_R+f_{Lf}+f_{e1} \tag{7.27}$$

此时

$$F_{Lf}=\frac{S_{Lf}^2/f_{Lf}}{S_{e1}^2/f_{e1}} \tag{7.28}$$

服从自由度为(f_{Lf}, f_{e1})的 F 分布。对于给定的显著性水平 α（一般取 0.1），当 $F_{Lf} < F_\alpha(f_{Lf}, f_{e2})$ 时，就认为回归方程失拟不显著，失拟平方和 S_{Lf}^2 是由随机误差造成的，否则说明所建立的回归方程拟合得不好，需要进一步改进回归模型，如引入别的因素或建立更高次的回归方程。只有当回归方程显著、失拟检验不显著时，才能说明所建立的回归方程拟合得比较好。

最后需指出的是，回归正交试验得到的回归方程是规范变量与试验指标之间的关系式，还应对回归方程的编码值进行回代，得到自然变量与试验指标的回归关系式。

例 7.1 用石墨炉原子吸收分光光度计法测定食品中的铅，为提高测定灵敏度，希望吸

光度大。为提高吸光度,讨论了 x_1(灰化温度 /℃)、x_2(原子化温度 /℃) 和 x_3(灯电流 / mA) 三个因素对吸光度的影响,并考虑交互作用 x_1x_2,x_1x_3。已知 x_1 =300 ~ 700 ℃,x_2 =1 800 ~ 2 400 ℃,x_3 = 8 ~ 10 mA。试通过回归正交试验确定吸光度与三个因素之间的函数关系式。

解　(1)因素水平编码

因 x_1 = 300 ~ 700 ℃,所以其上水平 $x_{12}=700$,下水平 $x_{11}=300$,零水平 $x_{10}=(x_{11}+x_{12})/2=500$,变化间距 $\Delta_1=x_{12}-x_{10}=200$,以 $x_{11}=300$ 为例,对应的编码 $z_{11}=\dfrac{300-x_{10}}{\Delta_1}=-1$。同理可对其他因素水平进行编码,编码结果见表 7.5。

表 7.5　例 7.1 因素水平编码表

编码 z_j	灰化温度 x_1/℃	原子化温度 x_2/℃	灯电流 x_3/mA
上水平(1)	700	2 400	10
下水平(−1)	300	1 800	8
零水平(0)	500	2 100	9
变化间距 Δ_1	200	300	1

(2)正交表的选择和试验方案的确定

依据题意,可选用正交表 $L_8(2^7)$,经编码转换后,得到表 7.2 所示的回归正交表。将 z_1,z_2,z_3 分别安排在第 1,2 和 4 列,则第 3 列和第 5 列分别为交互作用 z_1z_2,z_1z_3 列,如表 7.6 所示。不进行零水平试验,故总试验次 $n=8$,试验结果也列在表 7.6 中。

表 7.6　例 7.1 三元一次回归正交设计试验方案及试验结果表

试验号	z_1	z_2	z_1z_2	z_3	z_1z_3	灰化温度 x_1/℃	原子化温度 x_2/℃	灯电流 x_3/mA	吸光度 y_i
1	1	1	1	1	1	700	2 400	10	0.552
2	1	1	1	−1	−1	700	2 400	8	0.554
3	1	−1	−1	1	1	700	1 800	10	0.480
4	1	−1	−1	−1	−1	700	1 800	8	0.472
5	−1	1	−1	1	−1	300	2 400	10	0.516
6	−1	1	−1	−1	1	300	2 400	8	0.532
7	−1	−1	1	1	−1	300	1 800	10	0.448
8	−1	−1	1	−1	1	300	1 800	8	0.484

(3)回归方程的建立

依题意 $m_0=0$,$n=m_c=8$。根据回归系数的计算公式,将有关计算列在表 7.7 中。

由表 7.7 得

$$a=\frac{1}{n}\sum y_i=\frac{4.038}{8}=0.504\ 75$$

$$b_1=\frac{\sum_{i=1}^{n}z_{1i}y_i}{m_c}=\frac{0.078}{8}=0.009\ 75$$

表 7.7 例 7.1 三元一次回归正交设计计算表

试验号	z_1	z_2	z_1z_2	z_3	z_1z_3	y	y^2	z_1y	z_2y	z_3y	$(z_1z_2)y$	$(z_1z_3)y$
1	1	1	1	1	1	0.552	0.304 7	0.552	0.552	0.552	0.552	0.552
2	1	1	1	−1	−1	0.554	0.306 9	0.055 4	0.554	−0.554	0.554	−0.554
3	1	−1	−1	1	1	0.480	0.230 4	0.480	−0.480	0.480	−0.480	0.480
4	1	−1	−1	−1	−1	0.472	0.222 8	0.472	−0.472	−0.472	−0.472	−0.472
5	−1	1	−1	1	−1	0.516	0.266 3	−0.516	0.516	0.516	−0.516	−0.516
6	−1	1	−1	−1	1	0.532	0.283 0	−0.532	0.532	−0.532	−0.532	0.532
7	−1	−1	1	1	−1	0.448	0.200 7	−0.448	−0.448	0.448	0.448	−0.448
8	−1	−1	1	−1	1	0.484	0.234 3	−0.484	−0.484	−0.484	0.484	0.484
$\sum$						4.038	2.049 0	0.078	0.270	−0.046	0.038	0.058

$$b_2 = \frac{\sum_{i=1}^{n} z_{2i} y_i}{m_c} = \frac{0.270}{8} = 0.033\ 75$$

$$b_3 = \frac{\sum_{i=1}^{n} z_{3i} y_i}{m_c} = \frac{-0.046}{8} = -0.005\ 75$$

$$b_{12} = \frac{\sum_{i=1}^{n} (z_1 z_2)_i y_i}{m_c} = \frac{0.038}{8} = 0.004\ 75$$

$$b_{13} = \frac{\sum_{i=1}^{n} (z_1 z_3)_i y_i}{m_c} = \frac{0.058}{8} = 0.007\ 25$$

所以回归方程为

$$y = 0.504\ 75 + 0.009\ 75 z_1 + 0.033\ 75 z_2 - 0.005\ 75 z_3 + 0.004\ 75 z_1 z_2 + 0.007\ 25 z_1 z_3$$

由该回归方程中偏回归系数绝对值的大小，可得到各因素和交互作用的主次顺序为：$x_2 > x_1 > x_1x_3 > x_3 > x_1x_2$。

(4)方差分析

$$S_T^2 = \sum_{i=1}^{n} y_i^2 - \frac{1}{n}\left(\sum_{i=1}^{n} y_i\right)^2 = 2.049\ 044 - \frac{4.038^2}{8} = 0.010\ 864$$

$$S_1^2 = m_c b_1^2 = 8 \times 0.009\ 75^2 = 0.000\ 761$$

$$S_2^2 = m_c b_2^2 = 8 \times 0.033\ 75^2 = 0.009\ 113$$

$$S_3^2 = m_c b_3^2 = 8 \times 0.005\ 75^2 = 0.000\ 265$$

$$S_{1\times2}^2 = m_c b_{12}^2 = 8 \times 0.004\ 75^2 = 0.000\ 181$$

$$S_{1\times3}^2 = m_c b_{13}^2 = 8 \times 0.007\ 25^2 = 0.000\ 421$$

$$S_R^2 = S_1^2 + S_2^2 + S_3^2 + S_{1\times2}^2 + S_{1\times3}^2 = 0.010\ 741$$

$$S_e^2 = S_T^2 - S_R^2 = 0.000\ 123$$

方差分析结果见表 7.8。可知，对显著性水平 $\alpha = 0.05$，只有因素 z_2 对试验指标 y 有非常显著的影响，其他因素和交互作用对试验指标都无显著影响，所以应将 z_1，z_3，z_1z_3，z_1z_2 的平方和及自由度并入残差项，然后再进行方差分析。这时的方差分析为一元方差分析，分析结果见表 7.9。

表 7.8　例 7.1 方差分析表

差异项	S_i^2	f	MS	F	显著性
z_1	0.000 761	1	0.000 761	12.27	
z_2	0.009 113	1	0.009 113	146.98	* *
z_3	0.000 265	1	0.000 265	4.27	
z_1z_3	0.000 181	1	0.000 181	2.92	
z_1z_2	0.000 421	1	0.000 421	6.79	
回归	0.010 741	5	0.002 148	34.65	
残差 e	0.000 123	2	0.000 062		*
总和	0.010 864	$n-1=7$			

注：$F_{0.05}(1,2)=18.51$，$F_{0.01}(1,2)=98.49$，$F_{0.05}(5,2)=19.30$，$F_{0.01}(5,2)=99.30$。

表 7.9　例 7.1 第二次方差分析表

差异项	S_i^2	f	MS	F	显著性
回归	0.009 113	1	0.009 113	31.21	* *
残差 e	0.001 751	6	0.000 292		
总和	0.010 864	$n-1=7$			

注：$F_{0.05}(1,6)=5.99$，$F_{0.01}(1,6)=13.74$。

由表 7.9 可知，因素 z_2 对试验指标 y 有非常显著的影响，因此原回归方程可简化为

$$y=0.504\ 75+0.033\ 75z_2$$

可见，只有原子化温度 x_2 对吸光度有显著影响，两者之间存在显著的线性关系，而且原子化温度取上水平时试验结果最好。

根据编码公式 $z_2=\frac{x_2-x_{20}}{\Delta_2}=\frac{x_2-2\ 100}{300}$，将上述线性回归方程进行回代：

$$y=0.504\ 75+0.033\ 75\times(\frac{x_2-2\ 100}{300})$$

整理后得到

$$y=0.268\ 5+0.000\ 112\ 5x_2$$

第二节　二次回归正交组合设计

在实际生产和科学试验中，试验指标与试验因素之间的关系往往不宜用一次回归方程来描述，所以当所建立的一元回归方程经检验不显著时，就需用二次或更高次方程来拟合。

一、二次回归正交组合设计表

1. 二元二次回归正交组合设计试验方案的确定

假设有 m 个试验因素（自变量）x_j（$j=1,2,\cdots,m$），试验指标为因变量 y，则二次回归方

程的一般形式为

$$\hat{y}=a+\sum_{j=1}^{m}b_jx_j+\sum_{k<j}b_{kj}x_kx_j+\sum_{j=1}^{m}b_{jj}x_j^2,\quad k=1,2,\cdots,m-1(j\neq k) \tag{7.29}$$

其中,a,$\{b_j\}$,$\{b_{kj}\}$,$\{b_{jj}\}$为回归系数,可以看出该方程共有$1+m+m(m-1)/2+m=\frac{(m+1)(m+2)}{2}$项,要使回归系数的估算成为可能,必要条件为试验次数$n\geqslant\frac{(m+1)(m+2)}{2}$;同时,为了计算出二次回归方程的系数,每个因素至少要取3个水平,所以用一元回归正交设计的方法来安排试验,往往不能满足这一条件。例如,当因素数$m=3$时,二次回归方程的项数为10,要求试验次数$n\geqslant 10$,如果用正交表$L_9(3^4)$安排试验,则试验次数不符合要求,如果进行全面试验,则试验次数为$3^3=27$次,试验次数又偏多。为解决这一矛盾,可以在一次回归正交试验设计的基础上再增加一些特定的试验点,通过适当的组合形成试验方案,即所谓的组合设计。

例如,设有两个因素x_1和x_2,试验指标为y,则它们之间的二次回归方程为

$$\hat{y}=a+b_1x_1+b_2x_2+b_{12}x_1x_2+b_{11}x_1^2+b_{22}x_2^2 \tag{7.30}$$

该方程共有6个回归系数,所以要求试验次数$n\geqslant 6$,而二水平全面试验的次数为$2^2=4$次,显然不能满足要求,于是在此基础上再增加5次试验,试验方案如表7.10和图7.1所示。

表 7.10　二元二次回归正交组合设计试验方案

试验号	z_1	z_2	y	说明	试验号	z_1	z_2	y	说明
1	1	1	y_1	二水平试验	5	γ	0	y_5	星号试验
2	1	−1	y_2		6	$-\gamma$	0	y_6	
3	−1	1	y_3		7	0	γ	y_7	
4	−1	−1	y_4		8	0	$-\gamma$	y_8	
					9	0	0	y_9	零水平试验

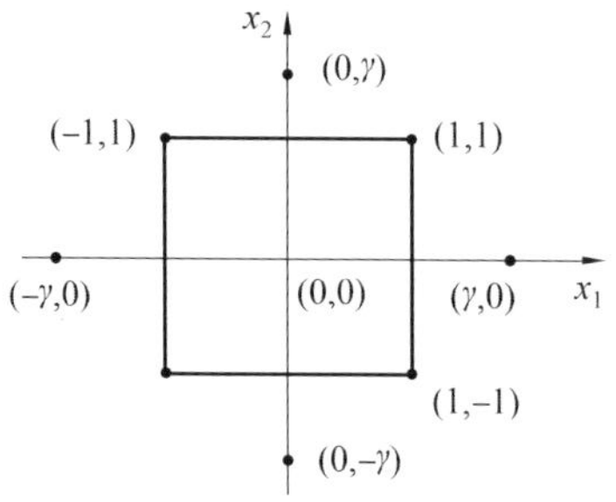

图 7.1　二元二次回归正交组合设计试验点分布图

可见,正交组合设计由三类试验点组成,即二水平试验、星号试验和零水平试验。

二水平试验是一次回归正交试验设计中的试验点,设二水平试验的次数为m_c,若为全面试验(全实施),则$m_c=2^m$,若根据正交表只进行部分二水平试验(1/2或1/4实施),这时$m_c=2^{m-1}$或$m_c=2^{m-2}$,对于二元二次回归正交组合设计,$m_c=2^2=4$。

由图7.1可看出,5～8号试验点都在坐标轴上,用星号表示,所以被称作星号试验,它们与原点(中心点)的距离都为γ,称作星号臂或轴臂。星号试验次数为m_γ与试验因素数m有关,即$m_\gamma=2m$,对于二元二次回归正交组合设计,$m_\gamma=2\times2=4$。

零水平试验点位于图 7.1 的中心点(原点),即各因素水平编码都为零时的试验,该试验可只做一次,也可重复多次,零水平试验次数记为 m_0。

所以,二次回归正交组合设计的总试验次数为:

$$n = m_c + 2m + m_0 \tag{7.31}$$

类似的,如果有三个因素 x_1, x_2, x_3,则它们与试验指标 y 的三元二次回归方程为:

$$y = a + b_1x_1 + b_2x_2 + b_3x_3 + b_{12}x_1x_2 + b_{13}x_1x_3 + b_{23}x_2x_3 + b_{11}x_1^2 + b_{22}x_2^2 + b_{33}x_3^2 \tag{7.32}$$

该方程共有 10 个回归系数,所以要求试验次数 $n \geqslant 10$,而二水平全面试验的次数为 $2^3 = 8$,显然不能满足要求,于是在此基础上再增加 7 次试验。

三元二次回归正交组合设计的试验方案见表 7.11 和图 7.2。

表 7.11　三元二次回归正交组合设计试验方案

试验号	z_1	z_2	z_3	y	说明
1	1	1	1	y_1	二水平全面试验,$m_c = 2^3 = 8$
2	1	1	-1	y_2	
3	1	-1	1	y_3	
4	1	-1	-1	y_4	
5	-1	1	1	y_5	
6	-1	1	-1	y_6	
7	-1	-1	1	y_7	
8	-1	-1	-1	y_8	
9	γ	0	0	y_9	星号试验,$m_\gamma = 2 \times 3 = 6$
10	$-\gamma$	0	0	y_{10}	
11	0	γ	0	y_{11}	
12	0	$-\gamma$	0	y_{12}	
13	0	0	γ	y_{13}	
14	0	0	$-\gamma$	y_{14}	
15	0	0	0	y_{15}	零水平试验,$m_0 = 1$

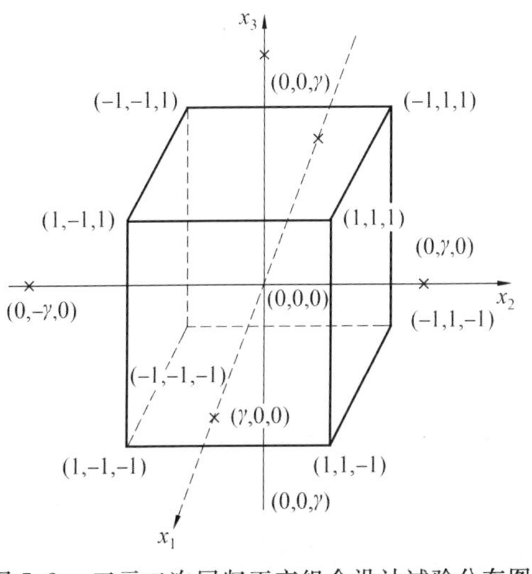

图 7.2　三元二次回归正交组合设计试验分布图

如果将两因素的交互项和二次项列入组合设计表中，则可得到表 7.12 和表 7.13。其中交互列和二次项列中的编码可直接由 z_1 和 z_2 写出。如，交互列 z_1z_2 编码是对应 z_1 和 z_2 乘积，而 z_1^2 的编码则是 z_1 列编码的平方。

表 7.12　二元二次回归正交组合设计

试验号	z_1	z_2	z_1z_2	z_1^2	z_2^2	试验号	z_1	z_2	z_1z_2	z_1^2	z_2^2
1	1	1	1	1	1	6	$-\gamma$	0	0	γ^2	0
2	1	-1	-1	1	1	7	0	γ	0	0	γ^2
3	-1	1	-1	1	1	8	0	$-\gamma$	0	0	γ^2
4	-1	-1	1	1	1	9	0	0	0	0	0
5	γ	0	0	γ^2	0						

表 7.13　三元二次回归正交组合设计

试验号	z_1	z_2	z_3	z_1z_2	z_1z_3	z_2z_3	z_1^2	z_2^2	z_3^2
1	1	1	1	1	1	1	1	1	1
2	1	1	-1	1	-1	-1	1	1	1
3	1	-1	1	-1	1	-1	1	1	1
4	1	-1	-1	-1	-1	1	1	1	1
5	-1	1	1	-1	-1	1	1	1	1
6	-1	1	-1	-1	1	-1	1	1	1
7	-1	-1	1	1	-1	-1	1	1	1
8	-1	-1	-1	1	1	1	1	1	1
9	γ	0	0	0	0	0	γ^2	0	0
10	$-\gamma$	0	0	0	0	0	γ^2	0	0
11	0	γ	0	0	0	0	0	γ^2	0
12	0	$-\gamma$	0	0	0	0	0	γ^2	0
13	0	0	γ	0	0	0	0	0	γ^2
14	0	0	$-\gamma$	0	0	0	0	0	γ^2
15	0	0	0	0	0	0	0	0	0

2. 星号臂长度与二次项的中心化

由表 7.12 和表 7.13 可知，增加了星号试验和零水平试验后，二次项失去了正交性，即该列编码的和不为零，与其他任意一列编码的乘积和也不为零。为了使表 7.12 和表 7.13 具有正交性，就应该确定合适的星号臂长度，并对二次项进行中心化处理。

(1)星号臂长度 γ 的确定

根据正交性的要求，可推导出星号臂长度 γ 必须满足如下关系式：

$$\gamma=\sqrt{\frac{\sqrt{(m_c+2m+m_0)m_c}-m_c}{2}} \tag{7.33}$$

可见，星号臂长度 γ 与因素 m、零水平试验次数 m_0 及二水平试验数 m_c 有关。为了设计方便，将上述公式计算出来的一些常用的 γ 值列于表 7.14。

根据表 7.14 可知，对于二元二次回归正交组合设计，当零水平试验次 $m_0=1$ 时，$\gamma=1$。

(2)二次项的中心化

设二次回归方程中的二次项为 $z_{ji}^2(j=1,2,\cdots,m_j;i=1,2,\cdots,n)$，其对应的编码用 z'_{ji}

表示，对二次项的每个编码进行中心化处理：

$$z'_{ji} = z_{ji}^2 - \frac{1}{n}\sum_{i=1}^{n} z_{ji}^2 \tag{7.34}$$

式中　z'_{ji}——中心化后的编码。

表 7.14　二次回归正交组合设计 γ 值表

m_0	因素数 m					
	2	3	4(1/2 实施)	4	5(1/2 实施)	5
1	1.000	1.215	1.353	1.414	1.547	1.596
2	1.078	1.287	1.414	1.483	1.607	1.662
3	1.147	1.353	1.471	1.547	1.664	1.724
4	1.210	1.414	1.525	1.607	1.719	1.784
5	1.267	1.471	1.575	1.664	1.771	1.841
6	1.320	1.525	1.623	1.719	1.820	1.896
7	1.369	1.575	1.668	1.771	1.868	1.949
8	1.414	1.623	1.711	1.820	1.914	2.000
9	1.457	1.668	1.752	1.868	1.958	2.049
10	1.498	1.711	1.792	1.914	2.000	2.097

这样组合设计表中的 z_j^2 列就可变为 z'_j 列。表 7.15 是二次项中心化之后的二元二次回归正交组合设计编码表。

表 7.15　二元二次回归正交组合设计编码表

试验号	z_1	z_2	$z_1\ z_2$	z_1^2	z_2^2	z'_1	z'_2
1	1	1	1	1	1	1/3	1/3
2	1	−1	−1	1	1	1/3	1/3
3	−1	1	−1	1	1	1/3	1/3
4	−1	−1	1	1	1	1/3	1/3
5	1	0	0	1	0	1/3	−2/3
6	−1	0	0	1	0	1/3	−2/3
7	0	1	0	0	1	−2/3	1/3
8	0	−1	0	0	1	−2/3	1/3
9	0	0	0	0	0	−2/3	−2/3

表 7.15 中后两列是根据公式(7.34)计算得到，以 z_1^2 列的中心化为例，该列的和 $\sum_{i=1}^{9} z_{1i}^2 = 6$，所以有 $z'_{11} = z_{11}^2 - \frac{1}{9}\sum_{i=1}^{n} z_{1i}^2 = 1 - \frac{6}{9} = \frac{1}{3}, \cdots, z'_{17} = z_{17}^2 - \frac{1}{9}\sum_{i=1}^{n} z_{1i}^2 = 0 - \frac{6}{9} = -\frac{2}{3}$ 等。

对于三元二次回归正交组合设计，可用同样的方法得到具有正交性的组合设计编码表，见表 7.16。

二、二次回归正交组合设计的应用

1. 二次回归正交组合设计的基本步骤

(1)因素水平编码

确定因素 x_j $(j=1,2,\cdots,m)$ 的变化范围和零水平试验的次数 m_0，再根据星号臂长 γ 的计算公式(7.33)或表7.14确定γ值,对因素水平进行编码,得到规范变量$z_j(j=1,2,\cdots,m)$。如果以x_{j2}和x_{j1}分别表示因素x_j的上下水平,则它们的算术平均值就是因素x_j的零水平,以x_{j0}表示。设$x_{j\gamma}$与$x_{-j\gamma}$为因素x_j的上下星号臂水平,则$x_{j\gamma}$与$x_{-j\gamma}$为因素x_j的上下限,于是有

$$x_{j0}=\frac{x_{j1}+x_{j2}}{2}=\frac{x_{j\gamma}+x_{-j\gamma}}{2} \tag{7.35}$$

表 7.16　三元二次回归正交组合设计编码表

试验号	z_1	z_2	z_3	z_1z_2	z_1z_3	z_2z_3	z'_1	z'_2	z'_3
1	1	1	1	1	1	1	0.270	0.270	0.270
2	1	1	−1	1	−1	−1	0.270	0.270	0.270
3	1	−1	1	−1	1	−1	0.270	0.270	0.270
4	1	−1	−1	−1	−1	1	0.270	0.270	0.270
5	−1	1	1	−1	−1	1	0.270	0.270	0.270
6	−1	1	−1	−1	1	−1	0.270	0.270	0.270
7	−1	−1	1	1	−1	−1	0.270	0.270	0.270
8	−1	−1	−1	1	1	1	0.270	0.270	0.270
9	1.215	0	0	0	0	0	0.747	−0.730	−0.730
10	−1.215	0	0	0	0	0	0.747	−0.730	−0.730
11	0	1.215	0	0	0	0	−0.730	0.747	−0.730
12	0	−1.215	0	0	0	0	−0.730	0.747	−0.730
13	0	0	1.215	0	0	0	−0.730	−0.730	0.747
14	0	0	−1.215	0	0	0	−0.730	−0.730	0.747
15	0	0	0	0	0	0	−0.730	−0.730	−0.730

所以,该因素的变化间距为

$$\Delta_j=\frac{x_{j\gamma}-x_{j0}}{\gamma} \tag{7.36}$$

然后对因素x_j的各个水平进行线性变换,得到水平的编码为

$$z_j=\frac{x_j-x_{j0}}{\Delta_j} \tag{7.37}$$

这样,编码公式就将因素的实际取值x_j与编码值z_j一一对应起来,见表7.17,编码后,试验因素的水平被编为$-\gamma,-1,0,1,\gamma$。

表 7.17　因素水平的编码表

规范变量 z_j	自然变量 x_j			
	x_1	x_2	…	x_m
上星号臂 γ	$x_{1\gamma}$	$x_{2\gamma}$	…	$x_{m\gamma}$
上水平 1	$x_{12}=x_{10}+\Delta_1$	$x_{22}=x_{20}+\Delta_2$	…	$x_{m2}=x_{m0}+\Delta_m$
零水平 0	x_{10}	x_{20}	…	x_{m0}
下水平 −1	$x_{11}=x_{10}-\Delta_1$	$x_{21}=x_{20}-\Delta_2$	…	$x_{m1}=x_{m0}-\Delta_m$
下星号臂 $-\gamma$	$x_{-1\gamma}$	$x_{-2\gamma}$	…	$x_{-m\gamma}$
变化间距 Δ_j	Δ_1	Δ_2	…	Δ_m

(2)确定合适的二次回归正交组合设计

首先根据因素数 m 选择合适的正交表进行变换,明确 2 水平试验方案,2 水平试验次数 m_c 和星号试验次数 m_γ 也能随之确定,这一过程可以参考表 7.18。

表 7.18　正交表的选用

因素数 m	选用正交表	表头设计	m_c	m_γ
2	$L_4(2^3)$	1,2 列	$2^2=4$	4
3	$L_8(2^7)$	1,2,4 列	$2^3=8$	6
4(1/2 实施)	$L_8(2^7)$	1,2,4,7 列	$2^{4-1}=8$	8
4	$L_{16}(2^{15})$	1,2,4,8 列	$2^4=16$	8
5(1/2 实施)	$L_{16}(2^{15})$	1,2,4,8,15 列	$2^{5-1}=16$	10
5	$L_{32}(2^{31})$	1,2,4,8,16 列	$2^5=32$	10

然后对二次项进行中心化处理,就可以得到具有正交性的二次回归正交组合设计编码表。附录表列出了 $m_0=2$ 时的常用二次回归正交组合设计表,可以参考选用。

(3)试验方案的实施

根据二次回归正交组合设计表确定的试验方案,进行 n 次试验,得到 n 个试验指标。

(4)回归方程的建立

计算各回归系数,建立含规范变量的回归方程。回归系数的计算公式如下。

$$a=\frac{1}{n}\sum_{i=1}^{n}y_i=\bar{y} \tag{7.38}$$

$$b_j=\frac{\sum_{i=1}^{n}z_{ji}y_i}{\sum_{i=1}^{n}z_{ji}^2}\ ,j=1,2,\cdots,m \tag{7.39}$$

$$b_{kj}=\frac{\sum_{i=1}^{n}(z_kz_j)_iy_i}{\sum_{i=1}^{n}(z_kz_j)_i^2}\ ,j>k,k=1,2,\cdots,m-1 \tag{7.40}$$

$$b_{jj}=\frac{\sum_{i=1}^{n}z'_{ji}y_i}{\sum_{i=1}^{n}(z'_{ji})^2} \tag{7.41}$$

(5)回归方程显著性检验

总平方和为

$$S_T^2=\sum_{i=1}^{n}(y_i-\bar{y})^2=\sum_{i=1}^{n}y_i^2-\frac{1}{n}\left(\sum_{i=1}^{n}y_i\right)^2 \tag{7.42}$$

其自由度为 $f_T=n-1$。

一次项偏回归平方和

$$S_j^2=b_j^2\sum_{i=1}^{n}z_{ji}^2,\quad j=1,2,\cdots,m \tag{7.43}$$

交互项偏回归平方和

$$S_{k\times j}^2 = b_{kj}^2 \sum_{i=1}^{n} (z_k z_j)_i^2,\quad j > k, k = 1,2,\cdots,m-1 \tag{7.44}$$

二次项偏回归平方和

$$S_{j\times j}^2 = b_{jj}^2 \sum_{i=1}^{n} (z'_{ji})^2 \tag{7.45}$$

各种偏回归平方和的自由度都为 1。

一次项、二次项、交互项偏回归平方和的总和就是回归平方和

$$S_R^2 = \sum S_{一次项}^2 + \sum S_{交互项}^2 + \sum S_{二次项}^2 \tag{7.46}$$

所以回归平方和的自由度也是各偏回归平方和的自由度之和

$$f_R = \sum f_{一次项} + \sum f_{交互项} + \sum f_{二次项} \tag{7.47}$$

于是残差平方和为

$$S_e^2 = S_T^2 - S_R^2 \tag{7.48}$$

其自由度为

$$f_e = f_T - f_R \tag{7.49}$$

回归系数的检验

$$F_j = \frac{MS_j}{MS_e} = \frac{S_j^2}{S_e^2/f_e} \tag{7.50}$$

$$F_{kj} = \frac{MS_{kj}}{MS_e} = \frac{S_{k\times j}^2}{S_e^2/f_e} \tag{7.51}$$

$$F_{jj} = \frac{MS_{jj}}{MS_e} = \frac{S_{j\times j}^2}{S_e^2/f_e} \tag{7.52}$$

(6)失拟性检验

失拟性检验与一次回归正交设计相同。

(7)回归方程的回代

根据编码公式或二次项的中心化公式，将 z_j，x_j 与试验指标 y 之间的回归关系式转换成自然变量 x_j 与试验指标 y 之间的回归关系式。

(8)最优试验方案的确定

根据极值的必要条件：$\frac{\partial y}{\partial x_1}=0$，$\frac{\partial y}{\partial x_2}=0$，$\frac{\partial y}{\partial x_3}=0$，…，可以求出最优的试验条件。

2. 二次回归正交组合设计应用实例

例 7.2 为提高钻头的寿命，在数控机床上进行试验，考察钻头的寿命 y 与钻头轴向振动频率 x_1 及振幅 x_2 的关系。试验中，x_1 与 x_2 的变动范围分别为：[125 Hz,375 Hz] 与 [1.5,5.5]，试用二次回归正交组合设计分析出 x_1，x_2 与试验指标(y) 之间的关系，要求在中心点重复进行三次试验。

解 (1)因素水平编码

由于因素数 $m=2$，中心点重复试验 $m_0=3$，则可以根据星号臂长度 γ 的计算公式(7.33)或表 7.14 得 $\gamma=1.147$。

依题意，钻头轴向振动频率(x_1) 的上限为 $x_{1\gamma}=375$，下限为 $x_{-1\gamma}=125$，所以零水平为 $x_{10}=250$，根据式(7.36)得变化间距 $\Delta_1=(375-125)/(2\times1.147)\approx109$，同理可计算出因素 x_2 的编码，如表 7.19 所示。

表 7.19　因素水平的编码表

规范变量 z_j	自然变量 x_j	
	x_1	x_2
上星号臂 γ	375	5.5
上水平 1	359	5.24
零水平 0	250	3.5
下水平 −1	141	1.76
下星号臂 $-\gamma$	125	1.5

(2)正交组合设计

由于因素数 $m=2$，参考表 7.18，可以选用正交表 $L_4(2^3)$ 进行变换，二水平试验次数 $m_c=2^2=4$，星号试验次数为 $2m=4$。试验方案见表 7.20。

表 7.20　例 7.2 试验方案

试验号	z_1(振动频率)	z_2(振幅)	y(寿命)
1	1	1	161
2	1	−1	129
3	−1	1	166
4	−1	−1	135
5	1.147	0	187
6	−1.147	0	170
7	0	1.147	174
8	0	−1.147	146
9	0	0	203
10	0	0	185
11	0	0	230

根据二元二次回归正交组合设计的要求，参照式(7.34)将二次项 z_1^2 和 z_2^2 分别进行中心化，得到 z'_1 和 z'_2，二次项中心化结果见表 7.21。

表 7.21　例 7.2 二元二次回归正交组合设计表及试验结果

试验号	z_1	z_2	z_1z_2	z'_1	z'_2	y
1	1	1	1	0.397	0.397	161
2	1	−1	−1	0.397	0.397	129
3	−1	1	−1	0.397	0.397	166
4	−1	−1	1	0.397	0.397	135
5	1.147	0	0	0.713	−0.603	187
6	−1.147	0	0	0.713	−0.603	170
7	0	1.147	0	−0.603	0.713	174
8	0	−1.147	0	−0.603	0.713	146
9	0	0	0	−0.603	−0.603	203
10	0	0	0	−0.603	−0.603	185
11	0	0	0	−0.603	−0.603	230

(3)回归方程的建立

表 7.22　例 7.2 二元二次回归正交组合设计计算表

试验号	z_0	z_1	z_2	z_1z_2	z'_1	z'_2	y
1	1	1	1	1	0.397	0.397	161
2	1	1	−1	−1	0.397	0.397	129
3	1	−1	1	−1	0.397	0.397	166
4	1	−1	−1	1	0.397	0.397	135
5	1	1.417	0	0	0.713	−0.603	187
6	1	−1.417	0	0	0.713	−0.603	170
7	1	0	1.417	0	−0.603	0.713	174
8	1	0	−1.417	0	−0.603	0.713	146
9	1	0	0	0	−0.603	−0.603	203
10	1	0	0	0	−0.603	−0.603	185
11	1	0	0	0	−0.603	−0.603	230
$a_j=\sum_{i=1}^{n} z_{ij}^2$	11	6.631	6.631	4	3.47	3.47	$\sum_{i=1}^{n} y_i^2 = 332\ 138$
$b_j=\sum_{j=1}^{n} z_{ij}y_i$	1 886	8.5	95.1	1	−76.45	−125.14	$S_T^2=\sum_{i=1}^{n} y_i^2 - B_0^2/n = 8\ 774.727$
$b_j = B_j/a_j$	171.46	1.28	14.34	0.25	−22.12	−36.12	$S_R^2 = 7\ 589.929$
$S_j^2 = B_j^2/a_j$		10.90	1 364	0.25	1 695.40	4 519.38	$S_e^2 = S_T^2 - S_R^2 = 1\ 184.798$

规范变量与 z 试验指标 y 之间的回归关系式为

$$y = 171.455 + 1.282z_1 + 14.342z_2 + 0.25z_1z_2 - 22.12z'_1 - 36.115z'_2$$

方差分析结果见表 7.23。

表 7.23　例 7.2 方差分析表

差异源	S_i^2	f	MS	F	显著性
z_1	10.898	1	10.898	0.046	
z_2	1 364	1	1 364	5.756 2	
$z_1\ z_2$	0.25	1	0.25	0.001 1	
z'_1	1 695.405	1	1 695.405	7.154 8	*
z'_2	4 519.376	1	4 519.376	19.072 3	* *
回归	7 589.929	5	1 517.986	6.406 1	*
残差	1 184.798	5	236.96		
总和	8 774.727	$n-1=10$			

注：$F_{0.05}(1.5) = 6.61$，$F_{0.01}(1,5) = 16.26$，$F_{0.05}(5,5) = 5.05$，$F_{0.01}(5,5) = 10.97$。

方差分析结果表明，z'_2 回归系数达到极显著水平，z'_1 回归系数及所建立的回归方程达到显著水平，则系数显著的回归方程为

$$y = 171.455 - 22.12z'_1 - 36.115z'_2$$

(4)失拟性检验

根据本例的计算表 7.22,重复试验的平方和为

$$S_{e1}^2=\sum_{i=1}^{m}y_{0i}^2-\frac{1}{m_0}\left(\sum_{i=1}^{m}y_{0i}\right)^2=(41\ 209+34\ 225+52\ 900)-\frac{1}{3}(203+185+230)^2=1\ 024$$

其自由度为

$$f_{e1}=m_0-1=3-1=2$$

失拟平方和为

$$S_{Lf}^2=S_e^2-S_{e1}^2=2\ 660.1-1\ 024=1\ 636.1$$

其自由度为

$$F_{Lf}=f_e-f_{e1}=8-2=6$$

所以

$$F_{Lf}=\frac{S_{Lf}^2/f_{Lf}}{S_{e1}^2/f_{e1}}=\frac{1\ 636.1/6}{1\ 024/2}=0.532\ 6<F_{0.1}(4,1)=9.33$$

检验结果表明,失拟不显著,回归模型与实际情况拟合得很好。

(5)回归方程的回代

由二次项中心化公式(7.34)得

$$z'_1=z_1^2-\frac{1}{n}\sum_{i=1}^{n}z_{1i}^2=z_1^2-\frac{6.631}{11}=z_1^2-0.602\ 8$$

$$z'_2=z_2^2-\frac{1}{n}\sum_{i=1}^{n}z_{2i}^2=z_2^2-\frac{6.631}{11}=z_2^2-0.602\ 8$$

代入回归方程,则有

$$\begin{aligned}y&=171.455-22.12\times(z_1^2-0.602\ 8)-36.115\times(z_2^2-0.602\ 8)\\&=206.559-22.12z_1^2-36.115z_2^2\end{aligned}$$

根据编码公式

$$z_1=\frac{x_1-250}{(375-250)/1.147}=0.009\ 176x_1-2.294$$

$$z_2=\frac{x_2-3.5}{(5.5-3.5)/1.147}=0.573\ 5x_2-2.007\ 3$$

所以

$$\begin{aligned}y&=206.559-22.12\times(0.009\ 176x_1-2.294)^2-36.115\times(0.573\ 5x_2-2.007\ 3)^2\\&=0.931\ 3x_1+83.150\ 2x_2-0.001\ 863x_1^2-11.878\ 3x_2^2-55.362\ 6\end{aligned}$$

(6)最优试验方案的确定

根据极值的必要条件 $\frac{\partial y}{\partial x_1}=0,\frac{\partial y}{\partial x_2}=0$,即

$$\begin{cases}0.931\ 3-0.003\ 726x_1=0\\83.150\ 2-23.756\ 6x_2=0\end{cases}$$

解得 $x_1=250, x_2=3.5$ 时,试验指标 y 可以达到最大值,这时钻头的寿命为 206。

第三节　二次回归正交旋转组合设计

回归的正交设计,具有试验处理数较少、计算简便、消除了回归系数之间的相关性等优

点。但它也存在一定的缺点，即二次回归预测值的方差随试验点在因子空间的位置不同而呈现较大的差异。由于误差的干扰，就不易根据预测值寻找最优区域。为了克服这一缺点，人们提出了回归的旋转设计。

所谓旋转设计是指试验因素空间中与试验中心距离相等的球面上各处理组合的预测值 $\hat{y}$ 的方差具有几乎相等的特性，具有这种性质的回归设计称回归旋转设计。利用具有旋转性的回归方程进行预测时，对于同一球面上的点可直接比较其预测值的好坏，从而找出预测值较优区域。如何才能使试验设计具有旋转性呢？这就需弄清旋转性对试验设计有什么要求及获得旋转性必需满足哪些条件。首先必须明确的是：在旋转设计中，试验处理的预测值 $\hat{y}$ 的方差仅与因素空间中从试验点到试验中心的距离 ρ 有关而与方向无关，从而克服了通常因为不知道最优点在什么方向的缺陷。

旋转设计包括一次、二次和三次旋转设计，但最常见的设计是二次正交回归旋转组合设计。

设研究因素为 m 个，以 $x_j(j=1,2,\cdots,m)$ 表示。在进行设计时，首先确定每个因素的上下水平，进而计算零水平，以及变化间距。因素零水平的计算式为公式(7.35)，变化间距的计算式为公式(7.36)，式中的 γ 为待定参数，其值可从表 7.24 中查出。

表 7.24　二次正交旋转组合设计参数表

m	m_c	m_γ	m_0	N	γ
2(全实施)	4	1	8	16	1.414
3(全实施)	8	6	9	23	1.682
4(全实施)	16	8	12	36	2.000
5(全实施)	32	10	17	59	2.378
5(1/2 实施)	16	110	10	36	2.000
6(1/2 实施)	32	12	15	59	2.378
6(1/4 实施)	16	12	8	36	2.000
7(1/2 实施)	64	14	22	100	2.828
7(1/4 实施)	32	14	13	59	2.378
8(1/2 实施)	128	16	33	177	3.364
8(1/4 实施)	64	16	20	100	2.828
8(1/8 实施)	32	16	11	59	2.378

对每个因素 x_j 的各个水平的取值进行线性变换，得到水平的编码为公式(7.37)。编码后，试验因素的水平被编为 $-\gamma,-1,0,1,\gamma$，具体见表 7.17 所示。

试验因素 $x_1,x_2,\cdots,x_m$，经因素水平编码后，以变量 $z_1,z_2,\cdots,z_m$ 表示，选用适当的二水平正交表，即可设计出二次回归正交旋转组合方案。

为了方便设计，将常用的二因素和三因素二次正交旋转组合设计的结构矩阵列于表 7.25 和表 7.26 中。

表 7.25 二元二次正交旋转组合设计的结构矩阵

处理号		z_0	z_1	z_2	z_1z_2	z'_1	z'_2
	1	1	1	1	1	0.5	0.5
m_c	2	1	1	−1	−1	0.5	0.5
	3	1	−1	1	−1	0.5	0.5
	4	1	−1	−1	1	0.5	0.5
	5	1	1.414	0	0	1.5	−0.5
m_γ	6	1	−1.414	0	0	1.5	−0.5
	7	1	0	1.414	0	−0.5	1.5
	8	1	0	−1.414	0	−0.5	1.5
	9	1	0	0	0	−0.5	−0.5
	10	1	0	0	0	−0.5	−0.5
	11	1	0	0	0	−0.5	−0.5
	12	1	0	0	0	−0.5	−0.5
m_0	13	1	0	0	0	−0.5	−0.5
	14	1	0	0	0	−0.5	−0.5
	15	1	0	0	0	−0.5	−0.5
	16	1	0	0	0	−0.5	−0.5
$a_j=\sum$		16	8	8	4	8	8

表 7.26 三元二次正交旋转组合设计的结构矩阵

处理号		z_0	z_1	z_2	z_3	z_1z_2	z_1z_3	z_2z_3	z'_1	z'_2	z'_3
	1	1	1	1	1	1	1	1	0.406	0.406	0.406
	2	1	1	1	−1	1	−1	−1	0.406	0.406	0.406
	3	1	1	−1	1	−1	1	−1	0.406	0.406	0.406
	4	1	1	−1	−1	−1	−1	1	0.406	0.406	0.406
m_c	5	1	−1	1	1	−1	−1	1	0.406	0.406	0.406
	6	1	−1	1	−1	−1	1	−1	0.406	0.406	0.406
	7	1	−1	−1	1	1	−1	−1	0.406	0.406	0.406
	8	1	−1	−1	−1	1	1	1	0.406	0.406	0.406
	9	1	1.682	0	0	0	0	0	2.234	−0.594	−0.594
	10	1	−1.682	0	0	0	0	0	2.234	−0.594	−0.594
m_γ	11	1	0	1.682	0	0	0	0	−0.594	2.234	−0.594
	12	1	0	−1.682	0	0	0	0	−0.594	2.234	−0.594
	13	1	0	0	1.682	0	0	0	−0.594	−0.594	2.234
	14	1	0	0	−1.682	0	0	0	−0.594	−0.594	2.234
	15	1	0	0	0	0	0	0	−0.594	−0.594	−0.594
	16	1	0	0	0	0	0	0	−0.594	−0.594	−0.594
	17	1	0	0	0	0	0	0	−0.594	−0.594	−0.594
	18	1	0	0	0	0	0	0	−0.594	−0.594	−0.594
m_0	19	1	0	0	0	0	0	0	−0.594	−0.594	−0.594
	20	1	0	0	0	0	0	0	−0.594	−0.594	−0.594
	21	1	0	0	0	0	0	0	−0.594	−0.594	−0.594
	22	1	0	0	0	0	0	0	−0.594	−0.594	−0.594
	23	1	0	0	0	0	0	0	−0.594	−0.594	−0.594
$a_j=\sum$		23	13.658	13.658	13.658	8	8	8	15.887	15.887	15.887

例 7.3 用木瓜蛋白酶酶解虾蛋白,试应用三元二次回归正交旋转组合设计法研究酶用量、温度、底物浓度三因素对酸溶性肽得率影响方程式,其中酶用量(x_1)的上下水平分别为 6 000 U/g 和 3 600 U/g,温度(x_2)的上下水平分别为 65 ℃ 和 55 ℃,底物浓度(x_3)的上下水平分别为 5% 和 3%。

解 (1)因子编码

查表得 $\gamma=1.682$,依据公式(7.35),(7.36),(7.37),计算得出表中有关数据。

表 7.27 二次回归旋转组合试验设计因素编码表

规范变量	酶用量 x_1/(U/g)	温度 x_2/℃	底物浓度 x_3/%
上星号臂 γ	6 000	65	5
上水平 1	5 513	63	4.6
零水平 0	4 800	60	4
下水平 −1	4 087	57	3.4
下星号臂 $-\gamma$	3 600	55	3
变化间距 Δ_j	713	3	0.6

(2)正交组合设计

由于因素 $m=3$,故可选择表 7.26 进行试验方案设计,并记录试验结果。

(3)回归方程的建立

由组合设计计算表 7.28 可得方程的各个回归系数,因此建立回归方程如下:

$$y=32.638\,7+1.195\,2z_1-0.108\,6z_2+0.117\,5z_3-0.416\,3z_1z_2-0.086\,3z_1z_3-0.221\,3z_2z_3-0.188\,4z'_1-1.523\,5z'_2-1.945\,6z'_3$$

表 7.28 二次回归旋转组合试验设计因素编码表

试验号	z_0	z_1	z_2	z_3	z_1z_2	z_1z_3	z_2z_3	z'_1	z'_2	z'_3	y
1	1	1	1	1	1	1	1	0.406	0.406	0.406	29.43
2	1	1	1	−1	1	−1	−1	0.406	0.406	0.406	30.01
3	1	1	−1	1	−1	1	−1	0.406	0.406	0.406	32.38
4	1	1	−1	−1	−1	−1	1	0.406	0.406	0.406	31.09
5	1	−1	1	1	−1	−1	1	0.406	0.406	0.406	30.45
6	1	−1	1	−1	−1	1	−1	0.406	0.406	0.406	29.7
7	1	−1	−1	1	1	−1	−1	0.406	0.406	0.406	30.75
8	1	−1	−1	−1	1	1	1	0.406	0.406	0.406	30.1
9	1	1.682	0	0	0	0	0	2.234	−0.594	−0.594	39.47
10	1	−1.682	0	0	0	0	0	2.234	−0.594	−0.594	30.9
11	1	0	1.682	0	0	0	0	−0.594	2.234	−0.594	32.4
12	1	0	−1.682	0	0	0	0	−0.594	2.234	−0.594	30.47
13	1	0	0	1.682	0	0	0	−0.594	−0.594	2.234	30.1
14	1	0	0	−1.682	0	0	0	−0.594	−0.594	2.234	30.4
15	1	0	0	0	0	0	0	−0.594	−0.594	−0.594	36.95
16	1	0	0	0	0	0	0	−0.594	−0.594	−0.594	31.09
17	1	0	0	0	0	0	0	−0.594	−0.594	−0.594	34.3
18	1	0	0	0	0	0	0	−0.594	−0.594	−0.594	36.3
19	1	0	0	0	0	0	0	−0.594	−0.594	−0.594	34.6
20	1	0	0	0	0	0	0	−0.594	−0.594	−0.594	34.7
21	1	0	0	0	0	0	0	−0.594	−0.594	−0.594	35.1
22	1	0	0	0	0	0	0	−0.594	−0.594	−0.594	36.4
23	1	0	0	0	0	0	0	−0.594	−0.594	−0.594	33.6

续表 7.28

试验号	z_0	z_1	z_2	z_3	z_1z_2	z_1z_3	z_2z_3	z'_1	z'_2	z'_3	y
a_j	23	13.66	13.66	13.66	8	8	8	15.89	15.89	15.89	24 676
B_j	750.7	16.33	−1.48	1.605	−3.33	−0.69	−1.8	−2.99	−24.20	−30.91	175.4
b_j	32.64	1.195	−0.11	0.118	−0.42	−0.09	−0.22	−0.19	−1.52	−1.95	119.6
S_j		19.51	0.161	0.189	1.74	0.06	0.39	0.56	36.87	60.14	55.76

(4)回归方程及偏回归系数的显著性检验

对该回归方程及其各系数进行显著性检验，具体见方差分析表 7.29。

表 7.29　方差分析表

差异源	S_i^2	f	MS	F	显著性
z_1	19.510 9	1	19.510 9	4.548 5	
z_2	0.161 1	1	0.161 1	0.037 6	
z_3	0.188 6	1	0.188 6	0.044 0	
z_1z_2	1.739 5	1	1.739 5	0.405 5	
z_1z_3	0.059 6	1	0.059 6	0.013 9	
z_2z_3	0.391 8	1	0.391 8	0.091 3	
z'_1	0.563 9	1	0.563 9	0.131 5	
z'_2	36.874 8	1	36.874 8	8.596 5	*
z'_3	60.138 4	1	60.138 4	14.019 9	**
回归	119.628 6	9	13.292 1	30.988	*
残差	55.763 9	13	4.289 5		
总和	175.392 5	$n-1=22$			

方差分析结果表明，所建立的回归方程及 z'_2 回归系数达到显著水平，z'_3 回归系数达到高度显著水平，则系数显著的回归方程为

$$y=32.638\ 7-1.523\ 5z'_2-1.945\ 6z'_3$$

(5)失拟性检验

重复试验的平方和为

$$S_{el}^2=\sum_{i=1}^{m}y_{0i}^2-\frac{1}{m_0}\left(\sum_{i=1}^{m}y_{0i}\right)^2=10\ 913.250\ 6-\frac{1}{9}\times(313.04)^2=25.023\ 8$$

其自由度为

$$f_{el}=m_0-1=8$$

失拟平方和为

$$S_{Lf}^2=S_e^2-S_{el}^2=55.763\ 9-25.023\ 8=30.740\ 1$$

其自由度为

$$f_{Lf}=f_e-f_{el}=13-8=5$$

所以

$$F_{Lf}=\frac{S_{Lf}^2/f_{Lf}}{S_{e}^2/f_{e}}=\frac{30.740\ 1/5}{25.023\ 8/8}\approx 1.965\ 5<F_{0.1}(5,8)=2.73$$

检验结果表明，失拟不显著，回归模型与实际情况拟合得很好。

(6)回归方程的回代

由二次项中心化公式得

$$z'_2=z_2^2-\frac{1}{n}\sum_{i=1}^{n}z_{2i}^2=z_2^2-\frac{13.658\ 3}{23}\approx z_2^2-0.593\ 8$$

$$z'_3=z_3^2-\frac{1}{n}\sum_{i=1}^{n}z_{3i}^2=z_3^2-\frac{13.658\ 3}{23}\approx z_3^2-0.593\ 8$$

代入回归方程，有

$$\begin{aligned}y&=32.638\ 7-1.523\ 5(z_2^2-0.593\ 8)-1.945\ 6(z_3^2-0.593\ 8)\\&=34.698\ 7-1.523\ 5z_2^2-1.945\ 6z_3^2\end{aligned}$$

根据编码公式，有

$$z_2=\frac{x_2-x_{20}}{\Delta_j}=\frac{x_2-60}{3}\approx 0.333\ 3x_2-20$$

$$z_3=\frac{x_3-x_{30}}{\Delta_j}=\frac{x_3-4}{0.6}\approx 1.666\ 7x_2-6.666\ 7$$

所以

$$\begin{aligned}y&=34.698\ 7-1.523\ 5(0.333\ 3x_2-20)^2-1.945\ 6(1.666\ 7x_3-6.666\ 7)^2\\&=20.311\ 3x_2+43.235x_3-0.169\ 3x_2^2-5.404\ 4x_3^2-661.172\ 4\end{aligned}$$

第四节 Design-Expert 在回归正交试验设计中的应用

例 7.4 以安装角、刀具前角、切削深度为因素，通过旋转正交试验分析得出三因素对切削阻力的影响，因素水平编码表如表 7.30 所示。

表 7.30 因素水平编码表

水平	因素		
	安装角 /(°)	刀具前角 /(°)	切削深度 /mm
γ	67	−13	60
1	60	−12	50
0	50	−10	35
−1	40	−8	20
$-\gamma$	33	−7	10

1. 选取试验设计类型及填写因素信息

选取旋转正交设计命令(Central Composite)，并填写因素的相关信息，单击下方“option”弹出对话框修改 Center point 数量(三因素一般修改为 9)，如图 7.3 所示。点击 continue，继续。

2. 响应信息输入

填写响应信息—continue，如图 7.4 所示。

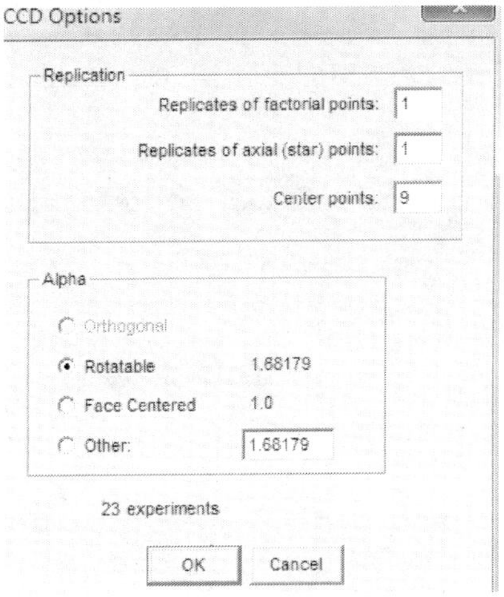

图 7.3　试验类型及因素信息填入

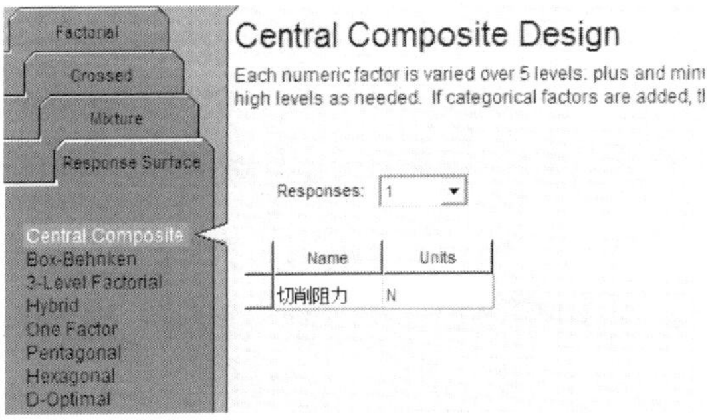

图 7.4　响应信息输入

3. 试验响应值输入

试验数据表，Std 处单击鼠标右键，在弹出的列表中选择"Sort by Standard Order"排列试验顺序，将试验所得数据填入指标(Responses)列内，如图 7.5 所示。

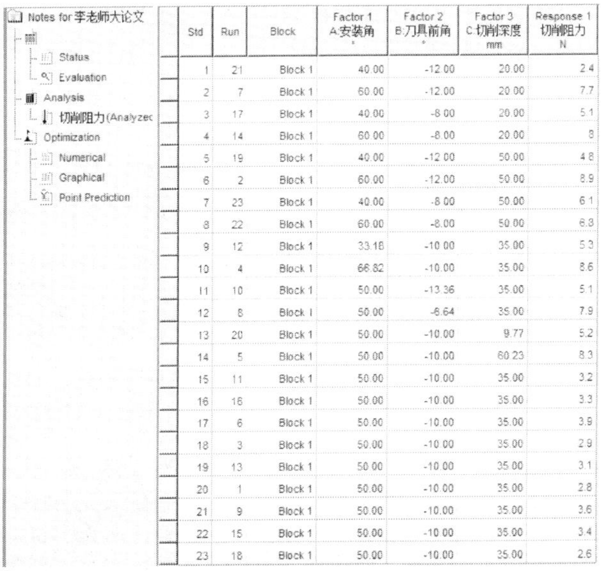

Std	Run	Block	Factor 1 A:安装角 °	Factor 2 B:刀具前角 °	Factor 3 C:切削深度 mm	Response 1 切削阻力 N
1	21	Block 1	40.00	-12.00	20.00	2.4
2	7	Block 1	60.00	-12.00	20.00	7.7
3	17	Block 1	40.00	-8.00	20.00	5.1
4	14	Block 1	60.00	-8.00	20.00	8
5	19	Block 1	40.00	-12.00	50.00	4.8
6	2	Block 1	60.00	-12.00	50.00	8.9
7	23	Block 1	40.00	-8.00	50.00	6.1
8	22	Block 1	60.00	-8.00	50.00	6.3
9	12	Block 1	33.18	-10.00	35.00	5.3
10	4	Block 1	66.82	-10.00	35.00	8.6
11	10	Block 1	50.00	-13.36	35.00	5.1
12	8	Block 1	50.00	-6.64	35.00	7.9
13	20	Block 1	50.00	-10.00	9.77	5.2
14	5	Block 1	50.00	-10.00	60.23	8.3
15	11	Block 1	50.00	-10.00	35.00	3.2
16	16	Block 1	50.00	-10.00	35.00	3.3
17	6	Block 1	50.00	-10.00	35.00	3.9
18	3	Block 1	50.00	-10.00	35.00	2.9
19	13	Block 1	50.00	-10.00	35.00	3.1
20	1	Block 1	50.00	-10.00	35.00	2.8
21	9	Block 1	50.00	-10.00	35.00	3.6
22	15	Block 1	50.00	-10.00	35.00	3.4
23	18	Block 1	50.00	-10.00	35.00	2.6

图 7.5　试验响应值输入

4. 分析过程

单击左侧栏中"Evaluation"，将"Model"栏下的"Order"选为"Quadratic"，如图 7.6 所示。

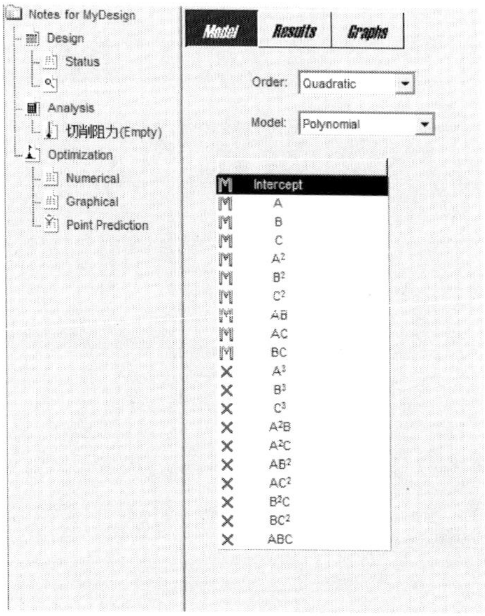

图 7.6　model 模块操作

单击"Analysis"下指标名称进行分析，单击右边栏"Effects"观察数据分析后因素是否在模型中有意义，如图 7.7 所示。

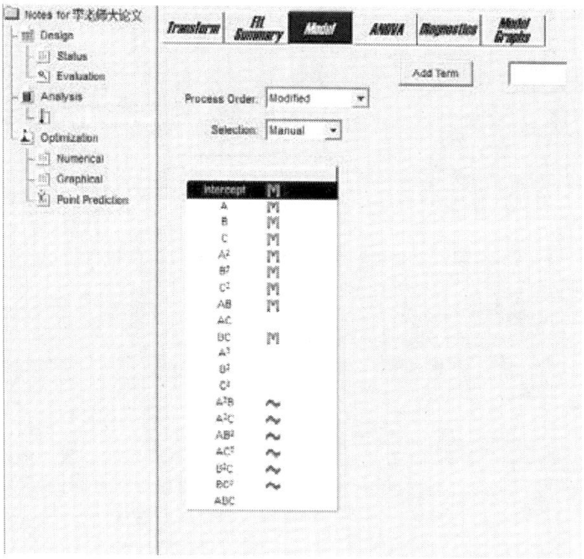

图 7.7　Analysis 模块操作

5. 方差分析表

继续单击"ANOVA"，显示方差分析表，如图 7.8 所示。

6. 回归方程

如图 7.9 所示。

Response:　**切削阻力**

ANOVA for Response Surface Reduced Quadratic Model

Analysis of variance table [Partial sum of squares]

Source	Sum of Squares	DF	Mean Square	F Value	Prob > F	
Model	97.16	8	12.15	21.86	< 0.0001	significant
A	25.20	1	25.20	45.34	< 0.0001	
B	3.50	1	3.50	6.29	0.0251	
C	5.43	1	5.43	9.78	0.0074	
A^2	21.97	1	21.97	39.54	< 0.0001	
B^2	16.43	1	16.43	29.57	< 0.0001	
C^2	19.41	1	19.41	34.93	< 0.0001	
AB	4.21	1	4.21	7.57	0.0156	
BC	1.80	1	1.80	3.25	0.0931	
Residual	7.78	14	0.56			
Lack of Fit	6.46	6	1.08	6.53	0.0093	significant
Pure Error	1.32	8	0.17			
Cor Total	104.94	22				

图 7.8　方差分析表

切削阻力 =
+81.98760
−1.40265 *安装角
+7.70401 *刀具前角
−0.46015 *切削深度
+0.011760 *安装角^2
+0.25422 *刀具前角^2
+4.91230E−003 *切削深度^2
−0.036250 *安装角*刀具前角
−0.015833 *刀具前角*切削深度

图 7.9　回归方程

7. 显示相应的结果图

单击 Model Graphs 查看显著因素与指标关系图，单击菜单栏中“view”中 3D surface 切换三维视图，如图 7.10 所示。

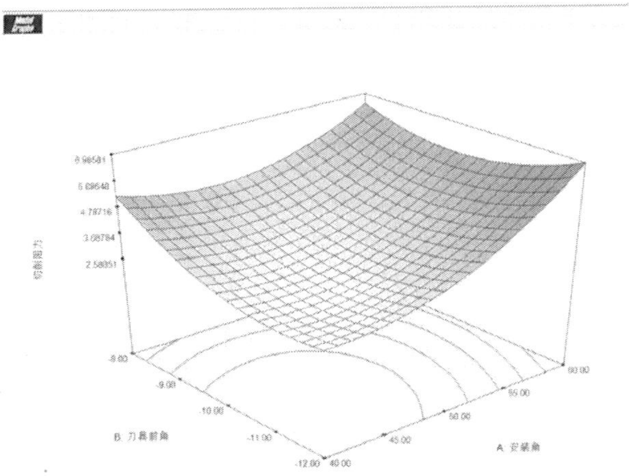

图 7.10　三维响应曲面图

习　题

7—1　用二次回归正交组合设计分析乙醇提取量与乙醇浓度(x_1)、乙醇用量(x_2)及提取时间(x_3)三个因素之间的关系。因素的变化范围为:x_1=54.46%～85.54%,x_2=7.55～45 倍,x_3=1.22～2.78 h。

(1)写出各因素的水平编码表及试验设计与实施方案;

(2)已知所安排的三元二次正交组合试验结果(提取量)如表 7.31 所示。

表 7.31　试验结果

试验号	1	2	3	4	5
提取量	0.094 7	0.090 3	0.098 7	0.090 7	0.090 2
试验号	6	7	8	9	10
提取量	0.089 2	0.090 4	0.087 7	0.085 7	0.090 4
试验号	11	12	13	14	15
提取量	0.086 9	0.089 5	0.087 6	0.091 6	0.088 6

试建立回归方程,并对其进行显著性检验。

7—2　深井离心泵的工作效率、扬程最重要的影响因素为叶轮出口安放角 β_2(10°～25°),出口宽度 b_2(9～13 mm)。应用二次回归正交试验分析这两个因素和效率、扬程之间的关系。

7—3　影响慢走丝线切割镗磨加工工艺的因素主要有:平均间隙电压(5～10 V),平均间隙电流(1～3 A),工件转速(100～300 r/min)。应用二次回归正交试验分析各因素对试验结果的影响。

7—4　注塑件进行注射成型试验时的影响因素:模具温度 50～70 ℃,熔体温度 220～240 ℃,注塑压力 70～90 MPa,以注塑机最大注射速度 240 mm/s 的百分比来设定注射速度为 40%～80%。采用二次回归正交设计完成注塑件的件重预测。

7—5　螺旋弹簧式提升机是通过套筒内螺旋弹簧旋转来输送物料的一种机械运输设备。研究其提升量(y)与被输送物料堆比重(z_1)和螺旋升角(z_2)之间的二次回归关系。这两个因素的变化范围是 z_1:0.3～12 g/cm^3,z_2:12～18°。

第八章　均匀设计

均匀设计是将数论的原理和多元统计相结合创立的一种安排多因素多水平的试验设计。它适用于试验因素变化范围较大，需要取较多水平（一般不少于5），特别是水平需从量变关系进行考察分析的试验设计。试验次数等于因素的水平数，是大幅度减少试验次数的一种优良的试验设计方法。

第一节　均匀设计的基本思想

正交试验设计是从全面试验中挑选部分试验点进行试验，通过部分试验得到基本上反映全面情况的试验结果，但是，当试验中因素数或水平数比较大时，正交试验的次数也会很大。1987 年原七机部在进行导弹的试验设计时，需考虑 5 因素 31 水平，且要求试验次数不能超过 50 次。5 因素 31 水平可能的试验次数多达 2 800 多万次，为研究其数学模型曾试用国外的方法，但长时间得不到理想的效果，而运用正交设计方法，5 因素 31 水平的试验次数至少为 $31^2=961$ 次。为解决该难题，我国著名的数理统计专家方开泰与数论专家王元合作，将数论理论成功地运用于试验设计问题中，创立了一种全新的试验设计方法，即均匀设计法。运用该方法于上述的 5 因素 31 水平的试验问题，仅做 31 次试验，其效果便接近于 2 800多万次的试验，成功地解决了该难题。

正交设计是利用正交表的均衡分散和整齐可比性，以较少的试验次数获得基本上能反映全面情况的试验结果的一种优异的试验设计方法，为了保证整齐可比和搭配均衡的特点，试验点应在试验范围内充分地均衡分散，因此试验点不能过少，一旦试验次数多，实施起来就会存在困难。如果不考察试验数据的整齐可比性，而让试验点在试验范围内充分的均衡分散，则可以从全面试验中挑选比正交试验设计更少的试验点作为代表进行试验，这种着眼于试验点充分地均衡分散的试验设计方法，称为均匀设计法。

均匀设计沿用回归设计方法，运用控制论中的“黑箱”思想，把整个过程看作一个“黑箱”，把参与试验的因素 $x_1, x_2, \cdots, x_n$ 通过运用均匀设计法安排试验，并作为系统的输入参数，而把试验结果 Y 作为输出参数。

在数学上可把输出参数 Y 与输入参数 $x_i(i=1,2,\cdots,n)$ 的关系用函数式表示为

$$Y=f(x_1, x_2, \cdots, x_n) \tag{8.1}$$

函数的模型可根据理论或凭经验进行假设，不同系统的函数模型的形式及复杂程度可能相差很大，线性模型是最简单也是较常用的一种，但在现实中往往有其局限性，尤其是当输入参数取值范围较大时，正如几何中曲线在局部可用直线段近似表示，在较大范围内用直线段表示就会有较大的偏差。当线性模型假设失效时，可以考虑多项式模型，还可以考虑非多项式模型。然后根据试验结果运用回归分析等方法确定模型中的系数，具体计算时可使用国内外现已广泛流行的统计软件 SAS，Mini－tab，Mathematics，MATLAB，SPSS 等在计算机上进行。

第二节 均匀设计的特点

一、均匀设计表及其使用表

均匀设计也是按表格来安排试验的，这种表格称为均匀设计表，简称均匀表或 U 表，它是按"均衡分散"的特性构造的一套规格化的表格。

1. 等水平均匀设计表

与正交表类似，每一个均匀设计表都有一个代号，水平数相同的均匀设计表可用 $U_n(r^l)$ 或 $U_n^*(r^l)$ 表示，其中，U 为均匀表代号；n 为均匀表横行数，即需要做的试验次数；r 为因素水平数，与 n 相等；l 为均匀表纵列数，即该试验的因素数。如 $U_5(5^4)$ 即表示此设计表有 4 列，最多可以安排 4 个因素，试验次数为 5 次，每个因素有 5 个水平。代号 U 右上角加"*"和不加"*"代表两种不同的均匀设计表，通常加"*"的均匀设计表有更好的均匀性，应优先选用。表 8.1，表 8.2 分别为均匀表 $U_7(7^4)$ 与 $U_7^*(7^4)$，可以看出，两个表都有 7 行 4 列，每个因素都有 7 个水平，但在选用时应首选 $U_7^*(7^4)$。

表 8.1 $U_7(7^4)$

试验号 \ 列号	1	2	3	4
1	1	2	3	6
2	2	4	6	5
3	3	6	2	4
4	4	1	5	3
5	5	3	1	2
6	6	5	4	1
7	7	7	7	7

表 8.2 $U_7^*(7^4)$

试验号 \ 列号	1	2	3	4
1	1	3	5	7
2	2	6	2	6
3	3	1	7	5
4	4	4	4	4
5	5	7	1	3
6	6	2	6	2
7	7	5	3	1

2. 均匀设计使用表

均匀设计表的使用表是用来指导均匀设计表各因素如何选列的，每个使用表最后一行的因素数即是均匀设计表最多可安排的因素个数。例如，表 8.4 是 $U_6^*(6^4)$ 的使用表，由表可知，2 个因素时，应选用 1，3 两列来安排试验；当有 3 个因素时，应选用 1，2，3 三列；当有 4

个因素时，应选用1,2,3,4四列，最后一列D表示均匀度的偏差，偏差值越小，表示均匀分散性越好。

表8.3 $U_6^*(6^4)$

试验号 \ 列号	1	2	3	4
1	1	2	3	6
2	2	4	6	5
3	3	6	2	4
4	4	1	5	3
5	5	3	1	2
6	6	5	4	1

表8.4 $U_6^*(6^4)$的使用表

因素数	列号				D
2	1	3			0.187 5
3	1	2	3		0.265 6
4	1	2	3	4	0.299 0

等水平均匀表具有以下特点：

(1)表中任意一列的n个数无重复，也就是说，每个因素在每个水平仅做一次试验。

(2)任意两个因素的不同水平组合恰好只有一个试验点，也就是每行每列有且仅有一个试验点。图8.1是均匀表$U_6^*(6^4)$的第1列和第3列各水平组合在平面格子点上的分布图，可见，每行每列只有一个试验点。

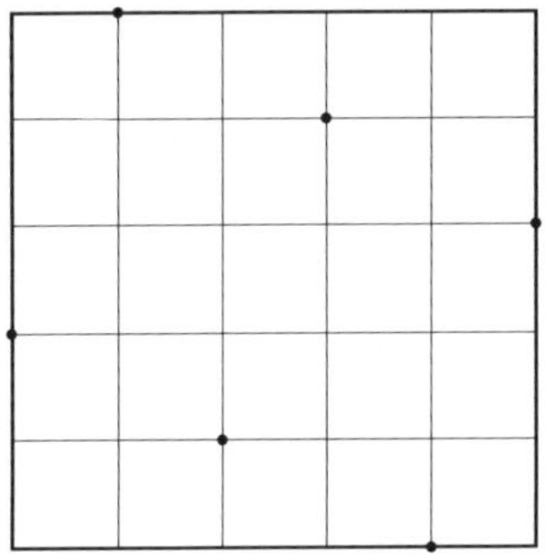

图8.1 $U_6^*(6^4)$1,3列试验点分布

(3)均匀设计表任两列组成的试验方案一般并不等价，也就是说试验点分散的均匀性是不同的，只有按相应使用表的规定，才能使试验点充分均匀分散。例如用$U_6^*(6^4)$1,3列和1,4列的水平组合分别画格子点图，得图8.1和图8.2。可以看到，在图8.1中，试验点散布得比较均匀，而图8.2中的点散布并不均匀。因为根据$U_6^*(6^4)$的使用表，当因素数为2时，应将它们排在1,3列，而不是1,4列，可见图8.1和图8.2也说明了根据使用表安排的试验，均匀性更好。

(4)均匀设计表中各列因素水平不能如正交表那样可任意改变次序，而只能按原来的

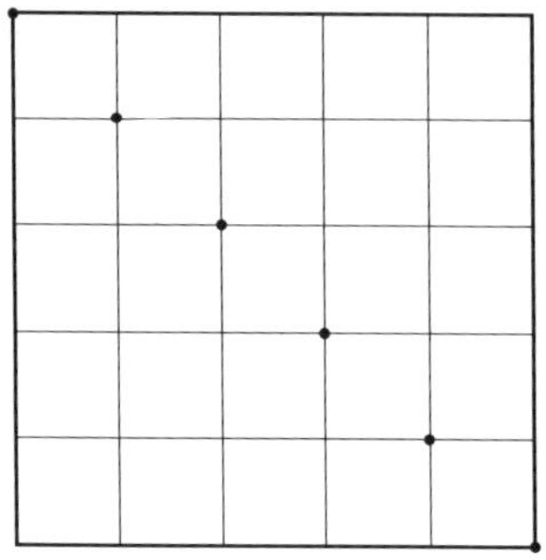

图 8.2 $U_6^*(6^4)$1,4 列试验点分布

顺序进行平滑。因为有些试验，特别是化学试验，所有因素的高水平相遇，反应太剧烈，甚至爆炸；低水平相遇，反应又太慢，甚至不起反应而得不到试验结果。为此可将某些因素的水平按平滑的规则做适当调整。

(5)等水平均匀表的试验次数与水平数一致，所以当因素的水平增加时，试验数按水平的增加量在增加，即试验次数的增加具有“连续性”。

3. 混合水平均匀设计表

均匀设计适用于因素水平数较多的试验，但在具体的试验中，很难保证不同因素的水平数总是相等，这样直接利用等水平的均匀表来安排试验就有一定的困难，这时可以想办法将等水平均匀表转化成混合水平均匀表来完成试验。

假设某试验中，有 A,B,C 三个因素，其中因素 A,B 有 5 个水平，因素 C 有 2 个水平，显然，可用正交表 L_{50} 来安排试验，但试验次数较多。若用均匀设计来安排，就要用到混合水平的均匀设计表，可由 $U_{10}^*(10^8)$ 生成 $U_{10}(5^2\times2^1)$，只需要进行 10 次试验。

表 $U_{10}^*(10^8)$ 有 8 列，只需从中选择三列，要求由该三列生成的混合水平表 $U_{10}(5^2\times2^1)$ 有很好的均衡性，于是选用 1、2、5 三列，对 1、2 列采用水平合并：1、2 合并成 1，3、4 合并成 2，直至 9、10 合并成 5；对第 5 列采用水平合并；1、2、3、4、5 合并成 1，6、7、8、9、10 合并成 2，于是得到表 8.5 的方案，它有较好的均衡性。例如，A 列和 C 列，B 列和 C 列的二因素设计正好组成它们的全面试验方案，A 列和 B 列的二因素设计中没有重复试验。

表 8.5 拟水平设计 $U_{10}(5^2\times2^1)$

试验号	A	B	C
1	(1)1	(2)1	(5)1
2	(2)1	(4)2	(10)2
3	(3)2	(6)3	(4)1
4	(4)2	(8)4	(9)2
5	(5)3	(10)5	(3)1
6	(6)3	(1)1	(8)2
7	(7)4	(3)2	(2)1
8	(8)4	(5)3	(7)2
9	(9)5	(7)4	(1)1
10	(10)5	(9)5	(6)2

注：表中括号内的数字表示原始均匀表的水平编号。

从表 8.5 中可以看出，混合水平均匀表的特点是在任一列上不同水平出现次数是相同的，但出现次数都不小于 1，所以试验次数通常与各因素的水平数不一致，而在等水平的均匀表中两者是相等的，混合水平的均匀设计表与水平数相同的均匀设计表另一个不同点是混合水平的均匀设计表无需配以使用表，可直接使用。

二、均匀设计的优缺点

均匀设计相对于全面试验和正交设计最主要的优点：首先是大幅度地减少试验次数，缩短试验周期，从而大量节约人工和费用。一个 7 水平 6 因素的试验，如果进行全面试验需做 $7^6=117\ 649$ 次试验，若用 $L_{49}(7^8)$ 也要做 49 次试验，若用均匀设计则只需做 7 次试验，为提高均匀设计的精确性，试验还可重复 1 次，即便这样，试验的处理数还是较少的。其次，由于均匀设计充分利用了试验点分布的均匀性，所得的适宜条件虽然不一定是全面试验中的最优条件，但至少也在某种程度上接近最优条件，另外还可以利用均匀设计中试验次数少的特点，适当增加试验次数，也即增加各种因素水平数，水平数增加，试验点在研究范围内更加均匀分散，代表性也更强，更接近最优条件。最后，均匀设计试验分析求得的回归方程，便于分析各因素对试验结果的影响，可以定量地预知优化条件及优化结果的区间估计。

当然，均匀设计也存在一定的局限性：首先，均匀设计的试验无法估计交互作用。其次，在均匀设计表中，不仅各列的地位不平等，而且各因素安排在表中的位置也不能随便变换。最后，均匀设计的灵活性较差，因为在确定试验方案时需根据试验中欲考察的实际因素数，依照附在每一张均匀设计表后的使用表来确定因素所在的列号。

第三节　均匀设计的基本步骤

与正交设计步骤相似，均匀设计的基本步骤通常也包括试验方案设计与试验结果分析两部分。

(1)明确试验目的，确定试验指标。如果试验要考察多个指标，还要将各指标进行综合分析。

(2)选因素。将对试验结果影响很大的因素作为考察因素。

(3)确定因素的水平。根据文献调查研究和预期试验结果，结合实际需要和可能，确定各因素的水平数范围。由于 U_n 奇数表的最后一行，各因素的最大水平号相遇，如果各因素的水平序号与水平实际数值的大小顺序一致，则会出现所有因素的高水平或低水平相遇的情形，如果是化学反应，则可能出现因反应太剧烈而无法控制的现象，或者反应太慢，得不到试验结果。为了避免这些情况，可以随机排列因素的水平序号，或使用 U_n^* 均匀表也可以避免上述情况。

(4)选择均匀设计表。这是均匀设计很关键的一步，一般根据试验的因素数和水平数来选择，并首选 U_n^* 表。由于均匀设计试验结果多采用多元回归分析法，在选表时还应注意均匀表的试验次数与回归分析的关系。

(5)进行表头设计。根据试验的因素数和该均匀表对应的使用表，将各因素安排在均匀表相应的列中，如果是混合水平的均匀表，则可省去表头设计这一步。需要指出的是，均匀表中的空列，既不能安排交互作用，也不能用来估计试验误差，所以在分析试验结果时不用列出。

(6)明确试验方案，进行试验。为了较好地了解试验误差，提高结论的可靠性，在条件允许时，每个试验方案重复 3 ～ 5 次，取平均值。

(7)试验结果统计分析。由于均匀表没有整齐可比性，试验结果不能用方差分析法，可采用直观分析法和回归分析方法，求得回归方程式，结合试验经验及专业知识分析回归方程，寻找优化条件。

(8)试验验证。试验结果经过回归分析得到最优条件，按此最优条件进行一次试验，用于验证试验结果的优劣与回归方程模型之间的差异。若验证结果明显高于试验值，优化达到了一定目的，但是如果与回归方程模型之间差异显著，继续进行模型的优化，直到满意为止。

例 8.1　羧甲基纤维钠是一种代替淀粉的化学原料，为寻找它的最佳生产条件，根据专业理论及实践经验，选择影响试验结果的 3 个主要因素，各因素均分为 5 个水平，其因素与水平如表 8.6 所示，运用均匀设计方法安排该试验方案。

表 8.6　因素水平表

因素 水平	A 碱化时间 /min	B 烧碱浓度 /(°)	C 醚化时间 /min
1	120	25	90
2	135	26	105
3	150	27	120
4	165	28	135
5	180	29	150

解　本题是 3 因素 5 水平的多因素多水平试验，可选均匀试验设计表 $U_5(5^4)$，该表最多可安排 4 个因素，每个因素取 5 个水平。因此，本试验可选用表 8.7 的 $U_5(5^4)$ 均匀表完成表头设计，根据表 8.8 的使用表，当有 3 个因素时应该选择 1，2，4 三列，从而本试验的表头设计如表 8.9 所示。

表 8.7　$U_5(5^4)$

列号 试验号	1	2	3	4
1	1	2	3	4
2	2	4	1	3
3	3	1	4	2
4	4	3	2	1
5	5	5	5	5

表 8.8 $U_5(5^4)$ 的使用表

因素数	列号			
2	1	2		
3	1	2	4	
4	1	2	3	4

表 8.9 表头设计

因　素	A	B		C
列　号	1	2	3	4

表头设计结束后开始填表。因素按表头设计规定，水平按“对号入座”的原则填到 $U_5(5^4)$ 表上，得到均匀试验设计的试验方案，如表 8.10 所示。

表 8.10 $U_5(5^4)$ 试验方案

试验号＼列号	因素	A	B		C
	水平	1	2	3	4
1		1(120)	2(26)	3	4(135)
2		2(135)	4(28)	1	3(120)
3		3(150)	1(25)	4	2(105)
4		4(165)	3(27)	2	1(90)
5		5(180)	5(29)	5	5(150)

注：表中括号内的数字表示因素水平值，它们与括号外的水平编号相对应，下同。

从表 8.10 中可以看出，1 号试验方案为 $A_1B_2C_4$，即碱化时间 120 分，烧碱浓度 26 度，醚化时间 135 分，其余 4 个方案同理。另外需要注意的是，在表 8.10 中，第 3 列是空列，此列不能像正交表那样可以安排交互作用或者可以对试验误差进行估计，只能空闲着不用。

第四节　均匀设计的分析

均匀设计由于每个因素水平较多，而试验次数又较少，没有整齐可比性，所以试验结果的分析不能用方差分析，而通常采用直接分析法和回归分析法。如果试验目的只是为了寻找一个可行的试验方案或确定适宜的试验范围，就可以采用直接分析法，直接对试验所得的结果进行对比分析，从中挑选出试验指标最好的试验点，由于试验散布均匀，其中最优条件离试验范围内的最优条件不会太远。回归分析法一般为多元回归分析，利用其多因素多水平的特点，用多元回归分析建立试验结果与多因素之间的回归方程，结合实践经验及专业知识，分析各因素对试验结果的影响，因为试验数据统计过程复杂，一般需借助相关的计算机软件进行分析计算。

例 8.2　在淀粉接枝丙烯酸制备高吸水性树脂的试验中，为了提高树脂吸收盐水的能力，考察了丙烯酸用量 A，引发剂用量 B，丙烯酸中和度 C 和甲醛用量 D 四个因素，每个因素取 9 个水平，如表 8.11 所示。

表 8.11　因素水平表

水平＼因素	丙烯酸用量 A/mL	引发剂用量 B/%	丙烯酸中和度 C/%	甲醛用量 D/mL
1	12.0	0.3	48.0	0.20
2	14.5	0.4	53.5	0.35
3	17.0	0.5	59.0	0.50
4	19.5	0.6	64.5	0.65
5	22.0	0.7	70.0	0.80
6	24.5	0.8	75.5	0.95
7	27.0	0.9	81.0	1.10
8	29.5	1.0	86.5	1.25
9	32.0	1.1	92.0	1.40

解　(1)确定考察因素和水平，选择合适的均匀分布表

根据因素和水平，可以选取均匀设计表 $U_9^*(9^4)$ 或 $U_9(9^5)$。由它们的使用表可以发现，均匀表 $U_9^*(9^4)$ 最多只能安排 3 个因素，所以选用 $U_9(9^5)$ 表来安排该试验。

(2)安排试验

根据 $U_9(9^5)$ 的使用表，将各因素的相应水平填入表中列出试验方案，即将 A,B,C,D 分别放在 $U_9(9^5)$ 表的 1,2,3,5 列，其试验方案列于表 8.12。

表 8.12　试验方案和结果

序号	丙烯酸用量 A/mL	引发剂用量 B/%	丙烯酸中和度 C/%	甲醛用量 D/mL	吸盐水倍率 y
1	1(12.0)	2(0.4)	4(64.5)	8(1.25)	34
2	2(14.5)	4(0.6)	8(86.5)	7(1.10)	42
3	3(17.0)	6(0.8)	3(59.0)	6(0.95)	40
4	4(19.5)	8(1.0)	7(81.0)	5(0.80)	45
5	5(22.0)	1(0.3)	2(53.5)	4(0.65)	55
6	6(24.5)	3(0.5)	6(75.5)	3(0.50)	59
7	7(27.0)	5(0.7)	1(48.0)	2(0.35)	60
8	8(29.5)	7(0.9)	5(70.0)	1(0.20)	61
9	9(32.0)	9(1.1)	9(92.0)	9(1.40)	63

(3)试验操作

测定结果如表 8.12 中吸盐水倍率 y 一列。

(4)结果分析

如果采用直观分析法，由表 8.12 可以看出 9 号试验所得产品的吸盐水能力最强，可以将 9 号试验对应的条件作为较优的工艺条件。

如果利用计算机对上述试验结果进行回归分析，得到的回归方程为

$$y=18.585+1.644x_1-667x_2+0.101x_3-3.333x_4$$

这是一个四元线性回归方程，为检验其可信性，对该回归方程进行方差分析，其方差分析表如表 8.13 所示。

表 8.13　方差分析表

方差来源	离差平方和	自由度	均方	F 值	$F_{0.01}(4,4)$	显著性
回归	919	4	229.75	70.69	15.98	* *
误差	13	4	3.25			
总和	932	8				

由方差分析知，所求得的回归方程非常显著，该回归方程是可信的。

由回归方程可知：x_1，x_3 的系数为正，表明试验指标随因素 A，C 的增加而增加；x_2，x_4 的系数为负值，则表示试验指标随因素 B，D 的增加而减少。所以，在确定最优方案时，因素 A，C 的取值应偏上限，即丙烯酸用量取 32 mL，丙烯酸中和度取 92%；同理，因素 B，D 的取值应偏下限，即引发剂用量取 0.3%，甲醛用量取 0.20 mL。将以上各值代入上述回归方程，得到 $y=76.3$，这一结果明显好于表 8.12 中的 9 个试验结果，但是否可行，还应进行验证试验。

习　题

8－1　均匀设计的基本思想与正交设计的基本思想有什么不同？

8－2　某酒厂在生产啤酒过程中，选择底水量 A 和吸氨时间 B 进行均匀试验，两因素均选 9 个水平，因素水平如表 8.14 所示，试选用合适的均匀表安排试验，列出每号试验的方案。

表 8.14　试验数据

因素＼水平	1	2	3	4	5	6	7	8	9
底水量 A/g	136.5	137.0	137.5	138.0	138.5	139.0	139.5	140.0	140.5
吸氨时间 B/min	170	180	190	200	210	220	230	240	250

8－3　利用废弃塑料制备清漆的研究中，以提高清漆漆膜的附着力作为试验目的。结合专业知识，选定了以下四个因素，各因素都分为 10 个水平，如表 8.15 所示，试选用合适的均匀表安排试验，列出每号试验的方案。

表 8.15　因素水平表

序号	废弃塑料质量 x_1/kg	改性剂用量 x_2/kg	增塑剂用量 x_3/kg	混合溶剂用量 x_4/kg
1	14	5	5	50
2	16	6	8	52
3	18	7	10	54
4	20	8	12	56
5	22	9	14	58
6	24	10	16	60
7	26	11	17	62
8	28	12	18	65
9	30	13	19	68
10	32	15	20	70

附　　表

附表一　F 分布临界值表

(α=0.05)　$P(F>F_{\alpha})=\alpha$

n_2 \ n_1	1	2	3	4	5	6	7	8	9	10	12	14	16	18	20	n_1 / n_2
1	161	200	216	225	230	234	237	239	241	242	244	245	246	247	248	1
2	18.5	19	19.2	19.2	19.3	19.3	19.4	19.4	19.4	19.4	19.4	19.4	19.4	19.4	19.4	2
3	10.1	9.55	9.28	9.12	9.01	8.94	8.89	8.85	8.81	8.79	8.74	8.71	8.69	8.67	8.66	3
4	7.71	6.94	6.59	6.39	6.26	6.16	6.09	6.04	6	5.96	5.91	5.87	5.84	5.82	5.8	4
5	6.61	5.79	5.41	5.19	5.05	4.95	4.88	4.82	4.77	4.74	4.68	4.64	4.6	4.58	4.56	5
6	5.99	5.14	4.76	4.53	4.39	4.28	4.21	4.15	4.1	4.06	4	3.96	3.92	3.9	3.87	6
7	5.59	4.74	4.35	4.12	3.97	3.87	3.79	3.73	3.68	3.64	3.57	3.53	3.49	3.47	3.44	7
8	5.32	4.46	4.07	3.84	3.69	3.58	3.5	3.44	3.39	3.35	3.28	3.24	3.2	3.17	3.15	8
9	5.12	4.26	3.86	3.63	3.48	3.37	3.29	3.23	3.18	3.14	3.07	3.03	2.99	2.96	2.94	9
10	4.96	4.1	3.71	3.48	3.33	3.22	3.14	3.07	3.02	2.98	2.91	2.86	2.83	2.8	2.77	10
11	4.84	3.98	3.59	3.36	3.2	3.09	3.01	2.95	2.9	2.85	2.79	2.74	2.7	2.67	2.65	11
12	4.75	3.89	3.49	3.26	3.11	3	2.91	3.85	2.8	2.75	2.69	2.64	2.6	2.57	2.54	12
13	4.67	3.81	3.41	3.18	3.03	2.92	2.83	2.77	2.71	2.67	2.6	2.55	2.51	2.48	2.46	13
14	4.6	3.74	3.34	3.11	2.96	2.85	2.76	2.7	2.65	2.6	2.53	2.48	2.44	2.41	2.39	14
15	4.54	3.68	3.29	3.06	2.9	2.79	2.71	2.64	2.59	2.54	2.48	2.42	2.38	2.35	2.33	15
16	4.49	3.63	3.24	3.01	2.85	2.74	2.66	2.59	2.54	2.49	2.42	2.37	2.33	2.3	2.28	16
17	4.45	3.59	3.2	2.96	2.81	2.7	2.61	2.55	2.49	2.45	2.38	2.33	2.29	2.26	2.23	17
18	4.41	3.55	3.16	2.93	2.77	2.66	2.58	2.51	2.46	2.41	2.34	2.29	2.25	2.22	2.19	18
19	4.38	3.52	3.13	2.9	2.74	2.63	2.54	2.48	2.42	2.38	2.31	2.26	2.21	2.18	2.16	19
20	4.35	3.49	3.1	2.87	2.71	2.6	2.51	2.45	2.39	2.35	2.28	2.22	2.18	2.15	2.12	20
21	4.32	3.47	3.07	2.84	2.68	2.57	2.49	2.42	2.37	2.32	2.25	2.2	2.16	2.12	2.1	21
22	4.3	3.44	3.05	2.82	2.66	2.55	2.46	2.4	2.34	2.3	2.23	2.17	2.13	2.1	2.07	22
23	2.05	2.07	2.11	2.15	2.2	2.27	2.32	2.37	2.44	2.53	2.64	2.8	3.03	3.42	4.28	23
24	2.03	2.05	2.09	2.13	2.18	2.25	2.3	2.36	2.42	2.51	2.62	2.78	3.01	3.4	4.26	24
25	2.01	2.04	2.07	2.11	2.16	2.24	2.28	2.34	2.4	2.49	2.6	2.76	2.99	3.39	4.24	25
26	1.99	2.02	2.05	2.09	2.15	2.22	2.27	2.32	2.39	2.47	2.59	2.74	2.98	3.37	4.23	26
27	1.97	2	2.04	2.08	2.13	2.2	2.25	2.31	2.37	2.46	2.57	2.73	2.96	3.35	4.21	27

n_2 \ n_1	1	2	3	4	5	6	7	8	9	10	12	14	16	18	20	n_1 / n_2
28	1.96	1.99	2.02	2.06	2.12	2.19	2.24	2.29	2.36	2.45	2.56	2.71	2.95	3.34	4.2	28
29	1.94	1.97	2.01	2.05	2.1	2.18	2.22	2.28	2.35	2.43	2.55	2.7	2.93	3.33	4.18	29
30	1.93	1.96	1.99	2.04	2.09	2.16	2.21	2.27	2.33	2.42	2.53	2.69	2.92	3.32	4.17	30
32	1.91	1.94	1.97	2.01	2.07	2.14	2.19	2.24	2.31	2.4	2.51	2.67	2.9	3.29	4.15	32
34	1.89	1.92	1.95	1.99	2.05	2.12	2.17	2.23	2.29	2.38	2.49	2.65	2.88	3.28	4.13	34
36	1.87	1.9	1.93	1.98	2.03	2.11	2.15	2.21	2.28	2.36	2.48	2.63	2.87	3.26	4.11	36
38	1.85	1.88	1.92	1.96	2.02	2.09	2.14	2.19	2.26	2.35	2.46	2.62	2.85	3.24	4.1	38
40	1.84	1.87	1.9	1.95	2	2.08	2.12	2.18	2.25	2.34	2.45	2.61	2.84	3.23	4.08	40
42	1.83	1.86	1.89	1.93	1.99	2.06	2.11	2.17	2.24	2.32	2.44	2.59	2.83	3.22	4.07	42
44	1.81	1.84	1.88	1.92	1.98	2.05	2.1	2.16	2.23	2.31	2.43	2.58	2.82	3.21	4.06	44
46	1.8	1.83	1.87	1.91	1.97	2.04	2.09	2.15	2.22	2.3	2.42	2.57	2.81	3.2	4.05	46
48	1.79	1.82	1.86	1.9	1.96	2.03	2.08	2.14	2.21	2.29	2.41	2.57	2.8	3.19	4.04	48
50	1.78	1.81	1.85	1.89	1.95	2.03	2.07	2.13	2.2	2.29	2.4	2.56	2.79	3.18	4.03	50
60	1.75	1.78	1.82	1.86	1.92	1.99	2.04	2.1	2.17	2.25	2.37	2.53	2.76	3.15	4	60
80	1.7	1.73	1.77	1.82	1.88	1.95	2	2.06	2.13	2.21	2.33	2.49	2.72	3.11	3.96	80
100	1.68	1.71	1.75	1.79	1.85	1.93	1.97	2.03	2.1	2.19	2.31	2.46	2.7	3.09	3.94	100
125	1.65	1.69	1.72	1.77	1.83	1.91	1.96	2.01	2.08	2.17	2.29	2.44	2.68	3.07	3.92	125
150	1.64	1.67	1.71	1.76	1.82	1.89	1.94	2	2.07	2.16	2.27	2.43	2.66	3.06	3.9	150
200	1.62	1.66	1.69	1.74	1.8	1.88	1.93	1.98	2.06	2.14	2.26	2.42	2.65	3.04	3.89	200
300	1.61	1.64	1.68	1.72	1.78	1.86	1.91	1.97	2.04	2.13	2.24	2.4	2.63	3.03	3.87	300
500	1.59	1.62	1.66	1.71	1.77	1.85	1.9	1.96	2.03	2.12	2.23	2.39	2.62	3.01	3.86	500
1000	1.58	1.61	1.65	1.7	1.76	1.84	1.89	1.95	2.02	2.11	2.22	2.38	2.61	3	3.85	1000
∞	1.57	1.6	1.64	1.69	1.75	1.83	1.88	1.94	2.01	2.1	2.21	2.37	2.6	3	3.84	∞

($\alpha=0.10$)

n_2 \ n_1	1	2	3	4	5	6	7	8	9	10	15	20	30	50	100	200	500	∞	n_1 / n_2
1	39.9	49.5	53.6	55.8	57.2	58.2	58.9	59.4	59.9	60.2	61.2	61.7	62.3	62.7	63	63.2	63.3	63.3	1
2	8.53	9	9.16	9.24	9.29	9.33	9.35	9.37	9.38	9.39	9.42	9.44	9.46	9.47	9.48	9.49	9.49	9.49	2
3	5.54	5.46	5.39	5.34	5.31	5.28	5.27	5.25	5.24	5.23	5.2	5.18	5.17	5.15	5.14	5.14	5.14	5.13	3
4	4.54	4.32	4.19	4.11	4.05	4.01	3.98	3.95	3.94	3.92	3.87	3.84	3.82	3.8	3.78	3.77	3.76	3.76	4
5	4.06	3.78	3.62	3.52	3.45	3.4	3.37	3.34	3.32	3.3	3.24	3.21	3.17	3.15	3.13	3.12	3.11	3.1	5
6	3.78	3.46	3.29	3.18	3.11	3.05	3.01	2.98	2.96	2.94	2.87	2.84	2.8	2.77	2.75	2.73	2.73	2.72	6

n_2 \ n_1	1	2	3	4	5	6	7	8	9	10	15	20	30	50	100	200	500	∞	n_1 / n_2
7	3.59	3.26	3.07	2.96	2.88	2.83	2.78	2.75	2.72	2.7	2.63	2.59	2.56	2.52	2.5	2.48	2.48	2.47	7
8	3.46	3.11	2.92	2.81	2.73	2.67	2.62	2.59	2.56	2.54	2.46	2.42	2.38	2.35	2.32	2.31	2.3	2.29	8
9	3.36	3.01	2.81	2.69	2.61	2.55	2.51	2.47	2.44	2.42	2.34	2.3	2.25	2.22	2.19	2.17	2.17	2.16	9
10	3.28	2.92	2.73	2.61	2.52	2.46	2.41	2.38	2.35	2.32	2.24	2.2	2.16	2.12	2.09	2.07	2.06	2.06	10
11	3.23	2.86	2.66	2.54	2.45	2.39	2.34	2.3	2.27	2.25	2.17	2.12	2.08	2.04	2	1.99	1.98	1.97	11
12	3.18	2.81	2.61	2.48	2.39	2.33	2.28	2.24	2.21	2.19	2.1	2.06	2.01	1.97	1.94	1.92	1.91	1.9	12
13	3.14	2.76	2.56	2.43	2.35	2.28	2.23	2.2	2.16	2.14	2.05	2.01	1.96	1.92	1.88	1.86	1.85	1.85	13
14	3.1	2.73	2.52	2.39	2.31	2.24	2.19	2.15	2.12	2.1	2.01	1.96	1.91	1.87	1.83	1.82	1.8	1.8	14
15	3.07	2.7	2.49	2.36	2.27	2.21	2.16	2.12	2.09	2.06	1.97	1.92	1.87	1.83	1.79	1.77	1.76	1.76	15
16	3.05	2.67	2.46	2.33	2.24	2.18	2.13	2.09	2.06	2.03	1.94	1.89	1.84	1.79	1.76	1.74	1.73	1.72	16
17	3.03	2.64	2.44	2.31	2.22	2.15	2.1	2.06	2.03	2	1.91	1.86	1.81	1.76	1.73	1.71	1.69	1.69	17
18	3.01	2.62	2.42	2.29	2.2	2.13	2.08	2.04	2	1.98	1.89	1.84	1.78	1.74	1.7	1.68	1.67	1.66	18
19	2.99	2.61	2.4	2.27	2.18	2.11	2.06	2.02	1.98	1.96	1.86	1.81	1.76	1.71	1.67	1.65	1.64	1.63	19
20	2.97	2.59	2.38	2.25	2.16	2.09	2.04	2	1.96	1.94	1.84	1.79	1.74	1.69	1.65	1.63	1.62	1.61	20
22	2.95	2.56	2.35	2.22	2.13	2.06	2.01	1.97	1.93	1.9	1.81	1.76	1.7	1.65	1.61	1.59	1.58	1.57	22
24	2.93	2.54	2.33	2.19	2.1	2.04	1.98	1.94	1.91	1.88	1.78	1.73	1.67	1.62	1.58	1.56	1.54	1.53	24
26	2.91	2.52	2.31	2.17	2.08	2.01	1.96	1.92	1.88	1.86	1.76	1.71	1.65	1.59	1.55	1.53	1.51	1.5	26
28	2.89	2.5	2.29	2.16	2.06	2	1.94	1.9	1.87	1.84	1.74	1.69	1.63	1.57	1.53	1.5	1.49	1.48	28
30	2.88	2.49	2.28	2.14	2.05	1.98	1.93	1.88	1.85	1.82	1.72	1.67	1.61	1.55	1.51	1.48	1.47	1.46	30
40	2.84	2.44	2.23	2.09	2	1.93	1.87	1.83	1.79	1.76	1.66	1.61	1.54	1.48	1.43	1.41	1.39	1.38	40
50	2.81	2.41	2.2	2.06	1.97	1.9	1.84	1.8	1.76	1.73	1.63	1.57	1.5	1.44	1.39	1.36	1.34	1.33	50
60	2.79	2.39	2.18	2.04	1.95	1.87	1.82	1.77	1.74	1.71	1.6	1.54	1.48	1.41	1.36	1.33	1.31	1.29	60
80	2.77	2.37	2.15	2.02	1.92	1.85	1.79	1.75	1.71	1.68	1.57	1.51	1.44	1.38	1.32	1.28	1.26	1.24	80
100	2.76	2.36	2.14	2	1.91	1.83	1.78	1.73	1.7	1.66	1.56	1.49	1.42	1.35	1.29	1.26	1.23	1.21	100
200	2.73	2.33	2.11	1.97	1.88	1.8	1.75	1.7	1.66	1.63	1.52	1.46	1.38	1.31	1.24	1.2	1.17	1.14	200
500	2.72	2.31	2.1	1.96	1.86	1.79	1.73	1.68	1.64	1.61	1.5	1.44	1.36	1.28	1.21	1.16	1.12	1.09	500
∞	2.71	2.30	2.08	1.94	1.85	1.77	1.72	1.67	1.63	1.6	1.49	1.42	1.34	1.26	1.18	1.13	108	1	∞

(α=0.01)

n_2 \ n_1	1	2	3	4	5	6	7	8	9	10	12	14	16	18	20	n_1 / n_2
1	405.00	500.00	540.00	563.00	576.00	586.00	593.00	598.00	602.00	606.00	611.00	614.00	617.00	619.00	621.00	1
2	98.50	99.00	99.20	99.30	99.30	99.40	99.40	99.40	99.40	99.40	99.40	99.40	99.40	99.40	99.40	2

n_1 \ n_2	1	2	3	4	5	6	7	8	9	10	12	14	16	18	20	n_1 \ n_2
3	34.10	30.80	29.50	28.70	28.20	27.90	27.70	27.50	27.30	27.20	27.10	26.90	26.80	26.80	26.70	3
4	21.20	18.00	16.70	16.00	15.50	15.20	15.00	14.80	14.70	14.50	14.40	14.20	14.20	14.10	14.00	4
5	16.30	13.30	12.10	11.40	11.00	10.70	10.50	10.30	10.20	10.10	9.89	9.77	9.68	9.61	9.55	5
6	13.70	10.90	9.78	9.15	8.75	8.47	8.26	8.10	7.98	7.87	7.72	7.60	7.52	7.45	7.40	6
7	12.20	9.55	8.45	7.85	7.46	7.19	6.99	6.84	6.72	6.62	6.47	6.36	6.27	6.21	6.16	7
8	11.30	8.65	7.59	7.01	6.63	6.37	6.18	6.03	5.91	5.81	5.67	5.56	5.48	5.41	5.38	8
9	10.60	8.02	6.99	6.42	6.06	5.80	5.61	5.47	5.35	5.26	5.11	5.00	4.92	4.86	4.81	9
10	10.00	7.56	6.55	5.99	5.64	5.39	5.20	5.06	4.94	4.85	4.71	4.60	4.52	4.46	4.41	10
11	9.65	7.21	6.22	5.67	5.32	5.07	4.89	4.74	4.63	4.54	4.40	4.29	4.21	4.15	4.10	11
12	9.33	6.93	5.95	5.41	5.06	4.82	4.64	4.50	4.39	4.30	4.16	4.05	3.97	3.91	3.86	12
13	9.07	6.70	5.74	5.21	4.86	4.62	4.44	4.30	4.19	4.10	3.96	3.86	3.78	3.71	3.66	13
14	8.86	6.51	5.56	5.04	4.70	4.46	4.28	4.14	4.03	3.94	3.80	3.70	3.62	3.56	3.51	14
15	8.68	6.36	5.42	4.89	4.56	4.32	4.14	4.00	3.89	3.80	3.67	3.56	3.49	3.42	3.37	15
16	8.53	6.23	5.29	4.77	4.44	4.20	4.03	3.89	3.78	3.69	3.55	3.45	3.37	3.31	3.26	16
17	8.40	6.11	5.18	4.67	4.34	4.10	3.93	3.79	3.68	3.59	3.46	3.35	3.27	3.21	3.16	17
18	8.29	6.01	5.09	4.58	4.25	4.01	3.84	3.71	3.60	3.51	3.37	3.27	3.19	3.13	3.08	18
19	8.18	5.93	5.01	4.50	4.17	3.94	3.77	3.63	3.52	3.43	3.30	3.19	3.12	3.05	3.00	19
20	8.10	5.85	4.94	4.43	4.10	3.87	3.70	3.56	3.46	3.37	3.23	3.13	3.05	2.99	2.94	20
21	8.02	5.78	4.87	4.37	4.04	3.81	3.64	3.51	3.40	3.31	3.17	3.07	2.99	2.93	2.88	21
22	7.95	5.72	4.82	4.31	3.99	3.76	3.59	3.45	3.35	3.26	3.12	3.02	2.94	2.88	2.83	22
23	7.88	5.66	4.76	4.26	3.94	3.71	3.54	3.41	3.30	3.21	3.07	2.97	2.89	2.83	2.78	23
24	2.74	2.79	2.85	2.93	3.03	3.17	3.26	3.36	3.50	3.67	3.90	4.22	4.72	5.61	7.82	24
25	2.70	2.75	2.81	2.89	2.99	3.13	3.22	3.32	3.46	3.63	3.86	4.18	4.68	5.57	7.77	25
26	2.66	2.72	2.78	2.86	2.96	3.09	3.18	3.29	3.42	3.59	3.82	4.14	4.64	5.53	7.72	26
27	2.63	2.68	2.75	2.82	2.93	3.06	3.15	3.26	3.39	3.56	3.78	4.11	4.60	5.49	7.68	27
28	2.60	2.65	2.72	2.79	2.90	3.03	3.12	3.23	3.36	3.53	3.75	4.07	4.57	5.45	7.64	28
29	2.57	2.62	2.69	2.77	2.87	3.00	3.09	3.20	3.33	3.50	3.73	4.04	4.54	5.42	7.60	29
30	2.55	2.60	2.66	2.74	2.84	2.98	3.07	3.17	3.30	3.47	3.70	4.02	4.51	5.39	7.56	30
32	2.50	2.55	2.62	2.70	2.80	2.93	3.02	3.13	3.26	3.43	3.65	3.97	4.46	5.34	7.50	32
34	2.46	2.51	2.58	2.66	2.76	2.89	2.98	3.09	3.22	3.39	3.61	3.93	4.42	5.29	7.44	34
36	2.43	2.48	2.54	2.62	2.72	2.86	2.95	3.05	3.18	3.35	3.57	3.89	4.38	5.25	7.40	36
38	2.40	2.45	2.51	2.59	2.69	2.83	2.92	3.02	3.15	3.32	3.54	3.86	4.34	5.21	7.35	38
40	2.37	2.42	2.48	2.56	2.66	2.80	2.89	2.99	3.12	3.29	3.51	3.83	4.31	5.18	7.31	40

n_2 \ n_1	1	2	3	4	5	6	7	8	9	10	12	14	16	18	20	n_1 / n_2
42	2.34	2.40	2.46	2.54	2.64	2.78	2.86	2.97	3.10	3.27	3.49	3.80	4.29	5.15	7.28	42
44	2.32	2.37	2.44	2.52	2.62	2.75	2.84	2.95	3.08	3.24	3.47	3.78	4.26	5.12	7.25	44
46	2.30	2.35	2.42	2.50	2.60	2.73	2.82	2.93	3.06	3.22	3.44	3.76	4.24	5.10	7.22	46
48	2.28	2.33	2.40	2.48	2.58	2.72	2.80	2.91	3.04	3.20	3.43	3.74	4.22	5.08	7.20	48
50	2.27	2.32	2.38	2.46	2.56	2.70	2.79	2.89	3.02	3.19	3.41	3.72	4.20	5.06	7.17	50
60	2.20	2.25	2.31	2.39	2.50	2.63	2.72	2.82	2.95	3.12	3.34	3.65	4.13	4.98	7.08	60
80	2.12	2.17	2.23	2.31	2.42	2.55	2.64	2.74	2.87	3.04	3.26	3.56	4.04	4.88	6.96	80
100	2.07	2.12	2.19	2.26	2.37	2.50	2.59	2.69	2.82	2.99	3.21	3.51	3.98	4.82	6.90	100
125	2.03	2.08	2.15	2.23	2.33	2.47	2.55	2.66	2.79	2.95	3.17	3.47	3.94	4.78	6.84	125
150	2.00	2.06	2.12	2.20	2.31	2.44	2.53	2.63	2.76	2.92	3.14	3.45	3.92	4.75	6.81	150
200	1.97	2.02	2.09	2.17	2.27	2.41	2.50	2.60	2.73	2.89	3.11	3.41	3.88	4.71	6.76	200
300	1.94	1.99	2.06	2.14	2.24	2.38	2.47	2.57	2.70	2.86	3.08	3.38	3.85	4.68	6.72	300
500	1.92	1.97	2.04	2.12	2.22	2.36	2.44	2.55	2.68	2.84	3.05	3.36	3.82	4.65	6.69	500
1000	1.90	1.95	2.02	2.10	2.20	2.34	2.43	2.53	2.66	2.82	3.04	3.34	3.80	4.63	6.66	1000
∞	1.88	1.93	2.00	2.08	2.18	2.32	2.41	2.51	2.64	2.80	3.02	3.32	3.78	4.61	6.63	∞

附表二　常用正交表

$L_4(2^3)$

试验号 \ 列号	1	2	3
1	1	1	1
2	1	2	2
3	2	1	2
4	2	2	1
组	1	2	

注:任意二列交互作用是另外一列。

$L_8(2^7)$

试验号 \ 列号	1	2	3	4	5	6	7
1	1	1	1	1	1	1	1
2	1	1	1	2	2	2	2
3	1	2	2	1	1	2	2
4	1	2	2	2	2	1	1
5	2	1	2	1	2	1	2
6	2	1	2	2	1	2	1
7	2	2	1	1	2	2	1
8	2	2	1	2	1	1	2
组	1	2		3			

$L_8(2^7)$两列间交互作用列

列号 / 试验号	1	2	3	4	5	6	7
	(1)	3	2	5	4	7	6
		(2)	1	6	7	4	5
			(3)	7	6	5	4
				(4)	1	2	3
					(5)	3	2
						(6)	1
							(7)

$L_{16}(2^{15})$

列号 / 试验号	1	2	3	4	5	6	7	8	9	10	11	12	13	14	15
1	1	1	1	1	1	1	1	1	1	1	1	1	1	1	1
2	1	1	1	1	1	1	1	2	2	2	2	2	2	2	2
3	1	1	1	2	2	2	2	1	1	1	1	2	2	2	2
4	1	1	1	2	2	2	2	2	2	2	2	1	1	1	1
5	1	2	2	1	1	2	2	1	1	2	2	1	1	2	2
6	1	2	2	1	1	2	2	2	2	1	1	2	2	1	1
7	1	2	2	2	2	1	1	1	1	2	2	2	2	1	1
8	1	2	2	2	2	1	1	2	2	1	1	1	1	2	2
9	2	1	2	1	2	1	2	1	2	1	2	1	2	1	2
10	2	1	2	1	2	1	2	2	1	2	1	2	1	2	1
11	2	1	2	2	1	2	1	1	2	1	2	2	1	2	1
12	2	1	2	2	1	2	1	2	1	2	1	1	2	1	2
13	2	2	1	1	2	2	1	1	2	2	1	1	2	2	1
14	2	2	1	1	2	2	1	2	1	1	2	2	1	1	2
15	2	2	1	2	1	1	2	1	2	2	1	2	1	1	2
16	2	2	1	2	1	1	2	2	1	1	2	1	2	2	1
组	1	2		3				4							

$L_{16}(2^{15})$两列间交互作用列

试验号 \ 列号	1	2	3	4	5	6	7	8	9	10	11	12	13	14	15
	(1)	3	2	5	4	7	6	9	8	11	10	13	12	15	14
		(2)	1	6	7	4	5	11	10	8	9	14	15	12	12
			(3)	7	6	5	4	11	10	9	8	15	14	13	12
				(4)	1	2	3	12	13	14	15	8	9	10	11
					(5)	3	2	13	12	15	14	9	8	11	10
						(6)	1	14	15	12	13	10	11	8	9
							(7)	15	14	13	12	11	10	9	8
								(8)	1	2	3	4	5	6	7
									(9)	3	2	5	4	7	6
										(10)	1	6	7	4	5
											(11)	7	6	5	4
												(12)	1	2	3
													(13)	3	2
														(14)	1

$L_{32}(2^{31})$

试验号 \ 列号	1	2	3	4	5	6	7	8	9	10	11	12	13	14	15	16	17	18	19	20	21	22	23	24	25	26	27	28	29	30	31
1	1	1	1	1	1	1	1	1	1	1	1	1	1	1	1	1	1	1	1	1	1	1	1	1	1	1	1	1	1	1	1
2	1	1	1	1	1	1	1	1	1	1	1	1	1	1	1	2	2	2	2	2	2	2	2	2	2	2	2	2	2	2	2
3	1	1	1	1	1	1	1	2	2	2	2	2	2	2	2	1	1	1	1	1	1	1	1	2	2	2	2	2	2	2	2
4	1	1	1	1	1	1	1	2	2	2	2	2	2	2	2	2	2	2	2	2	2	2	2	1	1	1	1	1	1	1	1
5	1	1	1	2	2	2	2	1	1	1	1	2	2	2	2	1	1	1	1	2	2	2	2	1	1	1	1	2	2	2	2
6	1	1	1	2	2	2	2	1	1	1	1	2	2	2	2	2	2	2	2	1	1	1	1	2	2	2	2	1	1	1	1
7	1	1	1	2	2	2	2	2	2	2	2	1	1	1	1	1	1	1	1	2	2	2	2	2	2	2	2	1	1	1	1
8	1	1	1	2	2	2	2	2	2	2	2	1	1	1	1	2	2	2	2	1	1	1	1	1	1	1	1	2	2	2	2
9	1	2	2	1	1	2	2	1	1	2	2	1	1	2	2	1	1	2	2	1	1	2	2	1	1	2	2	1	1	2	2
10	1	2	2	1	1	2	2	1	1	2	2	1	1	2	2	2	2	1	1	2	2	1	1	2	2	1	1	2	2	1	1
11	1	2	2	1	1	2	2	2	2	1	1	2	2	1	1	1	1	2	2	1	1	2	2	2	2	1	1	2	2	1	1
12	1	2	2	1	1	2	2	2	2	1	1	2	2	1	1	2	2	1	1	2	2	1	1	1	1	2	2	1	1	2	2
13	1	2	2	2	2	1	1	1	1	2	2	2	2	1	1	1	1	2	2	2	2	1	1	1	1	2	2	2	2	1	1
14	1	2	2	2	2	1	1	1	1	2	2	2	2	1	1	2	2	1	1	1	1	2	2	1	1	2	2	2	2	1	1

试验号 \ 列号	1	2	3	4	5	6	7	8	9	10	11	12	13	14	15	16	17	18	19	20	21	22	23	24	25	26	27	28	29	30	31
15	1	2	2	2	2	1	1	2	2	1	1	1	1	2	2	1	1	2	2	2	2	1	1	2	2	1	1	1	1	2	2
16	1	2	2	2	2	1	1	2	2	1	1	1	1	2	2	2	2	1	1	1	1	2	2	1	1	2	2	2	2	1	1
17	2	1	2	1	2	1	2	1	2	1	2	1	2	1	2	1	2	1	2	1	2	1	2	1	2	1	2	1	2	1	2
18	2	1	2	1	2	1	2	1	2	1	2	1	2	1	2	2	1	2	1	2	1	2	1	2	1	2	1	2	1	2	1
19	2	1	2	1	2	1	2	2	1	2	1	2	1	2	1	1	2	1	2	1	2	1	2	2	1	2	1	2	1	2	1
20	2	1	2	1	2	1	2	2	1	2	1	2	1	2	1	2	1	2	1	2	1	2	1	1	2	1	2	1	2	1	2
21	2	1	2	2	1	2	1	1	2	1	2	2	1	2	1	1	2	1	2	2	1	2	1	1	2	1	2	2	1	2	1
22	2	1	2	2	1	2	1	1	2	1	2	2	1	2	1	2	1	2	1	1	2	1	2	2	1	2	1	1	2	1	2
23	2	1	2	2	1	2	1	2	1	2	1	1	2	1	2	1	2	1	2	2	1	2	1	2	1	2	1	1	2	1	2
24	2	1	2	2	1	2	1	2	1	2	1	1	2	1	2	2	1	2	1	1	2	1	2	1	2	1	2	2	1	2	1
25	2	2	1	1	2	2	1	1	2	2	1	1	2	2	1	1	2	2	1	1	2	2	1	1	2	2	1	1	2	2	1
26	2	2	1	1	2	2	1	1	2	2	1	1	2	2	1	2	1	1	2	2	1	1	2	2	1	1	2	2	1	1	2
27	2	2	1	1	2	2	1	2	2	1	2	2	1	1	2	1	2	2	1	1	2	2	1	2	1	1	2	2	1	1	2
28	2	2	1	1	2	2	1	2	2	1	2	2	1	1	2	2	1	1	2	2	1	1	2	1	2	2	1	1	2	2	1
29	2	2	1	2	1	1	2	1	1	2	1	2	1	1	2	1	1	2	1	2	1	1	2	1	2	2	1	2	1	1	2
30	2	2	1	2	1	1	2	1	1	2	1	2	1	1	2	2	1	1	2	1	2	2	1	2	1	1	2	1	2	2	1
31	2	2	1	2	1	1	2	2	1	1	2	1	2	2	1	1	2	2	1	2	1	1	2	2	1	1	2	1	2	2	1
32	2	2	1	2	1	1	2	2	1	1	2	1	2	2	1	2	1	1	2	1	2	2	1	1	2	2	1	2	1	1	2
组	1	2	3					4								5															

$L_{32}(2^{31})$两列间交互作用列

试验号 \ 列号	1	2	3	4	5	6	7	8	9	10	11	12	13	14	15	16	17	18	19	20	21	22	23	24	25	26	27	28	29	30	31
	(1)	3	2	5	4	7	6	9	8	11	10	13	12	15	14	17	16	19	18	21	20	23	22	25	24	27	26	29	28	31	30
		(2)	1	6	7	4	5	10	11	8	9	14	15	12	13	18	19	16	17	22	23	20	21	26	27	24	25	30	31	28	29
			(3)	7	6	5	4	11	10	9	8	15	14	13	12	19	18	17	16	23	22	21	20	27	26	25	24	31	30	29	28
				(4)	1	2	3	12	13	14	15	8	9	10	11	20	21	22	23	16	17	18	19	28	29	30	31	24	25	26	27
					(5)	3	2	13	12	15	14	9	8	11	10	21	20	23	22	17	19	16	18	29	28	31	30	25	24	27	26
						(6)	1	14	15	12	13	10	11	8	9	22	23	20	21	18	19	16	17	30	31	28	29	26	27	24	25
							(7)	15	14	13	12	11	10	9	8	23	22	21	20	18	19	17	16	31	30	29	28	27	26	25	24
								(8)	1	2	3	4	5	6	7	24	25	26	27	28	29	30	31	16	17	18	19	20	21	22	23
									(9)	3	2	5	4	7	6	25	24	27	26	29	28	31	30	17	16	19	18	21	20	23	22
										(10)	1	6	7	4	5	26	27	24	25	30	31	28	29	18	19	16	17	22	23	20	21

列号 试验号	1	2	3	4	5	6	7	8	9	10	11	12	13	14	15	16	17	18	19	20	21	22	23	24	25	26	27	28	29	30	31
											(11)	7	6	5	4	27	26	25	24	31	30	29	28	19	18	17	16	23	22	21	20
												(12)	1	2	3	28	29	30	31	24	25	26	27	20	21	22	23	16	17	18	19
													(13)	3	2	29	28	31	30	25	24	27	26	21	20	23	22	17	16	19	18
														(14)	1	30	31	28	29	26	27	24	25	22	23	20	21	18	19	16	17
															(15)	31	30	29	28	27	26	25	24	23	22	21	20	19	18	17	16
																(16)	1	2	3	4	5	6	7	8	9	10	11	12	13	14	15
																	(17)	3	2	5	4	7	6	9	8	11	10	13	12	15	14
																		(18)	1	6	7	4	5	10	11	8	9	14	15	12	13
																			(19)	7	6	5	4	11	10	9	8	15	14	13	12
																				(20)	1	2	3	12	13	14	15	8	9	10	11
																					(21)	3	2	13	12	15	14	9	8	11	10
																						(22)	1	14	15	12	13	10	11	8	9
																							(23)	15	14	13	12	11	10	9	8
																								(24)	1	2	3	4	5	6	7
																									(25)	3	2	5	4	7	6
																										(26)	1	6	7	4	5
																											(27)	7	6	5	4
																												(28)	1	2	3
																													(29)	3	2
																														(30)	1

$L_{12}(2^{11})$

列号 试验号	1	2	3	4	5	6	7	8	9	10	11
1	1	1	1	1	1	1	1	1	1	1	1
2	1	1	1	1	1	2	2	2	2	2	2
3	1	1	2	2	2	1	1	1	2	2	2
4	1	2	1	2	2	1	2	2	1	1	2
5	1	2	2	1	2	2	1	2	1	2	1
6	1	2	2	2	1	2	2	1	2	1	1
7	2	1	2	2	1	1	2	2	1	2	1
8	2	1	2	1	2	2	2	1	1	1	2
9	2	1	1	2	2	2	1	2	2	1	1
10	2	2	2	1	1	1	1	2	2	1	2
11	2	2	1	2	1	2	1	1	1	2	2
12	2	2	1	1	2	1	2	1	2	2	1

$L_9(3^4)$

试验号＼列号	1	2	3	4
1	1	1	1	1
2	1	2	2	2
3	1	3	3	3
4	2	1	2	3
5	2	2	3	1
6	2	3	1	2
7	3	1	3	2
8	3	2	1	3
9	3	3	2	1
组	1	2		

注:任意二列间交互作用是另外两列。

$L_{27}(3^{13})$

试验号＼列号	1	2	3	4	5	6	7	8	9	10	11	12	13
1	1	1	1	1	1	1	1	1	1	1	1	1	1
2	1	1	1	1	2	2	2	2	2	2	2	2	2
3	1	1	1	1	3	3	3	3	3	3	3	3	3
4	1	2	2	2	1	1	1	2	2	2	3	3	3
5	1	2	2	2	2	2	2	3	3	3	1	1	1
6	1	2	2	2	3	3	3	1	1	1	2	2	2
7	1	3	3	3	1	1	1	3	3	3	2	2	2
8	1	3	3	3	2	2	2	1	1	1	3	3	3
9	1	3	3	3	3	3	3	2	2	2	1	1	1
10	2	1	2	3	1	2	3	1	2	3	1	2	3
11	2	1	2	3	2	3	1	2	3	1	2	3	1
12	2	1	2	3	3	1	2	3	1	2	3	1	2
13	2	2	3	1	1	2	3	2	3	1	3	1	2
14	2	2	3	1	2	3	1	3	1	2	1	2	3
15	2	2	3	1	3	1	2	1	2	3	2	3	1
16	2	3	1	2	1	2	3	3	1	2	2	3	1
17	2	3	1	2	2	3	1	1	2	3	3	1	2
18	2	3	1	2	3	1	2	2	3	1	1	2	3
19	3	1	3	2	1	3	2	1	3	2	1	3	2
20	3	1	3	2	2	1	3	2	1	3	2	1	3
21	3	1	3	2	3	2	1	3	2	1	3	2	1
22	3	2	1	3	1	3	2	2	1	3	3	2	1
23	3	2	1	3	2	1	3	3	2	1	1	3	2
24	3	2	1	3	3	2	1	1	3	2	2	1	3
25	3	3	2	1	1	3	2	3	2	1	2	1	3
26	3	3	2	1	2	1	3	1	3	2	3	2	1
27	3	3	2	1	3	2	1	2	1	3	1	3	2
	1	2			3								

$L_{27}(3^{13})$两列间交互作用列

列号 试验号	1	2	3	4	5	6	7	8	9	10	11	12	13
	(1)	3	2	2	6	5	5	9	8	8	12	11	11
		4	4	3	7	7	6	10	10	9	13	13	12
		(2)	1	1	8	9	10	5	6	7	5	6	7
			4	3	11	12	13	11	12	13	8	9	10
			(3)	1	9	10	8	7	5	6	6	7	5
				2	13	11	12	12	13	11	10	8	9
				(4)	10	8	9	6	7	5	7	5	6
					12	13	11	13	11	12	9	10	8
					(5)	1	1	2	3	4	2	4	3
						7	6	11	13	12	8	10	9
						(6)	1	4	2	3	3	2	4
							5	13	12	11	10	9	8
							(7)	3	4	2	4	3	2
								12	11	13	9	8	10
								(8)	1	1	2	3	4
									10	9	5	7	6
									(9)	1	4	2	3
										8	7	6	5
										(10)	3	4	2
											6	5	7
											(11)	1	1
												13	12
												(12)	1
													11

$L_{18}(2\times3^7)$

试验号＼列号	1	2	3	4	5	6	7	8
1	1	1	1	1	1	1	1	1
2	1	1	2	2	2	2	2	2
3	1	1	3	3	3	3	3	3
4	1	2	1	1	2	2	3	3
5	1	2	2	2	3	3	1	1
6	1	2	3	3	1	1	2	2
7	1	3	1	2	1	3	2	3
8	1	3	2	3	2	1	3	1
9	1	3	3	1	3	2	1	2
10	2	1	1	3	3	2	2	1
11	2	1	2	1	1	3	3	2
12	2	1	3	2	2	1	1	3
13	2	2	1	2	3	1	3	2
14	2	2	2	3	1	2	1	3
15	2	2	3	1	2	3	2	1
16	2	3	1	3	2	3	1	2
17	2	3	2	1	3	1	2	3
18	2	3	3	2	1	2	3	1

$L_{16}(4^5)$

试验号＼列号	1	2	3	4	5
1	1	1	1	1	1
2	1	2	2	2	2
3	1	3	3	3	3
4	1	4	4	4	4
5	2	1	2	3	4
6	2	2	1	4	3
7	2	3	4	1	2
8	2	4	3	2	1
9	3	1	3	4	2
10	3	2	4	3	1
11	3	3	1	2	4
12	3	4	2	1	3
13	4	1	4	2	3
14	4	2	3	1	4
15	4	3	2	4	1
16	4	4	1	3	2
组	1	2			

注：任何两列间的交互作用列是另外三列。

$L_{25}(5^6)$

试验号＼列号	1	2	3	4	5	6
1	1	1	1	1	1	1
2	1	2	2	2	2	2
3	1	3	3	3	3	3
4	1	4	4	4	4	4
5	1	5	5	5	5	5
6	2	1	2	3	4	5
7	2	2	3	4	5	1
8	2	3	4	5	1	2
9	2	4	5	1	2	3
10	2	5	1	2	3	4
11	3	1	3	5	2	4
12	3	2	4	1	3	5
13	3	3	5	2	4	1
14	3	4	1	3	5	2
15	3	5	2	4	1	3
16	4	1	4	2	5	3
17	4	2	5	3	1	4
18	4	3	1	4	2	5
19	4	4	2	5	3	1
20	4	5	3	1	4	2
21	5	1	5	4	3	2
22	5	2	1	5	4	3
23	5	3	2	1	5	4
24	5	4	3	2	1	5
25	5	5	4	3	2	1
组	1	2				

注：任何两列的交互作用列是另外四列。

附表三　q 表

（α=0.05）

	2	3	4	5	6	7	8	9	10	15	20
1	18.0	27.0	32.8	37.1	40.4	43.1	45.4	47.4	49.1	55.4	59.6
2	6.08	8.33	9.80	10.9	11.7	12.4	13.0	13.5	14.0	15.7	16.8
3	4.50	5.91	6.82	7.50	8.04	8.48	8.85	9.18	9.46	10.5	11.2
4	3.93	5.04	5.76	6.29	6.71	7.05	7.35	7.60	7.83	8.66	9.23
5	3.64	4.60	5.22	5.67	6.03	6.33	6.58	6.80	6.99	7.72	8.21
6	3.46	4.34	4.90	5.30	5.63	5.90	6.12	6.32	6.49	7.14	7.59
7	3.34	4.16	4.68	5.06	5.36	5.61	5.82	6.00	6.16	6.76	7.17
8	3.26	4.04	4.53	4.89	5.17	5.40	5.60	5.77	5.92	6.48	6.87
9	3.20	3.95	4.41	4.76	5.02	5.24	5.43	5.59	5.74	6.28	6.64
10	3.15	3.88	4.33	4.65	4.91	5.12	5.30	5.46	5..60	6.11	6.47
11	3.11	3.82	4.26	4.57	4.82	5.03	5.20	5.35	5.49	5.98	6.33
12	3.08	3.77	4.20	4.51	4.75	4.95	5.12	5.27	5.39	5.88	6.21
13	3.06	3.73	4.15	4.45	4.69	4.88	5.05	5.19	5.32	5.79	6.11
14	3.03	3.70	4.11	4.41	4.64	4.83	4.99	5.13	5.25	5.71	6.03
15	3.01	3.67	4.08	4.37	4.59	4.78	4.94	5.08	5.20	5.65	5.96
16	3.00	3.65	4.05	4.33	4.56	4.74	4.90	5.03	5.15	5.59	5.90
17	2.98	3.63	4.02	4.30	4.52	4.70	4.86	4.99	5.11	5.54	5.84
18	2.97	3.61	4.00	4.28	4.49	4.67	4.82	4.96	5.07	5.50	5.79
19	2.96	3.59	3.98	4.25	4.47	4.65	4.79	4.92	5.04	5.46	5.75
20	2.95	3.58	3.96	4.23	4.45	4.62	4.77	4.90	5.01	5.43	5.71
24	2.92	3.53	3.90	4.17	4.37	4.54	4.68	4.81	4.92	5.32	5.59
30	2.89	3.49	3.85	4.10	4.30	4.46	4.60	4.72	4.82	5.21	5.47
40	2.86	3.44	3.79	4.04	4.23	4.39	4.52	4.63	4.73	5.11	5.36
60	2.83	3.40	3.74	3.98	4.16	4.31	4.44	4.55	4.65	5.00	5.24
120	2.80	3.36	3.68	3.92	4.10	4.24	4.36	4.47	4.56	4.90	5.13
∞	2.77	3.31	3.63	3.86	4.03	4.17	4.29	4.39	4.47	4.80	5.01

（α=0.01）

	2	3	4	5	6	7	8	9	10	15	20
1	90.0	35	164	186	202	216	227	237	246	277	298
2	14.0	9.0	22.3	24.7	26.6	28.2	29.5	30.7	31.7	35.4	37.9
3	8.26	0.6	12.2	13.3	14.2	15.0	15.6	16.2	16.7	18.5	19.8

	2	3	4	5	6	7	8	9	10	15	20
4	6.51	8.12	9.17	9.96	10.6	11.1	11.5	11.9	12.3	13.5	14.4
5	5.70	6.97	7.80	8.42	8.91	9.32	9.67	9.97	10.2	11.2	11.9
6	5.24	6.33	7.03	7.56	7.97	8.32	8.61	8.87	9.10	9.95	10.5
7	4.95	5.92	6.54	7.01	7.37	7.68	7.94	8.17	8.37	9.12	9.65
8	4.74	5.63	6.20	6.63	6.96	7.24	7.47	7.68	7.87	8.55	9.03
9	4.60	5.43	5.96	6.35	6.66	6.91	7.13	7.32	7.49	8.13	8.57
10	4.48	5.27	5.77	6.14	6.43	6.67	6.87	7.05	7.21	7.81	8.22
11	4.39	5.14	5.62	5.97	6.25	6.48	6.67	6.84	6.99	7.56	7.95
12	4.32	5.04	5.50	5.84	6.10	6.32	6.51	6.67	6.81	7.36	7.73
13	4.26	4.96	5.40	5.73	5.98	6.19	6.37	6.53	6.67	7.19	7.55
14	4.21	4.89	5.32	5.63	5.88	6.08	6.26	6.41	6.54	7.05	7.39
15	4.17	4.83	5.25	5.56	5.80	5.99	6.16	6.31	6.44	6.93	7.26
16	4.13	4.78	5.19	5.49	5.72	5.92	6.08	6.22	6.35	6.82	7.15
17	4.10	4.74	5.14	5.43	5.66	5.85	6.01	6.15	6.27	6.73	7.05
18	4.07	4.70	5.09	5.38	5.60	5.79	5.94	6.08	6.20	6.65	6.96
19	4.05	4.67	5.05	5.33	5.55	5.73	5.89	6.02	6.14	6.58	6.89
20	4.02	4.64	5.02	5.29	5.51	5.69	5.84	5.97	6.09	6.52	6.82
24	3.96	4.54	4.91	5.17	5.37	5.54	5.69	5.81	5.92	6.33	6.61
30	3.89	4.45	4.80	5.05	5.24	5.40	5.54	5.65	5.76	6.11	6.41
40	3.82	4.37	4.70	4.93	5.11	5.27	5.39	5.50	5.60	5.96	6.21
60	3.76	4.28	4.60	4.82	4.99	5.13	5.25	5.36	5.45	5.79	6.02
120	3.70	4.20	4.50	4.71	4.87	5.01	5.12	5.21	5.30	5.61	5.83
∞	3.64	4.12	4.40	4.60	4.76	4.88	4.99	5.08	5.16	5.45	5.65

附表四　t 分布表的双侧分位数(t_α)表

	0.9	0.8	0.7	0.6	0.5	0.4	0.3	0.2	0.1	0.05	0.02	0.01	0.001	
1	0.158	0.325	0.510	0.727	1.000	1.376	1.963	3.078	6.314	12.706	31.821	63.657	636.619	1
2	0.142	0.289	0.445	0.617	0.816	1.061	1.386	1.886	2.920	4.303	6.965	9.925	31.589	2
3	0.137	0.277	0.424	0.584	0.765	0.978	1.250	1.638	2.353	3.182	4.541	5.841	12.924	3
4	0.134	0.271	0.414	0.569	0.741	0.941	1.190	1.533	2.132	2.776	3.747	4.604	8.610	4
5	0.132	0.267	0.408	0.559	0.727	0.920	1.156	1.476	2.015	2.571	3.365	4.032	6.859	5
6	0.131	0.265	0.404	0.553	0.718	0.906	1.134	1.440	1.943	2.447	3.143	3.707	5.959	6
7	0.130	0.263	0.402	0.549	0.711	0.896	1.119	1.415	1.895	2.365	2.998	3.499	5.405	7

	0.9	0.8	0.7	0.6	0.5	0.4	0.3	0.2	0.1	0.05	0.02	0.01	0.001	
8	0.130	0.262	0.399	0.546	0.706	0.889	1.108	1.397	1.860	2.306	2.896	3.355	5.041	8
9	0.129	0.261	0.398	0.543	0.703	0.883	1.100	1.383	1.833	2.262	2.821	3.250	4.781	9
10	0.129	0.260	0.397	0.542	0.700	0.879	1.093	1.372	1.812	2.228	2.764	3.169	4.587	10
11	0.129	0.260	0.396	0.540	0.697	0.876	1.088	1.363	1.796	2.201	2.718	3.106	4.437	11
12	0.128	0.259	0.395	0.539	0.695	0.873	1.083	1.356	1.782	2.179	2.681	3.055	4.318	12
13	0.128	0.259	0.394	0.538	0.694	0.870	1.079	1.350	1.771	2.160	2.650	3.012	4.221	13
14	0.128	0.258	0.393	0.537	0.692	0.868	1.076	1.345	1.761	2.145	2.624	2.977	4.140	14
15	0.128	0.258	0.393	0.536	0.691	0.866	1.074	1.341	1.753	2.131	2.602	2.947	4.073	15
16	0.128	0.258	0.392	0.535	0.690	0.865	1.071	1.337	1.746	2.120	2.583	2.921	4.015	16
17	0.128	0.257	0.392	0.534	0.689	0.863	1.069	1.333	1.740	2.110	2.567	2.898	3.965	17
18	0.127	0.257	0.392	0.534	0.688	0.862	1.067	1.330	1.734	2.101	2.552	2.878	3.922	18
19	0.127	0.257	0.391	0.533	0.688	0.861	1.066	1.328	1.729	2.093	2.539	2.861	3.883	19
20	0.127	0.257	0.391	0.533	0.687	0.860	1.064	1.325	1.725	2.086	2.528	2.845	3.850	20
21	0.127	0.257	0.391	0.532	0.686	0.859	1.063	1.323	1.721	2.080	2.518	2.831	3.819	21
22	0.127	0.256	0.390	0.532	0.686	0.858	1.061	1.321	1.717	2.074	2.508	2.819	3.792	22
23	0.127	0.256	0.390	0.532	0.685	0.858	1.060	1.319	1.714	2.069	2.500	2.807	3.767	23
24	0.127	0.256	0.390	0.531	0.685	0.857	1.059	1.318	1.711	2.064	2.492	2.797	3.745	24
25	0.127	0.256	0.390	0.531	0.684	0.856	1.058	1.316	1.708	2.060	2.485	2.787	3.725	25
26	0.127	0.256	0.390	0.531	0.684	0.856	1.058	1.315	1.706	2.056	2.479	2.799	3.707	26
27	0.127	0.256	0.389	0.531	0.684	0.855	1.057	1.314	1.703	2.052	2.473	2.771	3.690	27
28	0.127	0.256	0.389	0.530	0.683	0.855	1.056	1.313	1.701	2.048	2.467	2.763	3.674	28
29	0.127	0.256	0.389	0.530	0.683	0.854	1.055	1.311	1.699	2.045	2.462	2.756	3.659	29
30	0.127	0.256	0.389	0.530	0.683	0.854	1.055	1.310	1.697	2.042	2.457	2.750	3.646	30
40	0.126	0.255	0.388	0.529	0.681	0.851	1.050	1.303	1.634	2.021	2.423	2.704	3.551	40
60	0.126	0.254	0.387	0.527	0.679	0.848	1.046	1.296	1.671	2.000	2.390	2.660	3.460	60
120	0.126	0.254	0.386	0.526	0.677	0.845	1.041	1.289	1.658	1.980	2.358	2.617	3.373	120
∞	0.126	0.253	0.385	0.524	0.674	0.842	1.036	1.282	1.645	1.960	2.326	2.576	3.291	∞

附表五　常用正交多项式表

$n=2$	$n=3$		$n=4$			$n=5$			
p_1	p_1	p_2	p_1	p_2	p_3	p_1	p_2	p_3	p_4
−1	−1	1	−3	1	−1	−2	2	−1	1
1	0	−2	−1	−1	3	−1	−1	2	−4

$n=2$	$n=3$		$n=4$			$n=5$			
	1	1	1	−1	−3	0	−2	0	6
			3	1	1	1	−1	−2	−4
						2	2	1	1
1/2	2	2/3	5	4	9/5	10	14	72/5	288/35
2	1	3	2	1	10/3	1	1	5/6	35/12

$n=6$					$n=7$				
p_1	p_2	p_3	p_4	p_5	p_1	p_2	p_3	p_4	p_5
−5	5	−5	1	−1	−3	5	5	3	−1
−3	−1	7	−3	5	−2	0	0	−7	4
−1	−4	4	2	−10	−1	−3	−3	1	−5
1	−4	−4	2	10	0	−4	−4	6	0
3	−1	−7	−3	−5	1	−3	−3	1	5
5	5	5	1	1	2	0	0	−7	4
					3	5	5	3	−1
35/2	112/3	342/5	576/7	400/7	28	84	216	3 168/7	4 800/7
2	3/2	5/3	7/12	21/10	1	1	1/6	7/12	7/20

$n=8$					$n=9$				
p_1	p_2	p_3	p_4	p_5	p_1	p_2	p_3	p_4	p_5
−7	7	−7	7	−7	−4	28	−14	14	−4
−3	1	5	−13	23	−3	7	7	−21	11
−5	−3	7	−3	−17	−2	−8	13	−11	−4
−1	−5	3	9	−15	−1	−17	9	9	−9
1	−5	−3	9	15	0	−20	0	18	0
3	−3	−7	−3	17	1	−17	−9	9	9
5	1	−5	−13	−23	2	−8	−13	−11	4
7	7	7	7	7	3	7	−7	−21	−11
					4	28	14	14	4
42	168	524			60	308			
2	1				1	3			

$n=10$					$n=11$				
p_1	p_2	p_3	p_4	p_5	p_1	p_2	p_3	p_4	p_5
−9	6	−42	18	−6	−5	15	−30	6	−3
−7	2	14	−22	−14	−4	6	6	−6	6

n=2	n=3	n=4			n=5				
−5	−1	35	−17	−1	−3	−1	22	−6	1
−3	−3	31	3	−11	−2	−6	23	−1	−4
−1	−4	12	18	−6	−1	−9	14	4	−4
1	−4	−12	18	6	0	−10	0	6	0
3	−3	−13	3	11	1	−9	−14	4	4
5	−1	−35	−17	1	2	−6	−23	−1	4
7	2	−14	−22	−14	3	−1	−22	−6	−1
9	6	42	18	6	4	6	−6	−6	−6
					5	15	30	6	3
165/2	528				110	858			
2	1/2	5/3	5/12	1/10	1	1			

附表六　均匀设计表

$U_5(5^4)$

试验号＼列号	1	2	3	4
1	1	2	3	4
2	2	4	1	3
3	3	1	4	2
4	4	3	2	1
5	5	5	5	5

$U_5(5^4)$表的使用

因素数	列号		
2	1	2	
3	1	2	4

$U_7(7^6)$

试验号＼列号	1	2	3	4	5	6
1	1	2	3	4	5	6
2	2	4	6	1	3	5
3	3	6	2	5	1	4
4	4	1	5	2	6	3
5	5	3	1	6	4	2
6	6	5	4	3	2	1
7	7	7	7	7	7	7

$U_7(7^6)$表的使用

因素数	列号			
2	1	3		
3	1	2	3	
4	1	2	3	6

$U_9(9^6)$

试验号＼列号	1	2	3	4	5	6
1	1	2	4	5	7	8
2	2	4	8	1	5	7
3	3	6	3	6	3	6
4	4	8	1	2	7	5
5	5	1	2	7	8	4
6	6	3	6	3	6	3
7	7	5	1	8	4	2
8	8	7	5	4	2	1
9	9	9	9	9	9	9

$U_9(9^6)$表的使用

因素数	列号			
2	1	3		
3	1	3	5	
4	1	2	3	5

$U_{11}(11^{10})$

试验号＼列号	1	2	3	4	5	6	7	8	9	10
1	1	2	3	4	5	6	7	8	9	10
2	2	4	6	8	10	1	3	5	7	9
3	3	6	9	1	4	7	10	2	5	8
4	4	8	1	5	9	2	6	10	3	7
5	5	10	4	9	3	8	2	7	1	6
6	6	1	7	2	8	3	9	4	10	5
7	7	3	10	6	2	9	5	1	8	4
8	8	5	2	10	7	4	1	9	6	3
9	9	7	5	3	1	10	8	6	4	2
10	10	9	8	7	6	5	4	3	2	1
11	11	11	11	11	11	11	11	11	11	11

$U_{11}(11^{10})$表的使用

因素数	列号					
2	1	7				
3	1	5	7			
4	1	2	5	7		
5	1	2	3	5	7	
6	1	2	3	5	7	10

$U_{13}(13^{12})$

列号 试验号	1	2	3	4	5	6	7	8	9	10	11	12
1	1	2	3	4	5	6	7	8	9	10	11	12
2	2	4	6	8	10	12	1	3	5	7	9	11
3	3	6	9	12	2	5	8	11	1	4	7	10
4	4	8	12	3	7	11	2	6	10	1	5	9
5	5	10	2	7	12	4	9	1	6	11	3	8
6	6	12	5	11	4	10	3	9	2	8	1	7
7	7	1	8	2	9	3	10	4	11	5	12	6
8	8	3	11	6	1	9	4	12	7	2	10	5
9	9	5	1	10	6	2	11	7	3	12	8	4
10	10	7	4	1	11	8	5	2	12	9	6	3
11	11	9	7	5	3	1	12	10	8	6	4	2
12	12	11	10	9	8	7	6	5	4	3	2	1
13	13	13	13	13	13	13	13	13	13	13	13	13

$U_{13}(13^{12})$表的使用

因素数	列号						
2	1	5					
3	1	3	4				
4	1	6	3	10			
5	1	6	8	9	10		
6	1	2	6	8	9	10	
7	1	2	6	8	9	10	12

$U_{15}(15^8)$

试验号＼列号	1	2	3	4	5	6	7	8
1	1	2	4	7	8	11	13	14
2	2	4	8	14	1	7	11	13
3	3	6	12	6	9	3	9	12
4	4	8	1	13	2	14	7	11
5	5	10	5	5	10	10	5	10
6	6	12	9	12	3	6	3	9
7	7	14	13	4	11	2	1	8
8	8	1	2	11	4	13	14	7
9	9	3	6	3	12	9	12	6
10	10	5	10	10	5	5	10	5
11	11	7	14	2	13	1	8	4
12	12	9	3	9	6	12	6	3
13	13	11	1	1	14	8	4	2
14	14	13	11	8	7	4	2	1
15	15	15	15	15	15	15	15	15

$U_{15}(15^8)$表的使用

因素数	列号				
2	1	6			
3	1	3	4		
4	1	3	4	7	
5	1	2	3	4	7

$U_{17}(17^{16})$

试验号＼列号	1	2	3	4	5	6	7	8	9	10	11	12	13	14	15	16
1	1	2	3	4	5	6	7	8	9	10	11	12	13	14	15	16
2	2	4	6	8	10	12	14	16	1	3	5	7	9	11	13	15
3	3	6	9	12	15	1	4	7	10	13	16	2	5	8	11	14
4	4	8	12	16	3	7	11	15	2	6	10	14	1	5	9	13
5	5	10	15	3	8	13	1	6	11	16	4	9	14	2	7	12
6	6	12	1	7	13	2	8	14	3	9	15	4	10	16	5	11
7	7	14	4	11	1	8	15	5	12	2	9	16	6	13	3	10

试验号 \ 列号	1	2	3	4	5	6	7	8	9	10	11	12	13	14	15	16
8	8	16	7	15	6	14	5	13	4	12	3	11	2	10	1	9
9	9	1	10	2	11	3	12	4	13	5	14	6	15	7	16	8
10	10	3	13	6	16	9	2	15	5	15	8	1	11	4	14	7
11	11	5	16	10	4	15	9	3	14	8	2	13	7	1	12	6
12	12	7	2	14	9	4	16	11	6	1	13	8	3	15	10	5
13	13	9	5	1	14	10	6	2	15	11	7	3	16	12	8	4
14	14	11	8	5	2	16	13	10	7	4	1	15	12	9	6	3
15	15	13	11	9	7	5	3	1	16	14	12	10	8	6	4	2
16	16	15	14	13	12	11	10	9	8	7	6	5	4	3	2	1
17	17	17	17	17	17	17	17	17	17	17	17	17	17	17	17	17

$U_{17}(17^{16})$表的使用

因素数	列号								
2	1	10							
3	1	10	15						
4	1	10	14	15					
5	1	4	10	14	15				
6	1	4	6	10	14	15			
7	1	4	6	9	10	14	15		
8	1	4	5	6	9	10	14	15	
9	1	4	5	6	9	10	14	15	16

$U_{19}(19^{18})$

试验号 \ 列号	1	2	3	4	5	6	7	8	9	10	11	12	13	14	15	16	17	18
1	1	2	3	4	5	6	7	8	9	10	11	12	13	14	15	16	17	18
2	2	4	6	8	10	12	14	16	18	1	3	5	7	9	11	13	15	17
3	3	6	9	12	15	18	2	5	8	11	14	17	1	4	7	10	13	16
4	4	8	12	16	1	5	9	13	17	2	6	10	14	18	3	7	11	15
5	5	10	15	1	6	11	16	2	7	12	17	3	8	13	18	4	9	14
6	6	12	18	5	11	17	4	10	16	3	9	15	2	8	14	1	7	13
7	7	14	2	9	16	4	11	18	6	13	1	8	15	3	10	17	5	12
8	8	16	5	13	2	10	18	7	15	4	12	1	9	17	6	14	3	11

试验号＼列号	1	2	3	4	5	6	7	8	9	10	11	12	13	14	15	16	17	18
9	9	18	8	17	7	16	6	15	5	14	4	13	3	12	2	11	1	10
10	10	1	11	2	12	3	13	4	14	5	15	6	16	7	17	8	18	9
11	11	3	14	6	17	9	1	12	4	15	7	18	10	2	13	5	16	8
12	12	5	17	10	3	15	8	1	13	6	18	11	4	16	9	2	14	7
13	13	7	1	14	8	2	15	9	3	16	10	4	17	11	5	18	12	6
14	14	9	4	18	13	8	3	17	12	7	2	16	11	6	1	15	10	5
15	15	11	7	3	18	14	10	6	2	17	13	9	5	1	16	12	8	4
16	16	13	10	7	4	1	17	14	11	8	5	2	18	15	12	9	6	3
17	17	15	13	11	9	7	5	3	1	18	16	14	12	10	8	6	4	2
18	18	17	16	15	14	13	12	11	10	9	8	7	6	5	4	3	2	1
19	19	19	19	19	19	19	19	19	19	19	19	19	19	19	19	19	19	19

$U_{19}(19^{18})$表的使用

因素数	列号									
2	1	8								
3	1	7	8							
4	1	6	8	14						
5	1	6	8	14	17					
6	1	6	8	10	14	17				
7	1	6	7	8	10	14	17			
8	1	3	6	7	8	10	14	17		
9	1	3	4	6	7	8	10	14	17	
10	1	3	4	6	7	8	10	14	17	18

$U_{21}(21^{12})$

试验号＼列号	1	2	3	4	5	6	7	8	9	10	11	12
1	1	2	4	5	8	10	11	13	16	17	19	20
2	2	4	8	10	16	20	1	5	11	13	17	19
3	3	6	13	15	3	9	12	18	6	9	15	18
4	4	8	16	20	11	19	2	10	1	5	13	17
5	5	10	20	4	19	8	13	2	17	1	11	16
6	6	12	3	9	6	18	3	15	12	18	9	15

试验号 \ 列号	1	2	3	4	5	6	7	8	9	10	11	12
7	7	14	7	14	14	7	14	7	7	14	7	14
8	8	16	11	19	1	17	4	20	2	10	5	13
9	9	18	15	3	9	6	15	12	18	6	3	12
10	10	20	19	8	17	16	5	4	13	2	1	11
11	11	1	2	13	4	5	16	17	8	19	20	10
12	12	3	6	18	12	15	6	9	3	15	18	9
13	13	5	6	18	12	15	6	9	3	15	18	9
14	14	7	14	7	7	14	7	14	14	7	14	7
15	15	9	18	12	15	3	18	6	9	3	12	6
16	16	11	1	17	2	13	8	19	4	20	10	5
17	17	13	5	1	10	2	19	11	20	16	8	4
18	18	15	9	6	18	12	9	3	15	12	6	3
19	19	17	13	11	5	1	20	16	10	8	4	2
20	20	19	17	16	13	11	10	8	5	4	2	1
21	21	21	21	21	21	21	21	21	21	21	21	21

$U_{21}(21^{12})$表的使用

因素数	列号						
2	1	13					
3	1	4	10				
4	1	4	10	13			
5	1	4	10	16	19		
6	1	4	10	13	16	19	
7	1	4	10	13	16	19	20

$U_{23}(23^{22})$

试验号 \ 列号	1	2	3	4	5	6	7	8	9	10	11	12	13	14	15	16	17	18	19	20	21	22
1	1	2	3	4	5	6	7	8	9	10	11	12	13	14	15	16	17	18	19	20	21	22
2	2	4	6	8	10	12	14	16	18	20	22	1	3	5	7	9	11	13	15	17	19	21
3	3	6	9	12	15	18	21	1	4	7	10	13	16	19	22	2	5	8	11	14	17	21
4	4	8	12	16	20	1	5	9	13	17	21	2	6	10	14	18	22	3	7	11	15	19
5	5	10	15	20	2	7	12	17	22	4	9	14	19	1	6	11	16	21	3	8	13	18

试验号＼列号	1	2	3	4	5	6	7	8	9	10	11	12	13	14	15	16	17	18	19	20	21	22
6	6	12	18	1	7	13	19	2	8	14	20	3	9	15	21	4	10	16	22	5	11	17
7	7	14	21	5	12	19	3	10	17	1	8	15	22	6	13	20	4	11	18	2	9	16
8	8	16	1	9	17	2	10	13	3	11	19	4	12	20	5	13	21	6	14	22	7	15
9	9	18	4	13	22	8	17	3	12	21	7	16	2	11	20	6	15	1	10	19	5	14
10	10	20	7	17	4	14	1	11	21	8	18	5	15	2	12	22	9	19	6	16	3	13
11	11	22	10	21	9	20	8	19	7	18	6	17	5	16	4	15	3	14	2	13	1	12
12	12	1	13	2	14	3	15	4	16	5	17	6	18	7	19	8	20	9	21	10	22	11
13	13	3	16	6	19	9	22	12	2	15	5	18	8	21	11	1	14	4	17	7	20	10
14	14	5	19	10	1	15	6	20	11	2	16	7	21	12	3	17	8	22	13	4	18	9
15	15	7	22	15	6	21	13	5	20	12	4	19	11	3	18	10	2	17	9	1	16	8
16	16	9	2	18	11	4	20	13	6	22	15	8	1	17	10	3	19	12	5	21	14	7
17	17	11	5	22	16	10	4	21	15	9	3	20	14	8	2	19	13	7	1	18	12	6
18	18	13	8	3	21	16	11	6	1	19	14	9	4	22	17	12	7	2	20	15	10	5
19	19	15	11	7	3	22	18	14	10	6	2	21	17	13	9	5	1	20	16	12	8	4
20	20	17	14	11	8	5	2	22	19	16	13	10	7	4	1	21	18	15	12	9	6	3
21	21	19	17	15	13	11	9	7	5	3	1	22	20	18	16	14	12	10	8	6	4	2
22	22	21	20	19	18	17	16	15	14	13	12	11	10	9	8	7	6	5	4	3	2	1
23	23	23	23	23	23	23	23	23	23	23	23	23	23	23	23	23	23	23	23	23	23	23

$U_{23}(23^{22})$表的使用

因素数	列号											
2	1	7										
3	1	13	17									
4	1	13	14	17								
5	1	8	13	14	17							
6	1	8	13	14	17	21						
7	1	8	12	13	14	17	21					
8	1	2	7	11	13	15	17	18				
9	1	2	4	7	11	13	15	17	18			
10	1	2	4	7	11	13	14	15	17	18		
11	1	2	3	4	7	11	13	14	15	17	16	
12	1	2	3	4	7	11	13	14	15	17	18	22

$U_{25}(25^{20})$

试验号＼列号	1	2	3	4	5	6	7	8	9	10	11	12	13	14	15	16	17	18	19	20
1	1	2	3	4	6	7	8	9	11	12	13	14	16	17	18	19	21	22	23	24
2	2	4	6	8	12	14	16	18	22	24	1	3	7	9	11	13	17	19	21	23
3	3	6	9	12	18	21	24	2	8	11	14	17	23	1	4	7	13	16	19	22
4	4	8	12	16	24	3	7	11	19	23	2	6	14	18	22	1	9	13	17	21
5	5	10	15	20	5	10	15	20	5	10	15	20	5	10	15	20	5	10	15	20
6	6	12	18	24	11	17	23	4	16	22	3	9	21	2	8	14	1	7	13	19
7	7	14	21	3	17	25	6	13	2	9	16	23	12	19	1	8	22	4	11	18
8	8	16	24	7	23	6	14	22	13	21	4	12	3	11	19	2	18	1	9	17
9	9	18	2	11	4	13	22	6	24	8	17	1	19	3	12	21	14	23	7	16
10	10	20	5	15	10	20	5	15	10	20	5	15	10	20	5	15	10	20	5	15
11	11	22	8	19	16	2	13	24	21	7	18	4	1	12	23	9	6	17	3	14
12	12	24	11	23	22	9	21	8	7	19	6	18	17	4	16	3	2	14	1	13
13	13	1	14	2	3	16	4	17	18	6	19	7	8	21	9	22	23	11	24	12
14	14	3	17	6	9	23	12	1	4	18	7	21	24	13	2	16	19	8	22	11
15	15	5	20	10	15	5	20	10	15	5	20	10	15	5	20	10	15	5	20	10
16	16	7	23	14	21	12	3	19	1	17	8	24	6	22	13	4	11	2	18	9
17	17	9	1	18	2	19	11	3	12	4	21	13	22	14	6	23	7	24	16	8
18	18	11	4	22	8	1	19	12	23	16	9	2	13	16	24	17	3	21	14	7
19	19	13	7	1	14	8	2	21	9	3	22	16	4	23	17	11	24	18	12	6
20	20	15	10	5	20	15	10	5	20	15	10	5	20	15	10	5	20	15	10	5
21	21	17	13	9	1	22	18	14	6	2	23	19	11	7	3	24	16	12	8	4
22	22	19	16	13	7	4	1	23	17	14	11	8	2	24	21	18	12	9	6	3
23	23	21	19	17	13	11	9	7	3	1	24	22	18	16	14	12	8	6	4	2
24	24	23	22	21	19	18	17	16	14	13	12	11	9	8	7	6	4	3	2	1
25	25	25	25	25	25	25	25	25	25	25	25	25	25	25	25	25	25	25	25	25

$U_{25}(25^{20})$表的使用

因素数	列号										
2	1	9									
3	1	9	17								
4	1	5	9	17							
5	1	5	9	13	17						
6	1	4	5	12	13	20					
7	1	4	5	8	9	13	17				
8	1	2	7	10	12	15	16	17			
9	1	2	7	10	12	13	15	16	17		
10	1	2	3	7	10	12	13	15	16	17	
11	1	2	3	7	10	12	13	15	16	17	20

$U_{27}(27^{18})$

试验号＼列号	1	2	3	4	5	6	7	8	9	10	11	12	13	14	15	16	17	18
1	1	2	4	5	7	8	10	11	13	14	16	17	19	20	22	23	25	26
2	2	4	3	10	14	16	20	22	26	1	5	7	11	13	17	19	23	25
3	3	6	12	15	21	24	3	6	12	15	21	24	3	6	12	15	21	24
4	4	8	16	20	1	5	13	17	25	2	10	14	22	26	7	11	19	23
5	5	10	20	25	8	13	23	1	11	16	26	4	14	19	2	7	17	22
6	6	12	24	3	15	21	6	12	24	3	15	21	6	12	24	3	15	21
7	7	14	1	8	22	2	16	23	10	17	4	11	25	5	19	26	13	20
8	8	16	5	13	2	10	26	7	23	4	20	1	19	2	14	22	11	19
9	9	18	9	18	9	18	9	18	9	18	9	18	9	18	9	18	9	18
10	10	20	13	23	16	26	19	2	22	5	25	8	1	11	4	14	7	17
11	11	22	17	1	23	7	2	13	8	19	14	25	20	4	25	10	5	16
12	12	24	21	6	3	15	12	24	21	6	3	15	12	24	21	6	3	15
13	13	26	25	11	10	23	22	8	7	20	19	5	4	17	16	2	1	14
14	14	1	2	16	17	4	5	9	20	7	8	22	23	10	11	25	26	13
15	15	3	6	21	24	12	15	3	6	21	24	12	15	3	6	21	24	12
16	16	5	10	26	4	20	25	14	19	8	13	2	7	23	1	17	22	11
17	17	7	14	4	11	1	8	25	5	22	2	19	26	16	23	13	20	10
18	18	9	18	8	18	9	18	9	18	9	18	9	18	9	18	9	18	9
19	19	11	12	14	25	17	1	20	4	23	7	26	10	2	13	5	16	8
20	20	13	26	19	5	25	11	4	17	10	23	16	2	22	8	1	14	7
21	21	15	3	24	12	6	21	15	3	24	12	6	21	15	3	24	12	6
22	22	17	7	2	19	14	4	26	16	11	1	23	13	8	25	20	10	5
23	23	19	11	7	26	22	14	10	2	25	17	13	5	1	20	16	8	4
24	24	21	5	12	6	3	24	21	15	12	6	3	24	21	15	12	6	3
25	25	23	19	17	13	11	7	5	1	26	22	20	16	14	10	8	4	2
26	26	25	23	22	20	19	18	16	14	13	11	10	9	7	5	4	2	1
27	27	27	27	27	27	27	27	27	27	27	27	27	27	27	27	27	27	27

$U_{27}(27^{18})$表的使用

因素数	列号									
2	1	6								
3	1	6	7							
4	1	6	14	15						
5	1	6	14	15	17					
6	1	6	10	14	15	17				
7	1	3	5	7	9	11	13			
8	1	3	5	7	9	11	13	17		
9	1	3	5	7	9	11	13	15	17	
10	1	3	6	7	8	10	14	15	17	18

$U_{29}(29^{28})$表的使用

因素数	列号														
2	1	12													
3	1	9	23												
4	1	7	16	24											
5	1	7	16	24	25										
6	1	7	16	23	24	25									
7	1	7	16	20	23	24	25								
8	1	6	7	8	13	17	19	27							
9	1	6	7	8	13	17	19	20	27						
10	1	6	7	8	13	15	17	19	20	27					
11	1	4	6	7	8	13	15	17	19	20	27				
12	1	3	4	6	7	8	13	15	17	19	20	27			
13	1	3	5	8	12	13	14	18	19	20	22	23	25		
14	1	2	3	5	8	12	13	14	18	19	20	22	23	25	
15	1	2	3	5	8	12	13	14	18	19	20	22	23	25	28

$U_{31}(31^{30})$表的使用

因素数	列号														
2	1	12													
3	1	19	22												
4	1	15	19	22											
5	1	12	20	23	28										
6	1	12	20	23	26	28									
7	1	2	12	20	23	26	28								
8	1	2	12	20	23	24	26	28							
9	1	2	9	12	20	23	24	26	28						
10	1	2	9	12	15	20	23	24	26	28					
11	1	2	9	12	15	20	23	24	25	26	28				
12	1	2	9	12	15	20	21	23	24	25	26	28			
13	1	2	5	6	8	15	17	19	20	21	22	27	28		
14	1	2	5	6	8	13	15	17	19	20	21	22	27	28	
15	1	2	5	6	7	8	13	15	11	19	20	21	22	27	28
16	1	2	5	6	7	8	13	15	17	19	20	21	22	27	28	30

$U_{29}(29^{28})$

试验号＼列号	1	2	3	4	5	6	7	8	9	10	11	12	13
1	1	2	3	4	5	6	7	8	9	10	11	12	13
2	2	4	6	8	10	12	14	16	18	20	22	24	26
3	3	6	9	12	15	18	21	24	27	1	4	7	10
4	4	8	12	16	20	24	28	3	7	11	15	19	23
5	5	10	15	20	25	1	6	11	6	21	26	2	7
6	6	12	18	27	1	7	13	19	25	2	8	14	20
7	7	14	21	28	6	13	20	27	5	12	19	26	4
8	8	16	24	3	11	19	27	6	14	22	1	9	17
9	9	18	27	7	16	25	5	14	23	3	12	21	1
10	10	20	1	11	21	2	12	22	3	13	23	4	14
11	11	22	4	15	26	8	19	1	12	23	5	16	27
12	12	24	7	19	2	14	26	9	21	4	16	28	11
13	13	26	10	23	7	20	4	17	1	14	27	11	24
14	14	23	13	27	12	26	11	25	10	24	9	23	8

试验号＼列号	1	2	3	4	5	6	7	8	9	10	11	12	13
15	15	1	16	2	17	3	18	4	19	5	20	6	21
16	16	3	19	6	22	9	25	12	28	15	2	18	5
17	17	5	22	10	27	15	3	20	8	25	13	1	18
18	18	7	25	14	3	21	10	28	17	6	24	13	2
19	19	9	28	18	8	27	17	7	26	16	6	25	15
20	20	11	2	22	13	4	24	15	6	26	17	8	28
21	21	13	5	26	18	10	2	23	15	7	28	20	12
22	22	15	8	1	23	16	9	2	24	17	10	3	25
23	23	17	11	5	28	22	16	10	4	27	21	15	9
24	24	19	14	9	4	28	23	18	13	8	3	27	22
25	25	21	17	13	9	5	1	26	22	18	14	10	6
26	26	23	20	17	14	11	8	5	2	28	25	22	19
27	27	25	23	21	19	17	15	13	11	9	7	5	3
28	28	27	26	25	24	23	22	21	20	19	18	17	16
29	29	29	29	29	29	29	29	29	29	29	29	29	29

14	15	16	17	18	19	20	21	22	23	24	25	26	27	28
14	15	16	17	18	19	20	21	22	23	24	25	26	27	28
28	1	3	5	7	9	11	13	15	17	19	21	23	25	27
13	16	19	22	25	28	2	5	8	11	14	17	20	23	26
27	2	6	10	14	18	22	26	1	5	9	13	17	21	25
12	17	22	27	3	8	13	18	23	28	4	9	14	19	24
26	3	9	15	21	27	4	10	16	22	28	5	11	17	23
11	18	25	3	10	17	24	2	9	16	23	1	8	15	22
25	4	12	20	28	7	15	23	2	10	18	26	5	13	21
10	19	28	8	17	26	6	15	24	4	13	22	2	11	20
24	3	15	25	6	16	26	7	17	27	8	18	28	9	19
9	20	2	13	24	6	17	28	10	21	3	14	25	7	18
23	2	18	1	13	25	8	20	3	15	27	10	22	5	17
8	21	5	18	2	15	28	12	25	9	22	6	19	3	16
22	1	21	6	20	5	19	4	18	3	17	2	16	1	15
7	22	8	23	9	24	10	25	11	26	12	27	13	28	14

21	8	24	11	27	14	1	17	4	20	7	23	10	26	13
6	23	11	28	16	4	21	9	26	14	2	19	7	24	12
20	9	27	16	5	23	12	1	19	8	26	15	4	22	11
5	24	14	4	23	13	3	22	12	2	21	11	1	20	10
19	10	1	21	12	3	23	14	5	25	16	7	27	18	9
4	25	17	9	1	22	14	6	27	19	11	3	24	16	8
18	11	4	26	19	12	5	27	20	13	6	28	21	14	7
3	26	20	14	8	2	25	19	13	7	1	24	18	12	6
17	12	7	2	26	21	16	11	6	1	25	20	15	10	5
2	27	23	19	15	11	7	3	28	24	20	16	12	8	4
16	13	10	7	4	1	27	24	21	18	15	12	9	6	3
1	28	26	24	22	20	18	16	14	12	10	8	6	4	2
15	14	13	12	11	10	9	8	7	6	5	4	3	2	1
29	29	29	29	29	29	29	29	29	29	29	29	29	29	29

$U_{31}(31^{30})$

试验号＼列号	1	2	3	4	5	6	7	8	9	10	11	12	13	14
1	1	2	3	4	5	6	7	8	9	10	11	12	13	14
2	2	4	6	8	10	12	14	16	18	20	22	24	26	28
3	3	6	9	12	15	18	21	24	27	30	2	5	8	11
4	4	8	12	16	20	24	28	1	5	9	13	17	21	25
5	5	10	15	20	25	30	4	9	14	19	24	29	3	8
6	6	12	18	24	30	5	11	17	23	29	4	10	16	22
7	7	14	21	28	4	11	18	25	1	8	15	22	29	5
8	8	16	24	1	9	17	25	2	10	18	26	3	11	19
9	9	18	27	5	14	23	1	10	19	28	6	15	24	2
10	10	20	30	9	19	29	8	18	28	7	17	27	6	16
11	11	22	2	13	24	4	15	26	6	17	28	8	19	30
12	12	24	5	17	29	10	22	3	15	27	8	20	1	13
13	13	26	8	21	3	16	29	11	24	6	19	1	14	27
14	14	28	11	25	8	22	5	19	2	16	30	13	27	10
15	15	30	14	29	13	28	12	27	11	26	10	25	9	24
16	16	1	17	2	18	3	19	4	20	5	21	6	22	7
17	17	3	20	6	23	9	26	12	29	15	1	18	4	21

试验号＼列号	1	2	3	4	5	6	7	8	9	10	11	12	13	14
18	18	5	23	10	28	15	2	20	7	25	12	30	17	4
19	19	7	26	14	2	21	9	28	16	4	23	11	30	18
20	20	9	29	18	7	27	16	5	25	14	3	23	12	1
21	21	11	1	22	12	2	23	13	3	24	14	4	25	15
22	22	13	4	26	17	8	30	21	12	3	25	16	7	29
23	23	15	7	30	22	14	6	29	21	13	5	28	20	12
24	24	17	10	3	27	20	13	6	30	23	16	9	2	26
25	25	19	13	7	1	26	20	14	3	2	27	21	15	9
26	26	21	16	11	6	1	27	22	17	12	7	2	28	23
27	27	23	19	15	11	7	3	30	26	22	18	14	10	6
28	28	25	22	19	16	13	10	7	4	1	29	26	23	20
29	29	27	25	23	21	19	17	15	13	11	9	7	5	3
30	30	29	28	27	26	25	24	23	22	21	20	19	18	17
31	31	31	31	31	31	31	31	31	31	31	31	31	31	31

15	16	17	18	19	20	21	22	23	24	25	26	27	28	29	30
15	16	17	18	19	20	21	22	23	24	25	26	27	28	29	30
30	1	3	5	7	9	11	13	15	17	19	21	23	25	27	29
14	17	20	23	26	29	1	4	7	10	13	16	19	22	25	28
29	2	6	10	14	18	22	26	30	3	7	11	15	19	23	27
13	18	23	28	2	7	12	17	22	27	1	6	11	16	21	26
28	3	9	15	21	27	2	8	14	20	26	1	7	13	19	25
12	19	26	2	9	16	23	30	6	13	20	27	3	10	17	24
27	4	12	20	28	5	13	21	29	6	14	22	30	7	15	23
11	20	29	7	16	25	3	12	21	30	8	17	26	4	13	22
26	5	15	25	4	14	24	3	13	23	2	12	22	1	11	21
10	21	1	12	23	3	14	25	5	16	27	7	18	29	9	20
25	6	18	30	11	23	4	16	28	9	21	2	14	26	7	19
9	22	4	17	30	12	25	7	20	2	15	28	10	23	5	18
24	7	21	4	18	1	15	29	12	26	9	23	6	20	3	17
8	23	7	22	6	21	5	20	4	19	3	18	2	17	1	16
23	8	24	9	25	10	26	11	27	12	28	13	20	14	30	15

7	24	10	27	13	30	16	2	19	5	22	8	25	11	28	14
22	9	27	14	1	19	6	24	11	29	16	3	21	8	26	13
6	25	13	1	20	8	27	15	3	22	10	29	17	5	24	12
21	10	30	19	8	28	17	6	26	15	4	24	13	2	22	11
5	26	16	6	27	17	7	28	18	8	29	19	9	30	20	10
20	11	2	24	15	6	28	19	10	1	23	14	5	27	18	9
4	27	19	11	3	26	18	10	2	25	12	9	1	24	16	8
19	12	5	29	22	15	8	1	25	18	11	4	28	21	14	7
3	28	22	16	10	44	29	23	17	11	5	30	24	18	12	6
18	13	8	3	29	24	19	14	9	4	30	25	20	15	10	5
2	29	25	21	17	13	9	5	1	28	24	20	16	12	8	4
17	14	11	8	5	2	30	27	24	21	18	15	12	9	6	3
1	30	28	26	24	22	20	18	16	14	12	10	8	6	4	2
16	15	14	13	12	11	10	9	8	7	6	5	4	3	2	1
31	31	31	31	31	31	31	31	31	31	31	31	31	31	31	31

附表七　相关系数临界值表

自由度	5%水平				1%水平				自由度
	变量总数				变量总数				
	2	3	/4	5	2	3	4	5	
1	0.997	0.999	0.999	0.999	1.000	1.000	1.000	1.000	1
2	0.950	0.975	0.983	0.987	0.990	0.995	0.997	0.998	2
3	0.878	0.930	0.950	0.961	0.959	0.976	0.983	0.987	3
4	0.811	0.881	0.912	0.930	0.917	0.949	0.962	0.970	4
5	0.754	0.836	0.874	0.898	0.874	0.917	0.937	0.949	5
6	0.707	0.795	0.839	0.867	0.834	0.886	0.911	0.927	6
7	0.666	0.758	0.807	0.838	0.798	0.855	0.885	0.904	7
8	0.632	0.726	0.777	0.811	0.765	0.827	0.860	0.882	8
9	0.602	0.697	0.750	0.786	0.735	0.800	0.836	0.861	9
10	0.576	0.671	0.726	0.763	0.708	0.776	0.814	0.840	10
11	0.553	0.648	0.703	0.741	0.684	0.753	0.793	0.821	11
12	0.532	0.627	0.683	0.722	0.661	0.732	0.773	0.802	12
13	0.514	0.608	0.664	0.703	0.641	0.712	0.755	0.785	13
14	0.497	0.590	0.646	0.686	0.623	0.694	0.737	0.768	14
15	0.482	0.574	0.630	0.670	0.606	0.677	0.721	0.752	15

自由度	5%水平 变量总数				1%水平 变量总数				自由度
	2	3	/4	5	2	3	4	5	
16	0.468	0.559	0.615	0.655	0.590	0.662	0.706	0.738	16
17	0.456	0.545	0.601	0.641	0.575	0.647	0.691	0.724	17
18	0.444	0.532	0.587	0.628	0.561	0.633	0.678	0.710	18
19	0.433	0.520	0.575	0.615	0.549	0.620	0.665	0.698	19
20	0.423	0.509	0.563	0.604	0.537	0.608	0.652	0.685	20
21	0.413	0.498	0.552	0.592	0.526	0.596	0.641	0.674	21
22	0.404	0.488	0.542	0.582	0.515	0.585	0.630	0.663	22
23	0.396	0.479	0.532	0.572	0.505	0.574	0.619	0.652	23
24	0.388	0.470	0.523	0.562	0.496	0.565	0.609	0.642	24
25	0.381	0.462	0.514	0.553	0.487	0.555	0.600	0.633	25
26	0.374	0.454	0.506	0.545	0.478	0.546	0.590	0.624	26
27	0.367	0.446	0.498	0.536	0.470	0.538	0.582	0.615	27
28	0.361	0.439	0.490	0.529	0.463	0.530	0.573	0.606	28
29	0.355	0.432	0.482	0.521	0.456	0.522	0.565	0.598	29
30	0.349	0.426	0.476	0.514	0.449	0.514	0.558	0.591	30
35	0.325	0.397	0.445	0.482	0.418	0.481	0.523	0.556	35
40	0.304	0.373	0.419	0.455	0.393	0.454	0.494	0.526	40
45	0.288	0.353	0.397	0.432	0.372	0.430	0.470	0.501	45
50	0.273	0.336	0.379	0.412	0.354	0.410	0.449	0.479	50
60	0.250	0.308	0.348	0.380	0.325	0.377	0.414	0.442	60
70	0.232	0.286	0.324	0.354	0.302	0.351	0.386	0.413	70
80	0.217	0.269	0.304	0.332	0.283	0.330	0.362	0.389	80
90	0.205	0.254	0.288	0.315	0.267	0.312	0.343	0.368	90
100	0.195	0.241	0.274	0.300	0.254	0.297	0.327	0.351	100
125	0.174	0.216	0.246	0.269	0.228	0.266	0.294	0.316	125
150	0.159	0.198	0.225	0.247	0.208	0.244	0.270	0.290	150
200	0.138	0.172	0.196	0.215	0.181	0.212	0.234	0.253	200
300	0.113	0.141	0.160	0.176	0.148	0.174	0.192	0.208	300
400	0.098	0.122	0.139	0.153	0.128	0.151	0.167	0.180	400
500	0.088	0.109	0.124	0.137	0.115	0.135	0.150	0.162	500
1000	0.062	0.077	0.088	0.097	0.081	0.096	0.106	0.115	1000

参考文献

[1] 邓勃. 分析测试数据统计处理方法[M]. 北京:清华大学出版社,1995.

[2] 方开泰. 均匀设计与均匀设计表[M]. 北京:科学出版社,1994.

[3] 华罗庚. 优选学[M]. 北京:科学出版社,1981.

[4] 赵选民. 试验设计方法[M]. 北京:科学出版社,2006.

[5] 华罗庚,王元. 数学模型选谈[M]. 长沙:湖南教育出版社,1991.

[6] 同济大学数学系. 概率论与数理统计[M]. 上海:同济大学出版社,2011.

[7] 袁卫,庞皓,曾五一. 统计学[M]. 北京:高等教育出版社,2001.

[8] 王钦德,杨坚. 食品试验设计与统计分析[M]. 北京:中国农业大学出版社,2003.

[9] 李云雁,胡传荣. 试验设计与数据处理[M]. 北京:化学工业出版社,2010.

[10] 徐中儒. 回归分析与试验设计[M]. 北京:中国农业出版社,1997.

[11] 徐向宏,何明珠. 试验设计与 Design-Expert、SPSS 应用[M]. 北京:科学出版社,2010.

[12] 费业泰. 误差理论与数据处理[M]. 北京:机械工业出版社,2013.